BILANS KRZYWD

DARIUSZ KALIŃSKI

BILANS KRZYWD

JAK NAPRAWDĘ WYGLĄDAŁA NIEMIECKA OKUPACJA POLSKI

CIEKAWOSTKI HISTORYCZNE.PL
Kraków 2018

Projekt okładki
Mariusz Banachowicz

Ilustracja na pierwszej stronie okładki
Yad Vashem Photo Archive

Opiekun serii
Kamil Janicki

Opieka redakcyjna
Monika Basiejko

Wybór ilustracji
Ewelina Olaszek

Opracowanie ilustracji
Katarzyna Leja

Adiustacja
Judyta Wałęga

Korekta
Agnieszka Mańko
Joanna Kłos

Indeks
Rafał Kuzak

Opracowanie typograficzne i łamanie
Katarzyna Leja

ISBN 978-83-240-5450-3

Seria wydawnicza Ciekawostki Historyczne.pl
www.ciekawostkihistoryczne.pl

ciekawostki historyczne.pl

Książki z dobrej strony: www.znak.com.pl
Więcej o naszych autorach i książkach: wydawnictwoznak.pl
Społeczny Instytut Wydawniczy Znak, 30-105 Kraków, ul. Kościuszki 37
Dział sprzedaży: tel. (12) 61 99 569, e-mail: czytelnicy@znak.com.pl
Wydanie I, Kraków 2018. Printed in EU

Spis treści

I / Zbrodnie Wehrmachtu we wrześniu 1939 roku i pierwsze dni okupacji

„Ze wszystkich stron dobiegał ludzki płacz, lament i nawoływania”

Piątek 1 września 1939 r. był w Wieluniu dniem targowym. We wczesnych godzinach porannych, na handel ze swoimi płodami rolnymi, do miasteczka zjechało wielu okolicznych chłopów. Kiedy pojawiły się pierwsze samoloty i zawyły syreny alarmowe, nie wzbudziło to jakiejś szczególnej paniki. Mieszkańcy i przyjezdni byli przekonani, że to tylko zapowiadany wcześniej próbny alarm przeciwlotniczy.

Pierwsze niemieckie bomby spadły o godzinie czwartej czterdzieści. Wymierzono je w Szpital Wszystkich Świętych: jednopiętrowy, murowany, XIX-wieczny budynek zaprojektowany przez znakomitego polskiego architekta Henryka Marconiego. Obiekt został doszczętnie zniszczony. W jego gruzach śmierć poniosły 32 osoby. Szpital został zbombardowany mimo tego, że na jego dachu namalowano wielkie znaki Czerwonego Krzyża.

Do godziny czternastej, w wyniku kilkukrotnie ponawianych nalotów, Wieluń zamienił się w dymiące pogorzelisko. Zburzone zostało około 75% miejskiej zabudowy. W gruzach legło wiele zabytkowych budynków, zniszczono cenne obiekty sakralne. Śmierć poniosło około 1200 osób.

Niemiecki Blitzkrieg w Polsce zaczął się więc od zbrodniczego bombardowania tego właśnie bezbronnego miasta. Kiedy bombowce nurkujące Luftwaffe zaatakowały leżący tuż przy niemieckiej granicy piętnastotysięczny Wieluń, w mieście nie było praktycznie żadnych znaczących celów o charakterze militarnym. Czym w takim razie podyktowana była decyzja o nalocie?

Według wielu opinii obiekt ataku został wybrany z pełną premedytacją przez dowodzącego nurkowcami generała Wolframa von Richthofena, który chciał sprawdzić w praktyce niszczycielskie możliwości najnowszego wówczas bombowca Junkers Ju-87B. Był to, swoją drogą, ten sam człowiek, który dwa lata wcześniej zarządził zrównanie z ziemią hiszpańskiej Guerniki. Dowództwo niemieckiego lotnictwa w cyniczny sposób złamało postanowienia konwencji haskiej zakazujące podejmowania działań wojennych wobec cywilnych, niebronionych obiektów.

Być może chodziło również o urażoną ambicję niemieckiego generała. Zaledwie dwa tygodnie przed atakiem na Polskę bombowce nurkujące Richthofena sprawiły się fatalnie. Wtedy to na poligonie w Neuhammer (obecnie Świętoszów) 13 z 14 junkersów wbiło się w ziemię podczas bombardowania pozorowanego celu. Było to sporą kompromitacją dla dowódcy, tym bardziej że ów incydent nastąpił w obecności wysokich rangą oficjeli Luftwaffe.

Wieluń nie był jedynym polskim miastem tak brutalnie atakowanym z powietrza przez niemieckie lotnictwo we wrześniu 1939 r. Był jedynie pierwszym. Szczególnie ciężko została pod tym względem doświadczona Warszawa. Do najbardziej niszczycielskich bombardowań, obliczonych na złamanie oporu bohatersko broniącej się polskiej stolicy, doszło w tak zwany lany poniedziałek 25 września 1939 r. Wtedy to przeszło 400 samolotów Luftwaffe w ciągu 10 godzin zrzuciło na Warszawę 558 ton bomb, w tym tysiące małych bomb zapalających. Miasto płonęło w setkach miejsc, a służby miejskie nie były w stanie opanować pożarów. Warszawa skapitulowała dwa dni później.

Częstymi celami ataków zbrodniarzy z Luftwaffe były też ogromne rzesze polskich uciekinierów przemierzających wrześniowe drogi w poszukiwaniu miejsc, w których mogliby schronić się przed wkraczającym do kraju agresorem. Świadectwa tych czynów do dziś powodują ucisk w sercu. Przytoczyć można tu choćby fragment wspomnień generała Władysława Andersa z okolic Mławy:

Po drodze widzę płonące wsie i wielką ilość zabitych wśród ludności cywilnej. Przygnębia zwłaszcza widok ciał zabitych dzieci. Widzę, jak lotnik niemiecki kołuje nad gromadą koło setki małych dzieci, wyprowadzonych przez nauczycielkę z miasteczka do pobliskiego lasu. Zniża się na 50 metrów, rzuca bomby i strzela z karabinu maszynowego. Dzieci rozpryskują się jak wróble, ale kilkanaście barwnych plam zostaje na polu[1].

Stanisław Sławiński wspominał z kolei dramatyczne sceny, jakie rozegrały się tuż po niemieckim bombardowaniu w Sanikach na Mazowszu 8 września 1939 r.:

Całe miasteczko płonęło. Leżące na ulicach słupy telefoniczne, zwoje poniewierających się drutów i inne nieprzewidziane przeszkody uniemożliwiały prawie przejazd. Na wąskich uliczkach działy się dantejskie sceny. Tłumy uciekinierów biegały na wszystkie strony w poszukiwaniu swoich najbliższych i porzuconego w czasie bombardowania dobytku. Zagubione dzieci pochlipywały bezradnie i głośno wzywały swoje matki. Ze wszystkich stron dobiegał ludzki płacz, lament i nawoływania[2].

Atakowanie z powietrza bezbronnych miast nie wynikało bynajmniej wyłącznie z potrzeb czysto wojskowych. Strategię taką stosowano w celu realizacji przyjętej przez Niemców koncepcji wojny totalnej, zakładającej również terror w stosunku do ludności cywilnej. Było to zgodne z wytycznymi wodza III Rzeszy Adolfa Hitlera. Führer 22 sierpnia 1939 r. w Obersalzbergu, na spotkaniu z najwyższego szczebla dowódcami sił zbrojnych, zalecał im:

Zniszczenie Polski jest na pierwszym planie. Celem naszym jest zniszczenie żywych sił nieprzyjaciela, a nie dotarcie do określonej linii. [...] Litość wykluczyć z serca. Postępować brutalnie! Osiemdziesiąt milionów ludzi musi otrzymać swoje prawa. Ich egzystencja musi być zapewniona. Prawo należy do silniejszego. Jak największa surowość![3]

Niemcy toczyli więc wojnę z Polską w sposób wyjątkowo okrutny i bezpardonowy. Zupełnie wbrew regułom kodeksu etycznego, jaki znajdował się w książeczce żołdu każdego oficera Wehrmachtu. Zgodnie z poszczególnymi jego punktami żołnierze niemieccy mieli przestrzegać zasad rycerskiego prowadzenia wojny oraz nie zabijać jeńców, nawet w przypadku pojmania domniemanych szpiegów i partyzantów, którym miano zagwarantować uczciwy proces przed sądem. Wszelkie instytucje Czerwonego Krzyża oraz ludność cywilna miały być nietykalne, a budynki o znaczeniu historycznym i miejsca kultu religijnego – uszanowane.

Były to tylko puste słowa.

W pierwszych dniach września 1939 r. niewinni cywile ginęli przede wszystkim w wyniku ataków Luftwaffe. Na zdjęciu 12-letnia Kazimiera Mika nad zwłokami swojej siostry Andzi, zabitej podczas niemieckiego nalotu. Zdjęcie wykonał amerykański fotograf Julien Bryan.

Polski żołnierz jest bodaj najgłupszy w Europie

Część niemieckiej generalicji nie miała zbyt wielkiego mniemania o swoim przeciwniku. Znakomitym tego przykładem są choćby słowa generała Franza Haldera, szefa sztabu niemieckich wojsk lądowych:

> *[...] polska armia to tylko wielka kupa pobieżnie przeszkolonych żołnierzy, którzy nie mają żadnych szans w wojnie przeciwko niemieckim siłom lądowym. Należy także uwzględnić kwestię ogólnego wykształcenia – polski żołnierz jest bodaj najgłupszy w Europie, jeśli pominąć na przykład Rumunię*[4].

Młodzi szeregowi żołnierze niemieccy wkraczali do Polski nafaszerowani propagandowymi nazistowskimi dogmatami. Hasła promujące tezę o tzw. *Polnische Wirtschaft* (a więc nieudolnym, pełnym brudu i niemocy „polskim gospodarzeniu"), uprzedzenia o podłożu rasistowskim czy ostrzeżenia dowódców o rzekomo fanatycznym i mściwym charakterze Polaków, którzy mieli się odnosić agresywnie do Niemców, doprowadziły do eskalacji przemocy. Zarówno w stosunku do osób w mundurach, jak i do cywili, bowiem, jak zauważa niemiecki znawca tematu Jochen Böhler:

> *Żołnierze niemieccy wysłani do Polski w 1939 r. we wszystkich jej mieszkańcach widzieli potencjalnych wrogów. Prawo do obrony kraju przyznawali jedynie wybranym grupom, to jest oddziałom, które nie prowadziły działań bojowych z ukrycia, lecz stawały do walki w zwartych formacjach*[5].

Sam Hitler naciskał dowództwo Wehrmachtu, aby polskich żołnierzy schwytanych za niemieckimi liniami i kontynuujących tam walkę z wrogiem traktować nie jak członków armii przeciwnika, chronionych przez konwencje międzynarodowe, ale raczej „partyzantów", których należałoby karać śmiercią bez żadnego procesu. Wszystkich więc stawiających najeźdźcy czynny opór, ale nie bezpośrednio na pierwszej linii frontu, automatycznie uznawano za bandytów. Doprowadziło to do wielu bestialskich egzekucji czy po prostu masowych mordów polskich jeńców.

Przez dziesięciolecia najbardziej znaną zbrodnią, w wyniku której zginęli żołnierze Wojska Polskiego, był mord w lesie pod Ciepielowem na Mazowszu, który miał wydarzyć się 8 września 1939 r. Ofiarą żołnierzy niemieckiej 29 Dywizji Piechoty miało wówczas paść nawet 300 oficerów i szeregowych 74 Górnośląskiego Pułku Piechoty. Z najnowszych ustaleń wynika jednak, iż nie była to pojedyncza zbrodnia, lecz co najmniej kilka udokumentowanych mordów, do których doszło w tym rejonie. A w liczbie pomordowanych, która budzi liczne kontrowersje, mieszczą się również zabici we wcześniejszym boju między jednostkami polskimi i niemieckimi.

Nawet jeśli opis wydarzeń pod Ciepielowem został mocno podkoloryzowany dla potrzeb peerelowskiej komunistycznej propagandy, to innych, niebudzących już wątpliwości sytuacji o charakterze zbrodni wojennych było w Polsce zatrważająco dużo. Przykładowo w pobliżu wsi Moryca koło Piotrkowa Trybunalskiego 6 września 1939 r. w odwecie za stawiany opór rozstrzelanych zostało 19 oficerów 76 Pułku Piechoty. Szeregowców spalono żywcem w dwóch budynkach.

5 września koło Serocka, nieco ponad 30 kilometrów na północ od Bydgoszczy, Niemcy otworzyli ogień do wziętych do niewoli i zgromadzonych na polu żołnierzy polskich, podobno w przekonaniu, że część z nich usiłuje zbiec. Według szacunków zginęło wówczas od 66 do ponad 80 Polaków.

8 września w Mszczonowie 11 polskich jeńców zostało rozstrzelanych przez żołnierzy 4 Dywizji Pancernej. W podwarszawskim Piasecznie od kul oprawców w mundurach Wehrmachtu zginęło 21 wziętych do niewoli żołnierzy 26 Pułku Artylerii Lekkiej. Do jednej z największych masakr pojmanych polskich żołnierzy doszło 13 września w Zambrowie. Około 4000 jeńców rozmieszczono na placu, wokół którego Niemcy rozstawili karabiny maszynowe. W nocy między śpiących polskich żołnierzy wpadły spłoszone z taboru konie. Polacy poderwali się, a Niemcy, sądząc być może, że to próba ucieczki, otworzyli ogień. Jatka trwała ledwie 10 minut, ale jej przerażającym efektem było około 200 zabitych i 100 rannych Polaków.

W Majdanie Wielkim, niedaleko Tomaszowa Lubelskiego, 20 września 1939 r. zostało zamordowanych 42 wziętych uprzednio do niewoli żołnierzy polskich. W tym przypadku motywem zbrodni była zemsta za śmierć jednego z Niemców, którego rzekomo zabili nasi żołnierze.

Tadeusz Nowak, służący w 20 Pułku Piechoty i ocalały z rzezi, wspominał:

Jeden z żołnierzy [niemieckich – D.K.] powiedział łamaną polszczyzną: „My bierzemy was do niewoli i puszczamy do domu, a wy mordujecie niemieckich żołnierzy", tu wskazał na leżącego opodal niemieckiego żołnierza. W trakcie bicia polskich żołnierzy przez żołnierzy niemieckich usłyszeliśmy w pobliżu czyjś donośny głos, a gdy spojrzałem w tym kierunku, ujrzałem niemieckiego oficera z rewolwerem w ręku. Myślałem, że zakazał on niemieckim żołnierzom bicia nas, lecz okazało się, że niemieccy żołnierze, którzy nas bili, po jego krzyku odstąpili na stronę, wycelowali w nas karabiny i otworzyli ogień do naszej grupy. Po rozpoczęciu strzelaniny padli jeńcy na ziemię; i ja upadłem, a dwóch rannych polskich żołnierzy upadło na mnie.

Kazimierz Hajdukiewicz, który leżał po mej prawicy, powiedział do mnie, bym się modlił; on sam rozpoczął modlitwę. Usłyszałem jego głos: „Królowo Korony Polskiej, módl się za nami". Po chwili usłyszałem, jak żołnierz niemiecki mówi: „Ten żyje jeszcze", po czym usłyszałem strzał, który zabił ostatecznie Hajdukiewicza. Padło jeszcze kilka strzałów pojedynczych, wtedy gdy jeńcy leżeli na ziemi. Po tych strzałach ustały jęki i zapanował całkowity spokój. Byłem przytomny cały czas, leżąc na ziemi, gdyż byłem jedynie lekko ranny w przedramię.

Gdy ucichło dokoła i przypuszczałem, że nie ma już w pobliżu niemieckich żołnierzy, podniosłem głowę i ujrzałem, że nie jesteśmy pilnowani. Podniosłem się i pobiegłem do najbliższej stodoły, w której się ukryłem[6].

Zdarzały się również przypadki zabijania wyczerpanych fizycznie żołnierzy Wojska Polskiego. Po bitwie nad Bzurą wziętych do niewoli w okolicach Iłowa polskich żołnierzy pędzono na piechotę do obozu jenieckiego w majątku Sójki koło Kutna. Do przebycia było około 50 kilometrów. W tym czasie, jak relacjonują polscy świadkowie:

[...] osłabionych jeńców, którzy osuwali się na ziemię, hitlerowcy dobijali strzałem z karabinu. W ten sposób ginęli także ci, którzy z powodu głodu sięgali po głąby z wyciętej kapusty znajdujące się na polach[7].

Niemcy za nic mieli konwencje międzynarodowe chroniące jeńców wojennych i od początku wojny dopuszczali się mordów na polskich żołnierzach. Do niedawna za największą zbrodnię uchodził mord pod Cipielowem.

Ostatniego większego mordu dokonano 28 września w Zakroczymiu. Mimo że trwało już zawieszenie broni i rozpoczęto rozmowy kapitulacyjne, Niemcy rozstrzelali tam kilkuset polskich jeńców.

Siłą wepchnął ją żywcem do palącego się domu

Do krwawych rozpraw z polską ludnością cywilną dochodziło najczęściej z powodu oporu stawianego przez lokalne społeczeństwo oraz ze względu na sukcesy Wojska Polskiego w danej okolicy i związane z tym straty strony niemieckiej. Obowiązywała zasada odpowiedzialności zbiorowej, zakładająca pacyfikację całej miejscowości, w przypadku gdy do niemieckich żołnierzy zostaną oddane strzały z nieustalonych pozycji. Prowadzono więc masowe obławy na ludność cywilną, a zatrzymane osoby zamykano w szkołach, magazynach, stodołach, kościołach czy synagogach. Pojawiały też akty bezmyślnej przemocy czy wreszcie przejawy pospolitego bandytyzmu w postaci grabieży i gwałtów.

Jedną z pierwszych cywilnych ofiar wojny była 16-letnia mieszkanka Podzamcza w Łódzkiem, Agnieszka Wolna. 1 września 1939 r. została zastrzelona przez esesmanów pułku SS-Leibstandarte Adolf Hitler dowodzonych przez SS-Standartenführera Josefa Dietricha, gdy usiłowała opuścić własny dom, podpalony chwilę wcześniej przez najeźdźców. W tej samej miejscowości następnego dnia zginęła prawie cała rodzina Hoffmanów. Zostali skoszeni seriami przez Niemców, gdy próbowali opuścić piwnicę, w której schronili się przed nalotem. Wśród ofiar były dwie pary bliźniąt w wieku 2 i 10 lat oraz rodzice. Przeżyła tylko dwójka nastoletnich dzieci.

Esesmani, prawdopodobnie z tej samej jednostki, trzy dni później dokonali bestialskiego pogromu polskiej i żydowskiej ludności w miasteczku Złoczew. Ofiarą tej odrażającej zbrodni omal nie padła Janina Modrzewska:

> *Niemcy przystąpili do podpalania budynków i rozstrzeliwań. Tej nocy nie spałam, gdyż miałam iść do sąsiedniego domu, żeby zabrać rzeczy, które tam pozostawiliśmy. Na terenie tej posesji było około 100 uciekinierów z sąsiednich miejscowości: Lututowa, Wielunia i innych. Kiedy rozpoczęła się strzelanina, ja i jeszcze jedna kobieta wyskoczyłyśmy przez okno do ogródka i ukryłyśmy się w krzakach porzeczek. Widziałam wtedy z tego miejsca, jak żołnierze niemieccy strzelali do tych uciekinierów. Większość z tych uciekinierów została zabita lub ranna. [...]*

Przypominam sobie, że wśród rannych była kilkunastoletnia dziewczynka postrzelona z tyłu, tak że wyszły jej wnętrzności z brzucha. Przypominam sobie również, że po trupie zastrzelonej kobiety chodziło małe dziecko; mogło mieć około 1,5 roku. Kiedy wzięłam to dziecko na rękę, jeden z żołnierzy niemieckich roztrzaskał temu dziecku głowę kolbą karabinu. Przypominam sobie jeszcze jeden fakt, którego nie zapomnę do śmierci. Otóż jedna kobieta, Józefa Błachowska ze Złoczewa, została postrzelona w rękę. Kiedy zaczęła krzyczeć, jeden z żołnierzy niemieckich siłą wepchnął ją żywcem do palącego się domu. Spaliła się tam żywcem[8].

Z kolei we wsi Zapolice, niedaleko Zduńskiej Woli, ofiarą zbrodniczego czynu niemieckiego kawalerzysty padła młoda polska dziewczyna, Józefa Rojek. Stało się to 6 lub 7 września w obecności Małgorzaty Stępień:

Po przeciwnej stronie drogi siedziała nieznana mi dziewczyna w wieku około 20 lat, wysoka, szczupła. Żołnierz jadący na koniu zaczął przywoływać tę dziewczynę do siebie, wypowiadając jakieś słowa po niemiecku, oraz kiwał na nią palcem, aby do niego podeszła. Dziewczyna ta wstała z rowu i podeszła do niemieckiego żołnierza, śmiejąc się do niego. Ja, znając trochę język niemiecki, zorientowałam się, że niemiecki żołnierz żądał, aby dziewczyna podała mu wody, lecz ona najprawdopodobniej nie rozumiała, o co mu chodzi, i w dalszym ciągu śmiała się do niego.

Wówczas niemiecki żołnierz wyciągnął z futerału przy pasie rewolwer i strzelił do tej dziewczyny, raniąc ją w rękę. Dziewczyna zaczęła bardzo głośno krzyczeć i trzymając się za rękę, biegła przez nasze podwórze. Żołnierz niemiecki, słysząc jej krzyk, zawrócił konia i strzelił do niej po raz drugi z rewolweru, trafiając ją w klatkę piersiową. Po tym strzale dziewczyna przewróciła się i leżała w kałuży krwi[9].

Wieś Łękawica, położona niedaleko Mińska Mazowieckiego, została podpalona w odwecie za śmierć niemieckiego motocyklisty, a 24 spośród mieszkających tam mężczyzn rozstrzelano. 13 września był sądnym dniem dla sąsiedniej Siennicy. Okupanci z zemsty za rzekome ostrzelanie przez mieszkańców wsi spalili tam 55 domów (z 77 istniejących) oraz znaczną liczbę zabudowań gospodarczych. Wszystkich ludzi spędzili do kościoła, przetrzymując ich tam całą dobę bez jedzenia i picia i grożąc wysadzeniem budowli w powietrze. Na szczęście do tego nie doszło, ale Niemcy zabrali wszystkich dorosłych mężczyzn i popędzili ich aż do Ostrołęki.

Następnego dnia w nieodległym Cegłowie żołnierze niemieccy zaczęli rabować miejscowe sklepy. Na miejscu pojawili się jednak zaalarmowani przez harcerzy żołnierze polscy i wywiązała się potyczka, w której zginęło kilku Niemców. Dwa dni później doszło do odwetu:

Niemcy […] przyjechali do Cegłowa, spędzili na rynek pod budynek Straży Pożarnej wszystkich mieszkańców, łącznie z księdzem, kierownikiem szkoły i organistą. Ulice Cegłowa patrolowali żołnierze. Po pewnym czasie niemiecki konfident wskazał budynek, w którym przebywało sześciu harcerzy. […] Niemcy wyprowadzali ich po trzech. Najpierw strzelano do nich z karabinów, a następnie rzucano granaty. Czterech zginęło na miejscu. Kiedy Niemcy odjechali, dwaj ciężko ranni chłopcy […] podczołgali się w kierunku pobliskich zabudowań. Pomogli im starsi ludzie, opatrzono im rany i przetransportowano do szpitala w Mieni[10].

W nadwiślańskiej wsi Śladów na Mazowszu 18 września doszło do jednego z największych mordów w trakcie kampanii 1939 roku. Żołnierze 4 Dywizji Pancernej Wehrmachtu w asyście miejscowych Niemców ogniem broni maszynowej uśmiercili 300–350 Polaków, zarówno cywili, jak i wojskowych.

Wiele mówi również fakt, że w niektórych zbrodniach dokonywanych przez niemieckich agresorów brali udział także mieszkający od dawna na ziemiach polskich członkowie niemieckiej mniejszości narodowej. W rozlicznych miejscowościach niemieccy koloniści nie tylko z ogromnym zadowoleniem, kwiatami i łzami w oczach witali wkraczające z zachodu wojska. Zrzeszeni w różnego rodzaju nazistowskich organizacjach i bojówkach brali aktywny udział w walce z oddziałami polskimi oraz przyczynili się do śmierci wielu polskich lokalnych działaczy politycznych i społecznych.

Do najgłośniejszego tego rodzaju wydarzenia, które zapisało się w historii pod nazwą „krwawej niedzieli", doszło w Bydgoszczy. 3 września 1939 r. miejscowi Niemcy wespół z przybyłymi z Rzeszy dywersantami ostrzelali wycofujące się przez miasto oddziały Wojska Polskiego. Doszło do walk między niemieckimi „powstańcami" a polskimi żołnierzami wspartymi przez rodzimą ludność cywilną. W ich wyniku poległo od 30 do 45 naszych żołnierzy. Ze strony przeciwnej śmierć poniosło 90–110 osób narodowości niemieckiej. Następnego dnia resztki wycofujących się oddziałów polskich znów zostały zdradziecko ostrzelane. Do walki z „powstańcami" przystąpili ostatni znajdujący się jeszcze w Bydgoszczy żołnierze Wojska Polskiego wspomagani przez ochotniczą Straż Obywatelską. Niemcy podejrzewani o strzelanie do Polaków likwidowani byli na miejscu. W mieście panował wówczas kompletny zamęt, który został opanowany dopiero po wkroczeniu niemieckiej 50 Dywizji Piechoty.

Incydent ten umiejętnie wykorzystała kierowana przez Josepha Goebbelsa niemiecka propaganda. Media w Rzeszy odpowiednio go nagłośniły, wyolbrzymiając przy tym liczbę ofiar wśród bydgoskich Niemców aż do 58 000 zabitych! W ten sposób próbowano usprawiedliwić terror stosowany przez okupantów w Polsce. Eksponowano również rzekomą nienawiść Polaków do niemieckich sąsiadów.

W trakcie kampanii w Polsce zainicjowano również falę przemocy skierowanej w stronę ludności żydowskiej. Nagminnym

„Krwawa niedziela" w Bydgoszczy została wykorzystana przez nazistowską propagandę, by pokazać światu rzekomą nienawiść Polaków względem niemieckiej mniejszości narodowej. Na zdjęciu zagraniczni dziennikarze oglądający ciała zabitych volksdeutschów.

zjawiskiem były obelżywe epitety pod adresem wyznawców judaizmu, plądrowanie ich domów, bezczeszczenie i palenie synagog i bożnic, profanacje cmentarzy. Żołnierze niemieccy prześcigali się w pomysłach na dręczenie swych ofiar, a tak zwane zabawy z brodą, czyli strzyżenie pejsów i brody, były najbardziej niewinnymi.

Do najbardziej znanej zbrodni tego okresu na Żydach, w wyniku której zginęły 22 osoby, doszło w Końskich 12 września 1939 r. Jej przypadkowym świadkiem była znana niemiecka reżyserka Leni Riefenstahl. Twórczyni słynnych nazistowskich filmów propagandowych przebywała na froncie, aby dokumentować zwycięstwa Wehrmachtu. Podobno wstrząśnięta masakrą Riefenstahl interweniowała wówczas i wstawiła się za Żydami u samego Führera. W następstwie tych wydarzeń przed sądem stanął porucznik Bruno Kleinmichel. Niemiecki wymiar sprawiedliwości obszedł się jednak wyjątkowo łagodnie z winowajcą, wymierzając mu karę roku pozbawienia wolności, którą później i tak uchylono. W żaden sposób nie pociągnięto do odpowiedzialności innych uczestników zbrodni. Chodziło przecież wyłącznie o grę pozorów, poprzedzającą usankcjonowanie podobnych ekscesów.

Byli bardzo grzeczni i mili

Jak Polacy postrzegali żołnierzy niemieckich, którzy po zaledwie dwudziestu latach niepodległości rzucili na kolana ich ojczyznę? Jakie wrażenie wywarli na nich w tych pierwszych dniach okupacji? Odpowiedź na te pytania jest bardziej złożona, niż się wydaje. Niewątpliwie większość Polaków, zwłaszcza tych bezpośrednio dotkniętych wojną, odnosiła się do najeźdźców jeśli nie wrogo, to z wyraźną rezerwą. Byli też tacy obywatele, którzy znaleźli się pod niemiecką okupacją po raz drugi w ciągu ćwierćwiecza, i mimo oczywistych wyrzeczeń nie kojarzyła im się ona z rządami terroru i bezprawia. Co zaskakujące, zdarzały się przypadki zadowolenia z zaistniałej sytuacji, szczególnie wśród osób o niższym statusie społecznym czy gorzej wyedukowanych. Dotyczyło to mieszkańców zarówno miast, jak i wsi. Niemców chwalono zwłaszcza za tak zwany *Ordnung*, podziwiano piękne mundury, doskonały sprzęt wojskowy – zupełnie wbrew przedwojennej polskiej propagandzie. Niekiedy też żołnierze niemieccy dzięki zwykłym ludzkim odruchom zasłużyli sobie na pewną sympatię ze strony Polaków.

Remigiusza Wirę z okolic jakże ciężko doświadczonego przez niemieckie lotnictwo Wielunia od śmierci uratował anonimowy żołnierz Wehrmachtu. Młody chłopak, obserwując potyczkę obu stron, omal nie zginął od kul polskiego kaemu, gdy Niemiec niespodziewanie powalił go na ziemię i grożąc palcem, polecił mu leżeć. Innego, nieznanego z imienia czy nazwiska niemieckiego żołnierza wspominała z wdzięcznością Janina Urban z okolic Kolbuszowej. Obdarował on jej mocno cierpiącą z powodu oparzenia siostrę maścią, która uśmierzyła ból i przyspieszyła gojenie rany.

Maria Grzyb, mieszkanka Skłobów, wsi, która za osiem miesięcy miała zostać brutalnie spacyfikowana za pomoc udzielaną żołnierzom legendarnego „Hubala", tak wspominała pojawienie się tam we wrześniu 1939 r. żołnierzy niemieckich:

Jechali ci niemieccy żołnierze na koniach, inni na pojazdach wojskowych. My, dzieci i młodzież, patrzyliśmy na nich z zaciekawieniem, a jednocześnie ze strachem. Jedna z nas, była to dziewczyna o imieniu Janina, zaczęła nawet coś tam z tymi Niemcami rozmawiać [...]. Ci żołnierze coś tam do niej szwargotali i śmiali się, wołali: „Danke, komm, ja, ja gut". Wówczas niektóre dziewczynki rzucały kwiaty z ogródka, żołnierze kiwali głowami z zadowoleniem[11].

Maria Gródecka z Kolbuszowej do dziś pamięta kulturalnych niemieckich oficerów kwaterujących wówczas w jej rodzinnym domu: „Byli bardzo grzeczni i mili. Uczyli nas mówić po niemiecku: guten Morgen, danken i guten Appetit"[12].

Warszawiak Stanisław Zawisza nieoczekiwanie otrzymał pewien przysmak od jednego ze zdobywców polskiej stolicy (niebagatelne znaczenie miała tu zapewne jego „aryjska" uroda):

Mijały nas maszerujące oddziały Wehrmachtu. Jeden z tych „nadludzi", odłączywszy się od swojej grupy, wskoczył na stopień dorożki. Trzymając w ręku wielką bułkę z szynką, zwrócił się do mamy, aby dała ją mnie (byłem blondynkiem z niebieskimi oczami o takim bardziej niemieckim wyglądzie). Mama bała się, że może być zatruta, wahała się, czy wziąć, ale przecież nie mogła odmówić temu zwycięsko kroczącemu na wschód przedstawicielowi narodu panów[13].

Krystyna Wojciechowska, 11-letnia wówczas uczennica, przebywała u rodziny w majątku w Murzynowie Kościelnym niedaleko Wrześni, gdy zjawiły się tam wojska niemieckie:

W czasie obiadu jak spod ziemi do jadalni wkroczyli oficerowie niemieccy. Wyglądali, jakby przed chwilą opuścili salon mody. Zwrócili się do Ciotki: „Łaskawa pani pozwoli, jesteśmy głodni. Czy możemy się dołączyć?". Ciotka bez słowa z podniesioną głową dała znak do odejścia od stołu, zostawiając Niemców zadowolonych z sytuacji. Mimo zakazu wyjścia poza obręb dworu wymknęłam się, aby zobaczyć, co dzieje się na zewnątrz. W parku, ogrodzie, na trawnikach i pod drzewami odpoczywali żołnierze niemieccy. Bramy pootwierane. Na podwórzu w równym rzędzie stały samochody, przy nich masa żołnierzy. Traktowali mnie bardzo przyjaźnie. Wkrótce cały mój fartuszek zapełniono wyrobami czekoladowymi[14].

Władysław Kuć ze wsi Cyganka na Mazowszu pierwszych Niemców zobaczył 12 września. Niespodziewanie został przez nich obdarowany prawdziwymi łakociami. Było to dla niego zaskakujące: „Pomyślałem sobie, że wcale nie są tacy źli. Ludzie mówili, że Niemcy oczy wydłubują, a tymczasem dostałem cukierki"[15].

Mieszkaniec wsi Zielona koło Mławy Kazimierz Moczydłowski niemieckich żołnierzy zobaczył w połowie września. Wtedy to zakwaterował w zagrodzie jego rodziny oddział cyklistów:

Następnego dnia rano z niedowierzaniem przyglądaliśmy się, co jedzą na śniadanie, bo jeszcze niedawno w gazecie czytałem, że cierpią głód, nie mają tłuszczów ani mleka, a tu widzę chleb, różne konserwy mięsne i wędliny. Trudno było uwierzyć własnym oczom[16].

Żołnierze niemieccy na zaopatrzenie co prawda nie narzekali, ale zaczęli masowo wykupywać żywność w polskich sklepach i wysyłać ją do Rzeszy. Związane to było z wprowadzoną tam

Nie wszyscy okupanci byli źli do szpiku kości. Niektórzy traktowali Polaków z szacunkiem i dzielili się z nimi jedzeniem czy papierosami.

obowiązkową reglamentacją najróżniejszych towarów dla ludności cywilnej, zwłaszcza zaś mięsa i tłuszczów. W podbitym kraju, dopóki nie wprowadzono podobnych restrykcji, można było kupować towary bez ograniczeń. Pisał o tym choćby Tadeusz Gierzyński, znany płocki prawnik, dziennikarz i działacz społeczny. Jak wspominał, kiedy Niemcy zajęli Płock, „już w pierwszym dniu chodzili po ulicach i sklepach, kupowali i płacili, twierdząc, że żołnierz niemiecki jest honorowy i płaci[17]".

Jerzy Bartkiewicz, którego rodzina prowadziła w Płońsku masarnię, wspominał częste wizyty niemieckich klientów w pierwszych miesiącach okupacji. Niemcy nie mogli nadziwić się ponoć takiej obfitości wszelkich wyrobów mięsnych.

Dopytywali się, czy to wszystko, co jest w sklepie, mogą kupić i czy w dowolnej ilości, na przykład czy mogą kupić aż kilo „szpeku". A myśmy przed wojną zgromadzili zapasy, w chłodnych piwnicach leżały całe sterty solonej słoniny, której wcześniej nie zdołaliśmy sprzedać, bo przed wojną miejscowi ludzie nie chcieli kupować starej słoniny [...]. Tymczasem jak tylko weszli Niemcy, od razu zaczęli tę słoninę wykupywać i wysyłać w paczkach do Niemiec[18].

W Borysławiu, przedwojennej stolicy polskiego przemysłu naftowego, wojska niemieckie pojawiły się około 20 września, witane uroczyście przez znaczniejszych przedstawicieli miejscowej społeczności ukraińskiej. Adam Żarski, 13-letni wówczas chłopak, zapamiętał, że przybycie Wehrmachtu położyło kres prześladowaniom Polaków przez Ukraińców. Wcześniej bowiem w mieście i jego okolicach dochodziło do napaści na polskich cywili i żołnierzy, a nawet do mordów. Ukraińscy sąsiedzi donieśli również władzom okupacyjnym o posiadaniu przez rodzinę Żarskiego nowoczesnego odbiornika radiowego, który należałoby im skonfiskować. Rzeczywiście, kilkunastu oficerów niemieckich pojawiło się później w domu Żarskich. Uprzednio jednak grzecznie zapytali przez jednego z ordynansów, czy będą mogli wysłuchać u nich radiowego przemówienia Hitlera. Nie dość, że radia nikt nie zabrał, to zaskoczony chłopak zobaczył, jak jeden z Niemców salutuje przed wiszącym na ścianie portretem marszałka Józefa Piłsudskiego.

Początki jeszcze nie były takie straszne. Dopiero potem się zaczęło

W bardzo niewielu miejscach początek okupacji przebiegał w tak „cywilizowany" sposób. Szybko i powszechnie dała o sobie znać buta niemieckich żołnierzy, ich arogancja oraz pogarda dla ludności podbitego kraju. Nawet jeśli hitlerowcy przekonywali o honorze swojego wojska, to ich czyny prędko kazały zapomnieć o cukierkach, porządku i kulturze. Nagminnie dochodziło do kradzieży, gwałtów, morderstw i nikczemności.

Miejscowość Kruszyna, położona około 20 kilometrów na północny wschód od Częstochowy, znalazła się pod niemiecką okupacją już w pierwszych dniach września 1939 r. W pałacu Lubomirskich zainstalował się sztab niemieckiej armii, a w jego piwnicach zamkniętych zostało 25 miejscowych mężczyzn, wziętych w charakterze zakładników. Niemcy chcieli mieć gwarancję, że mieszkańcy nie podejmą przeciwko nim żadnych wrogich działań.

Rankiem 4 września do domu Jana Klekota weszło dwóch niemieckich żołnierzy, pragnąc się odświeżyć. Jeden z nich zdjął kurtkę munduru i zaczął się golić w otwartym oknie. W tym czasie drogą obok domu przetaczały się kolumny niemieckiego wojska. W pewnej chwili golący się żołnierz pomachał do jadącego na pojeździe pancernym Niemca. Pozdrowiony, sądząc widocznie, że to Polak z niego szydzi, przyłożył karabin do policzka i oddał strzał. Żołnierz padł martwy, a jego kolega zszokowany wybiegł na zewnątrz i zaczął coś krzyczeć w kierunku kolumny, która stanęła.

Po chwili na miejscu pojawił się niemiecki oficer. Bijąc krzyczącego żołnierza w twarz, dość szybko zorientował się w zaistniałej sytuacji. Mimo to za przypadkową śmierć niemieckiego szeregowca zapłacili zakładnicy. Wszyscy zatrzymani w pałacu mieszkańcy Kruszyny zostali rozstrzelani.

Zenon Celejewski z Szydłowa był w swojej rodzinnej miejscowości świadkiem haniebnego zachowania „germańskiego zdobywcy", perfidnie wykorzystującego ufność i naiwność małych polskich i żydowskich dzieci:

Na rynku stało kilka motocykli, a z nich schodzili Niemcy ubrani w wojskowe mundury. Podbiegło do nich kilkoro małych dzieci. Jeden z nich wysypał z dużej torebki cukierki na bruk. Dzieci rzuciły się do zbierania. Po raz pierwszy w życiu zobaczyłem, jaki cel miał ten żołnierz – bestia. Wsiadł na motor i wjechał w sam środek tych niewiniątek. Usłyszałem krzyki poranionych dzieci, w większości żydowskich, i dałem drapaka z rynku[19].

Tragiczne wydarzenia z pierwszych dni okupacji Pruszkowa we wspomnieniach mieszkającego w nim Henryka Krzyczkowskiego okazały się zwiastunem rysującej się w najczarniejszych barwach przyszłości:

[Okupanci – D.K.] nawiązali pierwsze kontakty z miejscową ludnością pochodzenia niemieckiego. Zaczęli [...] zwozić różne towary, wina i słodycze, zrabowane w żydowskich sklepach. Nielicznych przechodniów straszyli strzałami z pistoletów maszynowych, śmiejąc się z ich przerażenia. Zabili pierwsze cywilne osoby, które z różnych powodów znalazły się na ulicy i najczęściej niepotrzebnie uciekały przed nadjeżdżającym samochodem lub motocyklem albo nie rozumiejąc niemieckiego języka, nie zatrzymały się, słysząc okrzyk „halt"!

[...] Mieszkańcy Pruszkowa wychodzili na ulice tylko w razie koniecznej potrzeby. Do lekarza, do apteki. Każdego dnia zbierano z ulic ciała zastrzelonych. W dniu 9 września zastrzelono Rozalię Siwińską. Zginął chłopiec, gdy wychodził z apteki przy ulicy

Kościuszki 49, trzymając lekarstwo w ręku. W dniu 12 września na ulicy Sienkiewicza zastrzelono emeryta Piotra Czajkę. Zabito Walentego Bieleckiego lat 59 i Józefa Czerwonkę lat 60. Rozstrzelano kościelnego parafii N.M.P. w Żbikowie – Franciszka Ciesielskiego. Kilka osób pochowano bez zapisu w księgach i bez zezwolenia na pogrzeb[20].

Pierwszymi żołnierzami niemieckimi, których zobaczył Stanisław Nowak z Jędrzejowa w województwie kieleckim, byli konwojenci polskich jeńców prowadzonych w długiej kolumnie w stronę Ostrowca Świętokrzyskiego. Miejscowi, widząc opłakany stan zdrowia polskich żołnierzy, próbowali dostarczyć im jedzenie i picie. Nie spotkało się to z przychylną reakcją niemieckiej eskorty. „Niektórzy konwojenci nie zwracali na to uwagi i pozwalali na poczęstunek, natomiast inni zdecydowanie i brutalnie – używając nawet kolb karabinów – odganiali kobiety od kolumny jeńców”[21] – podkreślał Nowak.

Ze szczególną bezczelnością i poczuciem wszechwładzy Niemcy poczynali sobie, plądrując mienie żydowskie. Często byli też jednak sprawcami grabieży w domach i sklepach należących do Polaków. Ojciec Zdzisława Boczkowskiego z Parzniewa koło Pruszkowa dzięki podstępowi uratował cenną dla siebie rzecz. Jego syn wspominał:

Przed naszą grupką stał młody żołnierz z karabinem w ręku. Ojciec wyjął srebrną, ze złotymi monogramami papierośnicę i wyciągnął papierosa. W tym momencie żołnierz odebrał ojcu papierośnicę i zaczął się jej przyglądać. Podeszło jeszcze dwóch innych żołnierzy. Papierośnica wróciła jednak do rąk ojca. Zapamiętaliśmy wszakże pożądliwy błysk oczu oglądającego ją żołnierza. Gdy oddalił się od nas, przesunęliśmy się cichaczem o kilkanaście metrów. Ojciec zamienił się z którymś z nas marynarką, papierośnicę schował do papucia wujek Julian, który uciekając z Myszkowa, tak poobcierał sobie nogi, że mógł chodzić tylko w papuciach.

Około północy zjawił się „znajomy" żołnierz, podszedł w to miejsce, gdzie wcześniej siedziała nasza grupka. Pochylając się nad leżącymi, świecił latarką w twarze, macał po kieszeniach. To był żołnierz tego „rycerskiego Wehrmachtu"[22].

W czasie kampanii polskiej 1939 r. dochodziło również do gwałtów na polskich i żydowskich kobietach. Skala zjawiska nie jest znana. Niemiecka historyk Maren Röger w swojej książce *Wojenne związki*, poruszającej problematykę kontaktów intymnych polskich kobiet z niemieckimi okupantami, wymienia co prawda pojedyncze przypadki, trzeba jednak podkreślić, że pochodzą one z zasobu archiwalnego zaledwie jednej jednostki niemieckiej policji polowej. Łącznie spraw musiało być znacznie więcej, a przeważająca ich część zapewne nie została odnotowana w żadnych oficjalnych źródłach.

Do jednego z wyjątkowo bestialskich seksualnych wybryków doszło w połowie września pod Kielcami, gdzie pięciu żołnierzy włamało się do polskiego domu w poszukiwaniu łupów i korzystając ze sposobności, zgwałciło tam zbiorowo 16-letnią dziewczynę. Meldunek jednego z pododdziałów niemieckiej żandarmerii przedstawia z kolei kulisy gwałtu dokonanego na żydowskiej dziewczynie przez trzech żołnierzy, którzy:

[...] wtargnęli w nocy z 27 na 28 września do mieszkania Żyda Szai Kaufmanna w Busku Zdroju. Pobili ciężko Kaufmanna, obcięli mu połowę brody, kazali się rozebrać do naga i potem wyciągnęli na ulicę, każąc mu tam na padnij – powstań położyć się w kałuży. Jego córka, Hinda Kaufmann, lat 20, została następnie przez zatrzymanych przemocą i pod groźbą pistoletu zgwałcona[23].

Do grabieży i wymuszenia czynności o charakterze seksualnym przez tych samych żołnierzy doszło w Busku raz jeszcze. Ofiarami stały się siostra i córka właściciela miejscowego sklepu z galanterią skórzaną.

Zenon Malec z Poznania był z kolei świadkiem próby gwałtu na swojej matce. Po latach tak wspominał to traumatyczne dla niego, młodego wówczas chłopca, zdarzenie:

Tuż po moich 11. urodzinach pojechałem z Mamą do Chodzieży, aby przywieźć więcej ubrań i innych niezbędnych do przetrwania rzeczy. Mieszkaliśmy w willi tuż przy stacji kolejowej. W czasie pakowania rzeczy do naszego mieszkania wszedł niemiecki żołnierz. Zaczął z Mamą rozmowę. Następnie gonił ją wokół stołu w jadalni i głośno coś szwargotał. Wreszcie dogonił ją. Przez chwilę szarpał się z nią, a kiedy dostał w twarz – przestał. Dopiero dużo później zrozumiałem, że od gwałtu na moich oczach ocaliła Mamę dobra znajomość niemieckiego i to, że go uderzyła. Przypuszczam, że przestraszył się, że mama jest Niemką (a może mu to powiedziała) i że może na niego donieść[24].

Chyba najtrafniej podsumowała początek niemieckiej okupacji Alina Michalak, która tak zapamiętała wjazd niemieckich oddziałów do swojego rodzinnego miasteczka:

Pamiętam ich wjazd do Płońska, bo dzieci jak to dzieci, leciały za nimi zobaczyć, jak wyglądają. Po raz pierwszy zobaczyłam wtedy wojsko niemieckie – samochody wojskowe, armatki, motocykle... Początki jeszcze nie były takie straszne. Dopiero potem się zaczęło[25].

Choć dla niektórych Polaków to, co miało „dopiero się zacząć", trwało już od pierwszego dnia wojny, to jednak ogromna większość nawet w najczarniejszych przewidywaniach nie spodziewała się, że pod niemiecką okupacją będzie prześladowana za swoje pochodzenie, wynarodowiana, głodzona, wykorzystywana jako niewolnicza siła robocza i masowo eksterminowana. Wszak Niemcy, jak wielu głosiło z nadzieją, byli „europejskim, cywilizowanym" narodem.

II / Podział ziem okupowanych i eksterminacja polskiej inteligencji

„Polska ma być traktowana jak kolonia"

Podbicie Polski było dla Adolfa Hitlera pierwszym konkretnym krokiem koniecznym do urzeczywistnienia idei Lebensraumu, czyli zdobycia na wschodzie „przestrzeni życiowej" dla narodu niemieckiego. Cel ten był jednym z głównych punktów oficjalnego programu partii nazistowskiej NSDAP, ogłoszonego w 1920 r.

28 września 1939 r. szefowie dyplomacji III Rzeszy i ZSRR, Joachim von Ribbentrop i Wiaczesław Mołotow, podpisali w Moskwie w imieniu swych rządów traktat o „przyjaźni i granicach", rozstrzygając tym samym pewne kwestie, które nie zostały doprecyzowane miesiąc wcześniej przy okazji zawarcia sojuszu w sprawie rozbioru Polski. Ustalono w nim przebieg granicy między obu agresorami. Obszar, który przypadł III Rzeszy, obejmował 188 000 km^2 terytorium II Rzeczypospolitej z 22 100 000 mieszkańców. Wśród nich 84% było Polakami, 10% stanowili Żydzi, pozostałą część – Niemcy, Ukraińcy i inni członkowie mniejszości narodowych. Co ciekawe, niemiecki dyktator początkowo nie miał jasno określonej wizji tego, jak postąpi z podbitym krajem. Biorąc pod uwagę możliwość ewentualnych negocjacji pokojowych z mocarstwami zachodnimi, Hitler nie wykluczał nawet, iż dopuści do powstania jakiejś kadłubowej formy państwa polskiego.

Do czasu utworzenia administracji cywilnej na terenach okupowanych obowiązywał zarząd wojskowy, co oznaczało, że odpowiedzialność za zajęty obszar spoczywała na dowódcach armii. Ostatecznie 8 października 1939 r. Führer wydał zarządzenie o inkorporowaniu do Rzeszy przedwojennych polskich ziem o powierzchni ponad 92 000 km^2 zamieszkałych przez 10 500 000 mln ludzi. Były to w zasadzie najbardziej uprzemysłowione tereny Polski, obszar równy jednej czwartej przedwojennej powierzchni naszego kraju i zamieszkały przez jedną trzecią jego ludności. To prawie dwukrotnie więcej, niż wynosiła cała powierzchnia byłego zaboru pruskiego! Przyłączone do Rzeszy ziemie znalazły się w składzie czterech jednostek administracyjnych.

Okręg Gdańsk-Prusy Zachodnie (Reichsgau Danzig-Westpreussen) obejmował byłe Wolne Miasto Gdańsk, kilka powiatów Prus Wschodnich oraz większość terytorium polskiego województwa pomorskiego. Podzielony był na rejencje: gdańską, kwidzyńską i bydgoską. Namiestnikiem okręgu był przez całą wojnę urzędujący w Gdańsku gauleiter Albert Forster.

Kraj Warty (Reichsgau Wartheland) nazwany został początkowo Okręgiem Poznań (Reichsgau Posen). Obejmował byłe województwo wielkopolskie oraz powiaty: gostyniński, kutnowski, łaski, łódzki, łęczycki i część powiatów: brzezińskiego, piotrkowskiego, radomszczańskiego. Dzielił się na trzy rejencje: poznańską, inowrocławską i łódzką (początkowo kaliską). Na czele kraju Warty stanął Arthur Greiser, nazywany przez Wysokiego Komisarza Ligi Narodów w Gdańsku Carla Jacoba Burckhardta „prawdziwą kanalią". Kraj Warty był największym okręgiem administracyjnym w nazistowskich Niemczech i jednocześnie jedynym utworzonym wyłącznie z zagrabionych ziem polskich.

Prowincja Śląsk (Provinz Schlesien) obejmowała cztery rejencje: legnicką, wrocławską, opolską i katowicką. Do dwóch ostatnich rejencji włączono terytoria polskie Górnego Śląska z Zagłębiem Dąbrowskim, część województwa krakowskiego oraz Zaolzie. Łącznie było to przeszło 10 000 km^2 terytorium II Rzeczypospolitej. Na początku 1941 r. ze względu na trudności w administrowaniu tak wielkim obszarem przemysłowym Niemcy podzielą Śląsk na dwie prowincje: Dolny i Górny Śląsk.

W granicach Prus Wschodnich znalazła się część powiatów województwa warszawskiego. Z ziem tych stworzono rejencję ciechanowską (Regierungsbezirk Zichenau). Obejmowała ona obszar powiatów: Ciechanów, Maków Mazowiecki, Mława, Ostrołęka, Płock, Płońsk, Przasnysz, Pułtusk, Sierpc i północne części powiatów sochaczewskiego oraz warszawskiego. Najwyższym przedstawicielem władzy państwowej w Prusach Wschodnich był nadprezydent Erich Koch, arogancki nazista mogący się szczycić zaledwie zawodowym wykształceniem.

Niemiecki minister propagandy Joseph Goebbels z wielką satysfakcją przyjął decyzję Hitlera o aneksji ziem polskich. W swoich *Dziennikach* pisał: „Polska jest załatwiona. O odtworzeniu dawnego państwa polskiego nikt już właściwie nie mówi. [...] Opinia Führera o Polakach jest miażdżąca. Bardziej zwierzęta niż ludzie, całkowicie otępiali i amorficzni”[1].

Z pozostałych okupowanych przez Rzeszę terytoriów Rzeczypospolitej Adolf Hitler dekretem z 12 października 1939 r. utworzył Generalne Gubernatorstwo. W przeciwieństwie do ziem wcielonych bezpośrednio do Rzeszy jego status prawny i międzynarodowy nigdy nie został określony. Niemcy mogli więc sobie tu poczynać z całkowitą swobodą w stosunku do mieszkańców. Generalne Gubernatorstwo składało się z czterech dystryktów: krakowskiego, lubelskiego, radomskiego i warszawskiego. Jego gubernatorem został urzędujący w Krakowie na Wawelu Hans Frank. Był to człowiek inteligentny, wykształcony, ambitny, ale i okrutny, zatwardziały nazista. Wytrwale wcielał w życie założenia, w myśl których: „Polska ma być traktowana jak kolonia, Polacy będą niewolnikami Wielkoniemieckiej Światowej Rzeszy”[2].

Obszary włączone do Rzeszy miały być w stosunkowo krótkim czasie oczyszczone z zamieszkujących je Polaków i Żydów. Początkowo oznaczało to wyłącznie przesiedlenie ich do Generalnego Gubernatorstwa, które planowano zgermanizować dopiero w dalszej przyszłości. Stopniowo niemieccy okupanci rozszerzali jednak wachlarz instrumentów niezbędnych do osiągnięcia swojego głównego celu. Na terytoriach zdobytych stosowali więc na wielką skalę terror, ludobójstwo, przymusowe wywłaszczenia i rabunek, prawie całkowicie likwidowali też życie kulturalne. Pierwszym podstawowym krokiem, planowanym jeszcze przed wybuchem wojny, miało być jednak „polityczne oczyszczenie terenu”, czyli wyeliminowanie polskich elit politycznych i społecznych.

Polakom i psom wstęp wzbroniony

Antypolskie wystąpienia w Niemczech miały miejsce już na początku lat 30. XX wieku. Szykanowano członków organizacji polonijnych, demolowano lokale szkolne, prześladowano też polską młodzież za przynależność do harcerstwa. Mówienie po polsku w pracy czy na ulicy groziło pobiciem. Mocnym ciosem wymierzonym w mniejszość polską w Niemczech była ustawa o zagrodach dziedzicznych. Przewidywała ona, iż tylko Niemiec może być właścicielem gospodarstwa rolnego z prawem dziedziczenia. Taka regulacja prawna miała prowadzić do całkowitej asymilacji społeczności polskiej w Niemczech.

Do wystąpień przeciwko Polakom dochodziło również w Wolnym Mieście Gdańsku i na terenie Prus Wschodnich, a skrajnym tego przejawem był haniebny napis wywieszony na budynku jednej z niemieckich kawiarni w Gdańsku: „Polakom i psom wstęp wzbroniony".

Przygotowując się do wojny, Niemcy utworzyli pod koniec maja 1939 r. w berlińskiej siedzibie policji specjalną komórkę zajmującą się sprawami Polski – Zentralstelle IIP (Polen). Jej podstawowym zadaniem było gromadzenie danych Polaków, których później miały aresztować niemieckie służby bezpieczeństwa. Z danych tych utworzono listę, tzw. Sonderfahndungsbuch Polen, czyli *Specjalną księgę Polaków ściganych listem gończym*.

Księga zawierała personalia każdego poszukiwanego, jego miejsce zamieszkania, zawód, ewentualnie też informację o funkcji, jaką pełnił w lokalnym społeczeństwie. Przy każdym nazwisku widniał symbol formacji, której zadaniem było ujęcie poszukiwanej osoby. Danych dostarczały niemieckie placówki dyplomatyczne, pomocne były również informacje prasowe oraz te uzyskane od konfidentów, zwerbowanych wśród przedstawicieli pronazistowskich organizacji mniejszości niemieckiej w Polsce. Na liście znajdowali się zarówno profesorowie, urzędnicy, właściciele fabryk, księża, nauczyciele, jak i wykazujący się patriotyzmem oraz szczególną aktywnością w życiu społecznym chłopi czy robotnicy. Niemcy za szczególnie groźnych uznali weteranów powstań – śląskich i wielkopolskiego. W pierwszych tygodniach okupacji lista proskrypcyjna była na bieżąco aktualizowana przez niemieckie służby.

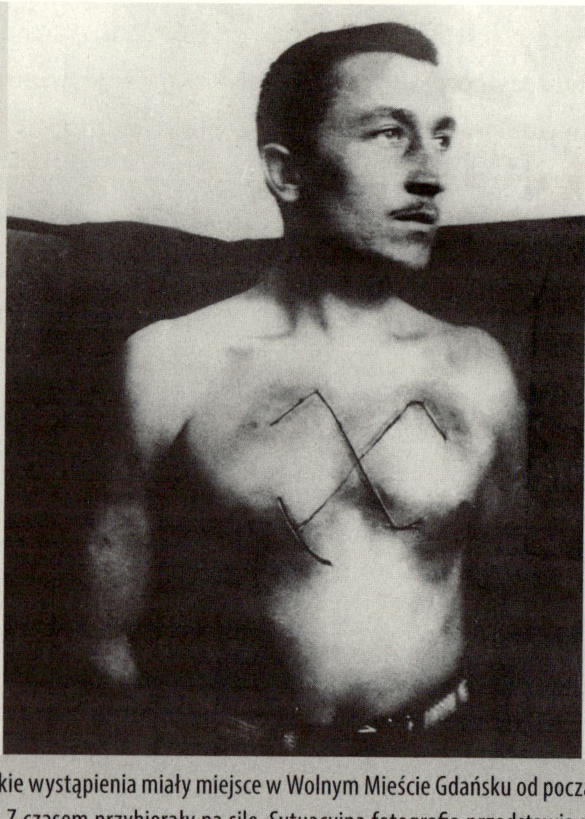

Antypolskie wystąpienia miały miejsce w Wolnym Mieście Gdańsku od początku jego istnienia. Z czasem przybierały na sile. Sytuacyjna fotografia przedstawia polskiego mieszkańca miasta z wyciętą na piersi swastyką.

Ostatecznie znalazły się na niej dane aż 80 000 Polaków, których planowano aresztować i zlikwidować.

Formacjami, które w pierwszej kolejności wykorzystywały listy proskrypcyjne, były oddziały Einsatzgruppen der Sicherheitspolizei – grupy operacyjne policji bezpieczeństwa. W sierpniu 1939 r. utworzono pięć takich jednostek, oznaczonych rzymskimi cyframi I–V. Z początkiem września powstały jeszcze Einsatzgruppe zur besonderen Verwendung, czyli grupa operacyjna do zadań specjalnych EG VI, i samodzielny oddział operacyjny EK 16. Łącznie Einsatzgruppen der Sicherheitspolizei liczyły 2700 funkcjonariuszy.

Podporządkowane były dowództwu poszczególnych armii inwazyjnych, a jednocześnie szefowi policji bezpieczeństwa i SD (Sicherheitsdienst – Służba Bezpieczeństwa), dowódcy w Urzędzie Policji Bezpieczeństwa SS – Gruppenführerowi Reinhardowi Heydrichowi. Z chwilą ustanowienia na okupowanych terenach Polski administracji cywilnej III Rzeszy formacje Einsatzgruppen przekształcono w placówki policji i SD, które dalej realizowały zbrodnicze zadania.

Operację „politycznego oczyszczenia terenu" oznakowano kryptonimem „Tannenberg", natomiast w kręgach nazistowskich dygnitarzy nazywano ją „Intelligenzaktion". Wedle założeń Heydricha miała ona mieć charakter: „nadzwyczaj radykalny, mianowicie chodziło w niej między innymi o likwidację szerokich polskich kół kierowniczych, obejmujących tysiące osób"[3]. Była to pierwsza przeprowadzona z tak wielkim rozmachem i determinacją planowa akcja eksterminacyjna w czasie II wojny światowej. W jej wyniku życie straciło około 100 000 Polaków.

Polacy muszą zdechnąć...

Jeszcze przed wybuchem wojny, w sierpniu 1939 r., niemieckie służby aresztowały pierwszych Polaków mieszkających na terenie III Rzeszy. Łącznie do końca września 1939 r. zatrzymano około 2000 osób: nauczycieli polskich szkół, księży, członków i działaczy organizacji polonijnych, między innymi Związku Polaków w Niemczech, redaktorów polskich pism, na przykład „Gazety Olsztyńskiej". Zdarzało się, że zatrzymanym Polakom towarzyszyła asysta złożona z miejscowych Niemców, wykrzykujących w ich kierunku obelgi i hasła w rodzaju „Polacy muszą zdechnąć!" czy „Wytępimy wreszcie zarazę polską"[4]. Aresztowanych następnie przewożono do miejscowych placówek policji, gdzie przesłuchiwało ich gestapo (Geheime Staatspolizei – Tajna Policja Państwowa). Potem umieszczano ich w niemieckich obozach koncentracyjnych: KL Sachsenhausen, KL Ravensbrück, KL Dachau, KL Buchenwald, KL Flossenbürg. Część z nich została tam zamordowana.

Pierwszego dnia wojny w Wolnym Mieście Gdańsku wszystkie polskie instytucje zostały zaatakowane przez oddziały gdańskiej policji oraz partyjne nazistowskie oddziały szturmowe (Sturmabteilung, SA) i oddziały ochronne (Schutzstaffel, SS). Równocześnie aresztowano, na podstawie przygotowanych wcześniej list, przebywających w domach pracowników tychże placówek. Wielu z nich zostało zamordowanych w kolejnych dniach i miesiącach, jak choćby bohaterscy obrońcy Poczty Polskiej.

Załoga Poczty Polskiej składała się ze zmobilizowanych pocztowców dowodzonych przez ppor. Konrada Guderskiego. Gmach urzędu został zaatakowany w tym samym czasie co

Westerplatte. Słabo uzbrojeni obrońcy stawiali silny opór. Ulegli dopiero 1 września późnym popołudniem, po tym jak Niemcy podciągnęli artylerię i podpalili piwnice budynku. Pocztowcy, którzy przeżyli szturm, zostali postawieni przed doraźnym sądem wojennym powołanym przez generała Friedricha Eberhardta, tego samego, który przyjmował kapitulację Westerplatte. Stawiane im zarzuty były absurdalne – przynależność do polskiej partyzantki i strzelanie do niemieckich żołnierzy. Wyglądało to tak, jakby pocztowcy dokonali napaści na Niemców, a nie odwrotnie. W trakcie trwającej 45 minut rozprawy 38 Polaków skazano na karę śmierci. Był to właściwie klasyczny mord sądowy, bowiem obrońcy Poczty Polskiej, jako zmobilizowani żołnierze, chronieni byli postanowieniami konwencji haskiej.

Egzekucji dokonano 5 października 1939 r. na Zaspie koło gdańskiej dzielnicy Wrzeszcz. Jej świadkiem był Stanisław Garczewski, należący do grupy osób wyznaczonych do przygotowania mogiły dla skazańców. Tak wspominał tamte wydarzenia:

Nastąpiło wyliczanie imion i nazwisk ofiar. Następnie ustawiono ich dwadzieścia kroków przed nami i tam zostali wykomunikowani przez kapelana. Potem zawiązano im oczy czarnymi chustkami, z wyjątkiem Flisykowskiego, który na to nie pozwolił. Wśród nich był młodzieniec około osiemnastu lat w mundurku gimnazjalnym. Pocztowców zaprowadzono za wał, gdzie w międzyczasie ustawiła się kompania wojskowa i padła salwa. Przedtem Alfons Flisykowski zdążył wznieść okrzyk w języku polskim i niemieckim: „Niech żyje Polska!".

[...] Kazano nam zdejmować obrączki ślubne z palców pomordowanych, jednak nie bardzo kwapiliśmy się do tej roboty, więc komendant

Pauly osobiście ściągał obrączki, które włożył do kieszeni swojego munduru. Następnie kazał nam wybijać złote zęby rozstrzelanym, jednak mimo że SS groziło nam, nikt tego rozkazu nie wykonał[5].

Wspomniany tu SS-Obersturmbannführer Max Pauly był fanatycznym nazistą i pierwszym komendantem KL Stutthof. Słynął z tego, że osobiście przesłuchiwał i katował więźniów, brał też udział w ich egzekucjach. Jednocześnie prywatnie był człowiekiem bardzo rodzinnym i dla swojej żony oraz czwórki dzieci kazał zbudować na terenie obozu wygodną willę.

Warto dodać, że jednymi z pierwszych Polaków zamordowanych na terenie Wolnego Miasta Gdańska byli kolejarze ze stacji kolejowej Szymankowo. Oni to skierowali niemiecki pociąg pancerny, mający zaatakować stację kolejową w Tczewie, na ślepy tor. Umożliwiło to polskim żołnierzom wysadzenie mostu w Tczewie i powstrzymało atak Niemców. Oprawcy pojawili się 1 września około piątej nad ranem. Gdańscy policjanci i członkowie SA zamordowali wówczas 21 osób, w tym dwie kobiety, z których jedna była w ciąży.

Były to nadludzkie wycia

Depolonizacji Pomorza dokonywał działający tu aktywnie samodzielny oddział operacyjny Einsatzkommando 16 dowodzony przez SS-Obersturmbannführera Rudolfa Trögera. Ponadto do akcji skierowano liczącą 400 funkcjonariuszy jednostkę specjalną SS-Wachsturmbann „Eimann". Esesmanów wspierał

Selbstschutz – paramilitarna formacja złożona z mieszkających w Polsce Niemców.

Od połowy września 1939 r. na Pomorzu Gdańskim doszło do masowych aresztowań osób narodowości polskiej, które przetrzymywano później w doraźnych aresztach i obozach do czasu sprawdzenia ich tożsamości przez gestapo. Część tych osób wypuszczono i wysiedlono jesienią do Generalnego Gubernatorstwa. Przeznaczonych do eksterminacji mieszkańców polskiego Wybrzeża likwidowano w rozległym kompleksie leśnym Puszczy Darżlubskiej, koło wsi Wielka Piaśnica, około 10 kilometrów od Wejherowa. Do wiosny 1940 r. zamordowano tam od 12 000 do 14 000 polskich mężczyzn, kobiet i dzieci. Na miejscu egzekucji ofiary, ze skrępowanymi z tyłu rękami, zmuszano do uklęknięcia nad dołem i zabijano je strzałem w potylicę. Rannych dobijano kolejną kulą bądź uderzeniem kolby, a zwłoki zakopywano w dołach o wymiarach około 10 × 4 m i głębokości 3,5 m. Po wojnie odkryto 23 takie masowe mogiły.

Innym miejscem kaźni Polaków był Las Szpęgawski, położony około 7 kilometrów na północ od Starogardu Gdańskiego. Egzekucji dokonywano tam od 19 września 1939 r. taką samą metodą jak w Wielkiej Piaśnicy. W lesie odkryto 32 masowe mogiły mogące pomieścić 250–450 ciał każda. Julian Hein ze wsi Stara Huta koło Kartuz cudem uniknął tam śmierci w czasie egzekucji w połowie października 1939 r. Aresztowano go wraz z 15-letnim synem i obaj z grupą Polaków przeznaczonych do rozstrzelania zostali wywiezieni do Lasu Szpęgawskiego. Hein tak opisywał ów feralny dzień, który miał być ostatnim w jego życiu:

Nieświadomi swojego losu mieszkańcy Gdyni aresztowani przez Niemców w pierwszych dniach okupacji. Wielu z nich zamordowano później w Piaśnicy lub obozie koncentracyjnym Stutthof.

Dojechaliśmy do polany, gdzie były świeżo wykopane mogiły. Nasz samochód podjechał pod wykop. Otoczyło nas wnet dwudziestu pięciu SS-manów, którzy byli już tu wcześniej. Mieli dwa ciężkie i jeden lekki karabin maszynowy. Wśród nich był również leśniczy z Lasu Szpęgawskiego. Jeden z Niemców ostrzegł, że jeśli ktoś z nas spróbuje ucieczki, będzie zdychał godzinami. Po opuszczeniu samochodu rozkazano nam rozebrać się do bielizny i ściągnąć buty. [...] Mój syn także stał w bieliźnie i kłaniał mi się z daleka. Syn zawołał: „Tata, zostańcie z Bogiem!".

Po pierwszej salwie rzuciłem się do ucieczki, ale otrzymałem silne uderzenie w plecy i straciłem przytomność. W rozpaczy oglądam się, gdzie jest mój syn. Komendant woła do mnie: „Los auf!" i zerwał kożuch. Zauważył złoty łańcuszek od zegarka. Ja go nie mogłem odpiąć skostniałymi od zimna palcami. Przyszło mi do głowy, żeby tylko wyrwać temu Niemcowi parabellum i nakropić, co się da. Potem pomyślałem, że nie dam rady, przez te skostniałe ręce, strzelać. I wtedy gdy on, trzymając w lewej ręce parabellum, prawą szarpnął za ten łańcuszek, to ja go uderzyłem z dołu całą siłą w szczękę i rzuciłem się do ucieczki. Wszyscy SS-mani zbaranieli i zanim ocknęli się z wrażenia, byłem o trzynaście, czternaście kroków od nich. Dopiero wtedy rozległy się pojedyncze, chaotyczne strzały[6].

Uciekając przed pościgiem, Hein wdrapał się na drzewo i stamtąd obserwował przebieg kolejnych egzekucji. Oprawcy byli tym razem ostrożniejsi:

Przedtem szło pięciu–sześciu skazańców, za nimi kilku SS-manów. Tym razem szło ich czterech i każdy był pod lufą SS-mana. Uprzednio kazano składać biżuterię do walizki, która stała przy samochodzie. Ubrania rzucano na kupę, a potem zwalano je do samochodu, którym przywieziono skazańców. Robota szła sprawnie, tak że pięćdziesięciu straceńców z tego samochodu wykończono w ciągu pół godziny. Ponieważ był lekki powiew, słyszałem jęki, których nie można odtworzyć. Były to nadludzkie wycia. Kobiety, które nie zdjęły swych kolczyków lub pierścionków, szarpano i kopano, rozrywano im uszy. Gdy ktoś przed egzekucją zemdlał – bo działy się tam straszne rzeczy, ludzie mdleli i dostawali napadów szału – cucono kopniakami. Z tego drzewa widziałem egzekucję ludzi przywiezionych trzema samochodami[7].

Niemcy dokonywali egzekucji również w sposób jawny. W październiku w Gdyni publiczna egzekucja odbyła się na ulicy Świętojańskiej. Wśród ofiar byli oficerowie Wojska Polskiego oraz działacze Polskiego Związku Zachodniego.

W Bydgoszczy uliczne egzekucje trwały już od pierwszych dni okupacji. Miejscowi volksdeutsche wespół z żołnierzami

„Krwawa niedziela" nie była końcem tragicznych wydarzeń w Bydgoszczy. Polscy mieszkańcy miasta byli rozstrzeliwani przez oddziały Einsatzkommando i Selbstschutzu jeszcze przez długie miesiące.

Wehrmachtu krwawo rozprawili się z mieszkańcami miasta, którzy tłumili antypolską dywersję. W późniejszych dniach członkowie Einsatzkommando 16 i Selbstschutzu przeczesywali miasto w poszukiwaniu osób umieszczonych na listach gończych. Przed polskim Świętem Niepodległości zatrzymania miały charakter prewencyjny. Do 11 listopada 1939 r. aresztowano i uwięziono około 10 000 Polaków. Część z tych osób została rozstrzelana między innymi na dziedzińcu miejscowego więzienia czy w położonej niedaleko tak zwanej Dolinie Śmierci. W tym drugim miejscu zamordowano około 3000 osób.

Innym miejscem zbiorowej kaźni były rowy strzeleckie we wsi Tryszczyn, położonej około 15 kilometrów na północ od Bydgoszczy. Zamordowano tu około 1400 osób. Najmłodsze ofiary miały po 12 lat – byli to harcerze i uczniowie gimnazjów. W czasie egzekucji zmuszano więźniów, aby kładli się w rowach rzędami, a niemieccy ludobójcy strzelali im w tył głowy.

Aresztowanych w Toruniu przedstawicieli miejscowej inteligencji polskiej likwidowano w odległym o około 3 kilometry od miasta lesie Barbarka. W trakcie kilku przeprowadzonych zbiorowych egzekucji w październiku i listopadzie 1939 r. życie straciło tam ponad 1100 Polaków.

Otrzymywali strzał i tak kończyli życie

Na Górnym Śląsku, na tyłach niemieckiej 14 Armii, działały Einsatzgruppe I oraz grupa specjalna EG VI. Wsparciem dla tych jednostek był ponad 600-osobowy Freikorps „Ebbinghaus", składający się ze zbiegłych z Polski volksdeutschów. Do 4 września 1939 r. cały obszar Górnego Śląska, Śląska Cieszyńskiego i Zagłębia Dąbrowskiego został opanowany przez Niemców. Niemal natychmiast zaczęły się łowy na członków Związku Powstańców Śląskich. Czasem w znalezieniu się na liście osób przeznaczonych do eksterminacji mogli „dopomóc" dotychczasowi sąsiedzi. Robert Seweryn tak wspominał losy swojego pradziadka:

O aresztowaniu mojego pradziadka przesądziła opinia wójta oraz innych mieszkańców. W swojej opinii stwierdzili, że Tomasz Baron jest byłym powstańcem, jest zagorzałym Polakiem i nigdy Niemcem nie będzie. To był wyrok śmierci na niego. [...] Bez nakazu został aresztowany i przewieziony do aresztu gestapo w Bieruniu Starym, gdzie był przetrzymywany do listopada 1939 roku. W połowie miesiąca przewieziono mojego pradziadka do więzienia w Pszczynie, gdzie przebywał do grudnia 1939 roku[8].

Tomasz Baron został zamordowany 28 kwietnia 1940 r. w KL Sachsenhausen, wielu jego rodaków zginęło zaś podczas bezpośrednich egzekucji tuż po wkroczeniu okupantów. W samych tylko Katowicach we wrześniu 1939 r. rozstrzelano około 750 osób – ofiarami byli nie tylko powstańcy, ale również harcerze i działacze niepodległościowi. Łącznie na Śląsku we wrześniu i październiku 1939 r. zostało zamordowanych około 1500 Polaków. Sprawcami ich śmierci byli zarówno żołnierze Wehrmachtu, jak i członkowie Einsatzgruppen i Freikorpsu. A przecież terror na tym się nie skończył. Następni na liście osób, które miano aresztować, byli krzewiciele kultury polskiej – duchowni i nauczyciele. Zatrzymano ich w pierwszych miesiącach 1940 r. i deportowano do obozów koncentracyjnych.

Na terenach Polski, z których utworzono niemiecki okręg administracyjny Kraj Warty, operowały aż trzy Einsatzgruppen: EG III, EG IV oraz, w późniejszym czasie, podległa bezpośrednio Greiserowi – EG VI. Wśród osób przeznaczonych do likwidacji w tym rejonie liczne grupy stanowili urzędnicy, nauczyciele, właściciele ziemscy, rzemieślnicy, przemysłowcy, działacze społeczni i polityczni, byli powstańcy wielkopolscy, rolnicy. Słowem – najbardziej aktywni i szanowani przedstawiciele tamtejszego polskiego społeczeństwa.

Największe nasilenie akcji eksterminacyjnej nastąpiło w dniach 20, 21 i 23 października 1939 r., kiedy zarządzono serię egzekucji w czternastu miastach Wielkopolski. Ustalono wówczas minimalną liczbę osób przeznaczonych do likwidacji – 295. Ofiary miały być wytypowane przez miejscowych Niemców, jako najbardziej orientujących się w lokalnych powiązaniach

Polaków. O ile w opisanych wcześniej przypadkach Niemcy zazwyczaj starali się ukryć fakt popełnienia zbrodni, o tyle tym razem egzekucje miały być publiczne. Z typowo pruską pedanterią przygotowywano więc odpowiednią scenerię zbrodni. W centralnych punktach miast, głównie na rynkach przed ratuszami, budowano kulochwyty, przed którymi miano rozstrzelać skazańców. Wyznaczono Polaków mających zadbać o transport zwłok furmankami oraz wykopanie mogił w wyznaczonych miejscach. Zatroszczono się nawet o odpowiednią publikę – wydano zarządzenie, zgodnie z którym danego dnia na miejscu egzekucji miały się stawić wszystkie osoby z określonej miejscowości.

Świadkiem kaźni polskich obywateli w Śremie była Krystyna Wojciechowska, ta sama, którą żołnierze niemieccy tak chętnie częstowali czekoladą w Murzynowie Kościelnym. Wspominała:

> *Rynek otoczony został przez żołnierzy w pełnym rynsztunku bojowym. Na środku postawiono jakąś ogromną tablicę. U podstawy usypano wał ziemny. Nagle z Magistratu wyszedł batalion żołnierzy i stanął w szyku przed tą tablicą. Stojąc na balkonie, zobaczyliśmy przerażający widok (mieszkaliśmy blisko rynku). Z Magistratu wychodzili gęsiego ludzie cieszący się autorytetem, znajomi, którzy żyli wśród nas, których doskonale znaliśmy. Stawiali po dwanaście osób przed tym wałem ziemnym. Otrzymywali strzał i tak kończyli życie. Powtarzało się to 5-krotnie. Następnie ciała wrzucano na ogromny wóz, ociekający krwią. Wywieziono ich na cmentarz. Mogiła była uprzednio przygotowana. Przez tydzień pilnowali jej żandarmi, aby nikt do niej nie podchodził. Koszmar ten przepłaciłam chorobą*[9].

Wśród mieszkańców Poznania szczególnie złą sławą cieszył się Fort VII, gdzie znajdowało się więzienie policji bezpieczeństwa. Jednorazowo przetrzymywano tam 700–1200 więźniów. Niektórzy stracili tu życie podczas egzekucji, jednak największą liczbę osadzonych w Forcie VII stracono w podmiejskich lasach położonych na terenie obecnej gminy Dopiewo. Jesienią 1939 r. i w pierwszych miesiącach 1940 r. rozstrzelano tam około 2600 Polaków.

Na ziemiach przyszłej rejencji ciechanowskiej Einsatzgruppe V operowała od 6 września 1939 r. Niemal natychmiast rozpoczęły się liczne egzekucje osób oskarżonych o posiadanie broni. Przeczesywano również okoliczne miejscowości w poszukiwaniu Polaków umieszczonych na listach gończych i wskazanych przez miejscowych volksdeutschów jako „nieprzychylnie" nastawieni do Niemców i silnie manifestujący swój patriotyzm.

Inżynier Tadeusz Krzechowski z Płocka, przedwojenny działacz Polskiego Związku Zachodniego, członek prorządowych organizacji politycznych i paramilitarnych, był jedną z wytypowanych do aresztowania osób. Osadzono go w więzieniu w Płocku, gdzie był świadkiem między innymi upokarzającego wobec zatrzymanych polskich kobiet zachowania gestapowców. Na dziedzińcu zakładu karnego przedstawiciele rasy „nadludzi", rechocząc, obmacywali je w nieprzyzwoity sposób, co spotkało się z chóralnym, głośnym protestem polskich mężczyzn. W odpowiedzi gestapowcy, pomagając sobie kolbami pistoletów, ustawili ich przodem do ściany, ale, o dziwo, protest poskutkował i kobiety pozostawiono w spokoju. Inżynier Krzechowski wspominał, jak wyglądało przesłuchanie jego kolegi:

[...] Brani po dwóch, przede mną wszedł znajomy z Akcji Katolickiej i ja drugi za nim. Mnie postawiono w rogu pokoju, a on wzięty za klapy ubrania przez Asta [volksdeutscha pełniącego funkcję tłumacza – D.K.] siedzącego na stole, został przyciągnięty przez niego i uderzony „bykiem" pod brodę. I drugi raz tak uderzony za zbyt wolne wyrzucanie zawartości z plecaka na podłogę. Głośno pytany, czy należał do Akcji Katolickiej, LOPP, BBWR, Związku Zachodniego, LMK (Ligi Morskiej i Kolonialnej), odpowiadał: należałem, należałem, należałem. A maszynistka wszystko zapisała w protokole. Finisz był taki, że uderzony kolbą karabinu w plecy z krzykiem dosłownie został wykopany przez drzwi na korytarz. Oczywiście wywieziony z Płocka do obozu, gdzie został zamordowany[10].

Sam Krzechowski podczas przesłuchania zręcznie omijał zadawane przez śledczego pytania dotyczące przynależności do wymienionych wyżej organizacji. Podkreślał za to, że pracował w budownictwie. To uratowało mu życie i jako „fachman" został zwolniony do domu.

Ujęci w Płocku i jego okolicach Polacy zostali straceni głównie koło Łącka, malowniczo położonej wśród lasów i jezior miejscowości, w której znajdował się pałac, będący przed wojną letnią siedzibą marszałka Śmigłego-Rydza. W kilku egzekucjach do marca 1940 r. zamordowano tam około 200 osób. Innym znanym miejscem kaźni na Mazowszu były lasy pod Ościsłowem, gdzie zginęły setki polskich patriotów. Około 500 mieszkańców Ostrołęki zostało rozstrzelanych nad Narwią w pobliżu miasta w styczniu i marcu 1940 r.

Aby odizolować polskich aktywistów, władze okupacyjne utworzyły w dawnych polskich koszarach w Działdowie (przechrzczonym na „Soldau") tajny obóz dla aresztowanych mieszkańców północnego Mazowsza i Suwalszczyzny. Polacy tam osadzeni nie byli w żaden sposób ewidencjonowani, co miało zatrzeć wszelkie ślady ich bytności. Do maja 1940 r. około 1500 więźniów obozu w Działdowie zostało rozstrzelanych przez niemieckich oprawców ogniem broni maszynowej w pobliskich lasach koło wsi Malinowo i Komorniki.

Łącznie, jak podaje doktor Maria Wardzyńska, wybitna polska badaczka zajmująca się problematyką masowej eksterminacji Polaków w ramach „Intelligenzaktion", na polskich terenach włączonych do Rzeszy znajdowało się nie mniej niż 167 miejsc, w których, często wielokrotnie, siły niemieckiej policji, SS i Selbstschutzu dokonywały zbiorowych mordów na naszych rodakach. Z tego najwięcej, bo aż 69, było takich punktów w Okręgu Gdańsk-Prusy Zachodnie.

Człowiek wije się z bólu

Bojówka złożona z zamieszkałych w Polsce Niemców, Selbstschutz, stanowiła organizację dziś względnie zapomnianą, a jednak odpowiedzialną za śmierć ogromnej liczby polskich ofiar w ramach „Intelligenzaktion". Przynależność poszczególnych przedstawicieli niemieckiej mniejszości do zbrodniczej formacji z pewnością była dla wielu ich polskich znajomych prawdziwym szokiem. Ludzie, z którymi dotąd łączyły ich częstokroć dobrosąsiedzkie stosunki, których nierzadko podziwiali za solidność i gospodarność, niespodziewanie okazywali się wyzutymi z wszelkich uczuć moralnych bandytami. Byli oni szczególnie niebezpieczni ze względu na to, że doskonale znali lokalne realia społeczne.

Oficjalnie Heinrich Himmler wydał rozkaz powołania Selbstschutzu 29 września 1939 r. W rzeczywistości oddziały niemieckiej „samoobrony" działały praktycznie od pierwszego tygodnia wojny z Polską. Głównym powodem ich powstania miała być ochrona majątku volksdeutschów i ich samych przed rzekomymi napaściami ze strony Polaków. Pojęcie „samoobrona" jest w tym przypadku ordynarnym eufemizmem. Selbstschutz był chyba najbardziej represyjną formacją niemiecką z początków okupacji, a jej członkowie okrucieństwem przewyższali nawet „zawodowych" oprawców z Einsatzgruppen czy gestapo. Mordowali zaciekle swoich sąsiadów nie tylko z powodu nazistowskiej ideologii czy fanatycznego uwielbienia dla Führera. Często motywację stanowiły chęć awansu społecznego, zwykła grabież czy osobiste porachunki.

Oddziały Selbstschutzu zapisały wyjątkowo krwawą kartę w historii „Intelligenzaktion". Na zdjęciu widoczna jest egzekucja 15 Polaków rozstrzelanych rzekomo w odwecie za podpalenie stodoły w Nowym Mieście Lubawskim.

Selbstschutz organizacyjnie podzielony został na trzy okręgi, a te dzieliły się z kolei na inspektoraty, obejmujące po kilka powiatów. Liczebność organizacji pod koniec października 1939 r. wynosiła około 70 000. osób, mężczyzn w wieku 17–45 lat. Najwięcej bojówkarzy było na Pomorzu Gdańskim – przeszło 38 000. Dowodził tam nimi SS-Oberführer Ludolf von Alvensleben, pierwszy adiutant Reichsführera SS Heinricha Himmlera, przezywany pieszczotliwie Bubi. Członków Selbstschutzu zbrojono w zdobyczne polskie karabiny, a ich podstawowym środkiem transportu były zarekwirowane Polakom rowery.

Oprócz bezpośrednich egzekucji członkowie Selbstschutzu tworzyli tak zwane sądy doraźne. Oskarżenie Polaka o najczęściej wyimaginowane i mocno naciągane przewinienia w stosunku do „narodu niemieckiego" wymagało jedynie podpisów trzech świadków volksdeutschów. Nie prowadzono żadnego postępowania dowodowego. Polak też nie miał żadnej możliwości obrony. Jego los zależał wyłącznie od widzimisię dowódcy miejscowego Selbstschutzu, który miał do wyboru trzy możliwości: zwolnienie, deportowanie do obozu koncentracyjnego bądź skazanie na rozstrzelanie. Przy czym ostatnia ewentualność była „najbardziej humanitarną" formą eksterminacji. Zdarzało się, że w użyciu były bardziej prymitywne narzędzia śmierci: pałki, maczety, a nawet zwykłe łopaty.

Rypin i jego okolice były jednym z miejsc, gdzie Selbstschutz przeprowadził szeroko zakrojoną akcję przeciwko polskiej inteligencji. Miasto organizacyjnie wchodziło w skład rejencji kwidzyńskiej, należącej do Okręgu Gdańsk-Prusy Zachodnie. Struktury formacji stworzył tam sadystyczny esesman Hermann

Kniefall, postawny blondyn o charakterystycznej, pociętej bliznami twarzy.

Zwerbowani przez niego nazistowscy bojówkarze wywodzili się z różnych warstw miejscowego społeczeństwa. Znajdowali się wśród nich rolnicy, rzemieślnicy, kupcy, nauczyciele, pracownicy fizyczni. Łącznie było to kilkuset mężczyzn, z czego w samym Rypinie około 50. Ludzie ci w krótkim czasie zgotowali prawdziwe piekło swoim dotychczasowym sąsiadom. Ich najbardziej niegodziwym czynem było podstępne uwięzienie polskich nauczycieli z tego rejonu. Wezwano ich na konferencję zwołaną rzekomo w siedzibie starostwa w Rypinie w sprawie podpisania nowych umów o pracę. 21 października 1939 r. aresztowanych zostało tam 96 przedstawicieli polskiej oświaty.

Zatrzymania odbyły się w obecności Augusta Nikolai, dowódcy miejscowego Selbstschutzu i prawej ręki Kniefalla, który doskonale znał to środowisko, ponieważ przed wojną był kierownikiem szkoły w pobliskich Somsiorach. Osobiście typował też osoby do aresztowania, a później był wykonawcą niektórych wyroków. Nikolai miał żonę Polkę, która również była nauczycielką i znalazła się na liście do aresztowania. Uratowało ją tylko wstawiennictwo męża i innego volksdeutscha.

Ujętych nauczycieli przewieziono do byłego posterunku Policji Państwowej w Rypinie przy ulicy Warszawskiej 20, przejętego następnie przez gestapo i nazwanego przez mieszkańców miasta „Domem Kaźni". Tam, po sprawdzeniu ich personaliów, odebraniu dokumentów i wartościowych rzeczy, umieszczono wszystkich w piwnicach, gdzie w kolejnych dniach stali się ofiarami makabrycznych wyczynów Kniefalla i jego podwładnych. Owe „metody śledcze" opisał ksiądz Stanisław Dulczewski:

Widowisko przez szereg dni zaczynało się zawsze tym samym wstępem: bito jakiegoś chłopaka, komendanta „Strzelca" z Radzik. Przez szparę w drzwiach obserwowałem mrożącą krew w żyłach scenę. Na beczce leży człowiek. Naokoło stoją selbstschutze z wycelowanymi w niego karabinami. Czarny spec od torturowania [Kniefall – D.K.] wydaje komendę, a czterej oprawcy biją chłopca na zmianę. Biją metodycznie, wolno, jakby siekierą rąbał. Człowiek wije się z bólu, jęczy przeraźliwie. I tak aż do utraty przytomności. Nauczyliśmy się odróżniać rodzaj bicia. Określona liczba razów – to kara doraźna. Bicie bez liczby – to kara śmierci[11].

Kobiety więzione w areszcie gestapo narażone były na przemoc seksualną. W czasie suto zakrapianej libacji alkoholowej urządzonej dla uczczenia pomyślnych wyników akcji przeciwko polskiej inteligencji dwie młode nauczycielki, Teodozja Łapkiewicz i Aniela Szcześniak, zostały zbiorowo zgwałcone przez niemieckich bojówkarzy.

Wszyscy nauczyciele aresztowani podczas tak zwanej konferencji zostali zamordowani w piwnicach aresztu strzałem w tył głowy w pierwszych dniach listopada. Ich śmierć często poprzedzona była wymyślnymi torturami. Ciała chowano na cmentarzu żydowskim bądź wywożono do pobliskich lasów koło Skrwilna, gdzie zakopywano je w zbiorowych mogiłach. Tam także przeprowadzano egzekucje. Rozstrzelano co najmniej kilkaset osób z odleglejszych miejscowości, takich jak Brodnica, Wąbrzeźno, Lipno, Mława, a nawet Grudziądz.

W skali całej okupowanej Polski, według badań Instytutu Pamięci Narodowej, jesienią 1939 r. bojówki Selbstschutzu przeprowadziły mordy na polskiej ludności cywilnej w co najmniej 359 miejscowościach.

III / Eutanazja na ziemiach polskich

„Esesman strzelał choremu z pistoletu w kark"

Przywódcy partii nazistowskiej, w tym Adolf Hitler, hołdowali poglądom, że państwo w celu „wyhodowania” jak najdoskonalszego gatunku ludzkiego powinno w sposób istotny wpływać na prokreację swoich obywateli. Choć koncepcja ta, realizująca postulaty eugeniki, nie była niczym nowym, to jednak w III Rzeszy posunięto ją do obłąkańczego ekstremum, dopuszczając możliwość fizycznej eliminacji osobników uważanych za niepełnowartościowe. Nie odwoływano się przy tym wyłącznie do ideologii rasowej; niebagatelne znaczenie miały również bezwzględnie pojmowane względy ekonomiczne. Pasożyty, jak ich określano, korzystały bowiem z funduszy państwowych, ponadto zajmowały łóżka szpitalne oraz absorbowały personel, którego zaangażowanie można było wykorzystać choćby w leczeniu rannych żołnierzy Wehrmachtu.

Zaraz po przejęciu władzy przez Hitlera, w lipcu 1933 r., uchwalono ustawę o przymusowej sterylizacji osób, u których stwierdzono chorobę dziedziczną mogącą spowodować u ich potomstwa wady psychiczne lub fizyczne. Kryteria, według których kwalifikowano mężczyzn i kobiety do zabiegów, były jednak tak niejasne, że można je było dosyć swobodnie interpretować i sterylizacją objąć na przykład ludzi mających kłopoty z nadużywaniem alkoholu lub cierpiących na depresję. W imię hasła „dzięki sterylizacji Naród będzie silny" do 1944 r. pozbawiono zdolności rozrodczych około 400 000 osób.

W tym samym czasie podjęto również wstępne kroki w kierunku bardziej radykalnych działań, czyli planowego zabijania chorych. Najpierw przygotowano ku temu odpowiedni grunt, rozpętując ohydną kampanię propagandową. W kronikach filmowych pokazywano specjalnie wyselekcjonowanych niepełnosprawnych, o możliwie jak największym stopniu deformacji, a ujęcia kadrowano tak, aby wzbudzić w widzach poczucie grozy. Tym sposobem starano się wyalienować „degeneratów" ze społeczeństwa.

Akcji „eutanazyjnej" nadano kryptonim „T4", od siedziby centrali przy Tiergartenstrasse 4 w Berlinie. Określenie „eutanazja" jest w tym przypadku oczywistym eufemizmem. Całe przedsięwzięcie bynajmniej nie miało nic wspólnego z miłosierdziem – było to zaplanowane z zimną krwią masowe ludobójstwo. Szokujące jest to, że ta ponura zbrodnia była dziełem ludzi tytułujących się dumnym mianem lekarzy, a więc związanych przysięgą Hipokratesa, która wymagała, aby zawsze starali się leczyć i ratować chorych. Jednym z głównych bezwzględnych lekarzy morderców był osobisty medyk Hitlera, doktor Karl Brandt.

Początkowo, w sierpniu 1939 r., akcją objęto jedynie chore niemieckie dzieci. Uśmiercano je w specjalnych oddziałach szpitalnych przez podanie fenobarbitalu lub głodzono na śmierć. Do końca wojny zabito w ten sposób co najmniej 5000 małych pacjentów. Ich zwłoki wykorzystywane były przez niemieckich uczonych do badań naukowych.

Następnie, zgodnie z dekretem Hitlera z 1 września 1939 r., przystąpiono do eksterminacji dorosłych chorych. Przygotowano dla nich na terenie Rzeszy sześć ośrodków zagłady, ulokowanych na terenach szpitali psychiatrycznych bądź placówek opiekuńczych. „Dezynfekowano", czyli zabijano ich tam w komorach gazowych tlenkiem węgla. Pomordowanych ograbiano z cenniejszych rzeczy osobistych. Wyrywano im też złote zęby, następnie zwłoki palono w krematorium. Niespalone części szkieletu mielone były w elektrycznych młynkach. Prochy zakopywano lub wrzucano do rzeki. Cała procedura, od chwili przybycia pacjenta do momentu „przetworzenia" jego zwłok w mączkę kostną, trwała zaledwie kilka godzin. Rodzinę informowano o śmierci

Karl Brandt był nie tylko osobistym lekarzem Hitlera, lecz również kierownikiem nieludzkiego programu eutanazji. Za swoje zbrodnie został skazany na karę śmierci. Na zdjęciu Brandt podczas procesu w Norymberdze.

dopiero po pewnym czasie, aby łożyła jeszcze środki pieniężne na utrzymanie chorego.

Aby zatrzeć ślady i zaciemnić obraz tej zbrodniczej działalności, odpowiednio preparowano dokumenty dotyczące zgonów. Zawierały one fałszywe dane co do przyczyny i miejsca śmierci. Jedną z bardziej „popularnych" chorób, na które rzekomo umierali pacjenci, była gruźlica. Miejscem zgonu często wymienianym w dokumentach był natomiast zakład dla obłąkanych w Chełmie, mieście leżącym na wschodnim krańcu Generalnego Gubernatorstwa.

System masowej zagłady wypracowany i przetestowany podczas likwidacji niepełnosprawnych stosowano później z powodzeniem w niemieckich obozach śmierci w Polsce. To w czasie akcji „T4" pierwsze szlify zdobywali tacy zbrodniarze jak Christian Wirth, późniejszy komendant obozu w Bełżcu, czy Franz Stangl, komendant obozów śmierci w Sobiborze i Treblince.

Do 21 sierpnia 1941 r., kiedy oficjalnie zakończono akcję „T4", zamordowanych zostało ponad 70 000 niepełnosprawnych obywateli Rzeszy. Jednak tak naprawdę zabijano ich do końca wojny, zmieniły się tylko sposoby i miejsca zadawania śmierci.

Ten okrutny los czekał również pacjentów zakładów psychiatrycznych w podbitej Polsce. Władze okupacyjne pozbyły się polskich kierowników placówek, mianując na ich miejsce Niemców. Zwolniono również część personelu zajmującego się opieką nad chorymi, ograniczono stosowanie leków oraz wydano zakaz zwolnień ze szpitali. Następnie sporządzone zostały listy pacjentów przeznaczonych do „ewakuacji".

W ramach akcji „T4" zamordowano dziesiątki tysięcy obywateli III Rzeszy. Podobny los miał czekać niepełnosprawnych fizycznie i umysłowo Polaków.

Eksterminację polskich niepełnosprawnych przeprowadzano często w tych samych miejscach, w których ginęły ofiary akcji przeciwko naszej inteligencji. W Lesie Szpęgawskim zamordowano pensjonariuszy zakładu psychiatrycznego w Kocborowie koło Starogardu Gdańskiego. W licznych egzekucjach, przeprowadzanych od września do końca 1939 r., zastrzelono tam ponad 1200 chorych. Niemiecka machina śmierci działała nader sprawnie również w początkach roku 1940. W styczniu zamordowano w tym samym miejscu około 700 pacjentów zakładów psychiatrycznych ze Świecia nad Wisłą i Gniewu. Wśród nich było 120 niepełnosprawnych dzieci, które wywieziono do lasu pod pozorem wycieczki. Według doniesień świadka egzekucji maluchy wypuszczono na polanę i strzelano do nich jak do zwierzyny na polowaniu.

Ponad 200 pacjentów szpitala psychiatrycznego z Chojnic zostało zastrzelonych około 1,5 kilometra od miasta na tak zwanych Polach Igielskich.

Metodę likwidacji niepełnosprawnych opisał jeden z oprawców, SS-Sturmbannführer Kurt Eimann. Podległy mu oddział przeprowadzał egzekucje pacjentów pomorskich szpitali w lasach koło Wielkiej Piaśnicy.

> *Ciężarówki odjechały [...] na około 50 metrów od miejsca egzekucji. Towarzyszyłem transportowi. Tam kazałem chorym wysiadać pojedynczo. Za każdym razem dwóch esesmanów odprowadzało chorego na brzeg dołu, trzeci szedł za nim z pistoletem P08. Na brzegu dołu trzeci esesman strzelał choremu z pistoletu w kark, tak że wpadał do dołu. Ta procedura powtarzała się po kolei ze wszystkimi chorymi z transportu. Pluton trzech esesmanów zmieniał się przez cały czas. Kiedy tylko padał strzał, następna grupa ruszała w kierunku dołu*[1].

Istnieją relacje mówiące o zabijaniu niepełnosprawnych Polaków drewnianymi pałkami nad brzegiem dołów śmierci. Dających znaki życia ludzi dobijano z broni strzeleckiej bądź przysypywano ziemią, aby się podusili.

Ciała ofiar skręcały się konwulsyjnie

Na terenie Kraju Warty akcją zabijania pacjentów szpitali psychiatrycznych zajmowała się specjalna jednostka Tajnej Policji Państwowej „SS-Sonderkommando Lange", nazwana tak od dowódcy, SS-Hauptsturmführera Herberta Langego. Formacja ta wchodziła w skład znanej nam już Einsatzgruppe VI.

Eksterminacją objęto pacjentów placówek w Owińskach koło Poznania, Dziekance koło Gniezna, Kościanie, Kochanówku koło Łodzi, Warcie, Gostyninie, pacjentów szpitala w getcie w Łodzi i zakładów opieki społecznej w Bojanowie, Osiecznej i Śremie.

Jako pierwszych zlikwidowano około 1000 pacjentów szpitala w Owińskach. Przewieziono ich do obozu policji bezpieczeństwa zorganizowanego przez Niemców w Forcie VII w Poznaniu, gdzie znajdowała się prowizoryczna komora gazowa. Wywiezieniu pensjonariuszy z terenu zakładu towarzyszyły płacz i przerażenie chorych oraz brutalne, gardłowe okrzyki nadzorujących cały ten proces esesmanów. Jedna z polskich pielęgniarek tak to wspominała:

W baraku byli chorzy niedołężni, często niemogący chodzić, trzeba było ich do samochodu wnieść. Przy samochodzie chorych odbierali od nas żołnierze w mundurach SS, [...] którzy chorych do samochodu wręcz wrzucali, nie licząc się z tym, że chorzy mogą doznać szkody, albo skaleczyć się. [...] Widziałam wywożone dzieci. Najmłodsze wynoszone były z oddziału po kilka w koszu na bieliznę, SS-mani kosze te wrzucali do samochodu[2].

Polski lekarz Zdzisław Jaroszewski w podobny sposób zapamiętał przebieg „ewakuacji" zakładu:

Ostatnią partię stanowiły dzieci. Te wyrywano nieraz płaczące z rąk pielęgniarek i wrzucano do wozów bez najmniejszych względów, przez szpary samochodów wypadały ręce i nogi dziecięce, na co SS-mani nie zwracali żadnej uwagi[3].

Niepełnosprawnych przewożono na krytych brezentem skrzyniach ładunkowych ciężarówek. Wcześniej polecano im przebrać się w normalne ubrania, aby ze względu na szpitalną odzież nie rzucali się w oczy postronnym obserwatorom.

Komora gazowa umieszczona w jednym z bunkrów Fortu VII mogła pomieścić do 50 osób. Niepełnosprawnych wprowadzali do pomieszczenia osadzeni w forcie polscy więźniowie, następnie uszczelniali oni drzwi gliną, a dyżurujący esesman otwierał zawór butli z tlenkiem węgla, który metalową rurą wtłaczany był do bunkra. We wnętrzu takiej komory zazwyczaj dochodziło do nieludzkich scen:

> *Ludzie [...] wpadali w panikę. Wpuszczanie bezwonnego, niewidocznego gazu instynktownie niepokoiło ich. Tlenek węgla działał bez ostrzeżenia.*

Poznański Fort VII stał się symbolem zbrodniczych procederów Niemców. W prowizorycznej komorze gazowej znajdującej się w Konzentrationslager Posen zginęły tysiące pacjentów okolicznych placówek medycznych i zakładów opieki społecznej.

Prawie nikt nie wiedział, co się dzieje. Niektórzy miotali się, krzyczeli w panicznym lęku. Pchali się do wyjścia i walili pięściami w drzwi. Potem następowało powolne duszenie. Zamknięci w komorze z trudem chwytali powietrze. Każda z ofiar miała podobne objawy: serce zaczynało walić, krew pulsowała w skroniach, ból głowy wzmagał się, zaczynały się zawroty głowy, widzenie stawało się zamglone. To wszystko działo się w przeciągu kilku minut: mięśnie odmawiały posłuszeństwa, kończyny wykazywały objawy paraliżu, tlenek węgla blokował absorpcję tlenu we krwi, wreszcie organizm słabł. Ciała ofiar skręcały się konwulsyjnie w ostatnim paroksyzmie śmiertelnej walki. Komora gazowa zasłana była ekskrementami i wymiocinami[4].

W niektórych przypadkach przed zagazowaniem lekarze niemieccy aplikowali niepełnosprawnym środki uspokajające. Dzięki temu biernie i apatycznie poddawali się oni swojemu losowi.

Zwłoki osób zagazowanych w bunkrze Fortu VII więźniowie ładowali na ciężarówki. Wywożono je do Lasów Rożnowskich w sąsiedztwie Obornik Wielkopolskich, gdzie były chowane w masowych grobach, które następnie maskowano trawą i krzewami.

Następnie przyszła kolej na eksterminację pacjentów szpitala w Dziekance. Historia ich zagłady wiąże się z haniebną postawą ówczesnego polskiego dyrektora tego zakładu, doktora Wiktora Ratki. Podpisanie volkslisty umożliwiło mu pozostanie na stanowisku. Ratka ujawnił wówczas swój dwulicowy charakter. Nie dość, że szykanował dawnych podwładnych, na każdym kroku dając im do zrozumienia, że są w szpitalu niepożądani, to jeszcze osobiście wskazywał pacjentów przeznaczonych do uśmiercenia.

W późniejszym czasie wstąpił do SA oraz NSDAP i został jednym z ekspertów do spraw akcji „T4" w berlińskiej centrali przy Tiergartenstrasse.

Oprawcy z komanda śmierci SS-Hauptsturmführera Langego na upośledzonych pensjonariuszach Dziekanki przetestowali nowy sposób zabijania. Posłużyły im do tego mobilne komory gazowe. Były to specjalnie skonstruowane samochody ciężarowe, tak zwane Sonderwagen, przypominające meblowozy. Ich tylna część ładunkowa obita była wewnątrz mosiężną blachą, uszczelniona filcem i zaopatrzona w instalację doprowadzającą tlenek węgla z butli. Znacznie skróciło to proces „dezynfekcji", ponieważ chorych po prostu uśmiercano w drodze ze szpitala do miejsca pochówku. Samochody-komory gazowe dla niepoznaki oznaczone były podobnie jak wozy jednej z sieci sklepów spożywczych. Na burtach miały wymalowany napis „Kaiser's Kaffee-Geschäft".

W późniejszych latach, po napaści na Związek Radziecki, Niemcy znacznie uprościli konstrukcję mobilnych komór gazowych. Ludzi zabijano już nie tlenkiem węgla, a spalinami, doprowadzając je przewodem podłączonym pod końcówkę rury wydechowej. Było to rozwiązanie tańsze, ale nie mniej skuteczne i okrutne.

Między 7 grudnia 1939 r. a 12 stycznia 1940 r. zgładzonych zostało 1043 niepełnosprawnych umysłowo pacjentów szpitala w Dziekance. Zwłoki ich zakopano w lasach niedaleko Gniezna. Polskiemu personelowi medycznemu udało się z narażeniem własnego życia uratować kilkunastu chorych, wśród nich również osoby pochodzenia niemieckiego, którzy po kryjomu zostali odesłani do rodzin.

15 stycznia 1940 r. rozpoczął się dramat polskich pacjentów ze szpitala w Kościanie, który opróżniono w ciągu tygodnia, wywożąc chorych wcześniej wspomnianymi zamaskowanymi ciężarówkami. Bezlitośni esesmani do jednego z pojazdów wcisnęli aż 75 osób. Chorzy leżeli tam jeden na drugim. Zwłoki 532 zagazowanych pacjentów pogrzebano w mogiłach w lesie między Jarogniewicami a Głuchowem oraz w lesie koło Stęszewa. W późniejszym czasie do szpitala w Kościanie trafiło jeszcze 2750 chorych z Rzeszy. Wszyscy zostali zamordowani.

Szpital dla umysłowo chorych w Warcie miał opinię jednej z najlepszych i najnowocześniejszych tego typu placówek w przedwojennej Polsce. Było to zasługą ciężkiej pracy kierującego nim doktora Karola Szymańskiego, który, zmobilizowany po wybuchu wojny jako podporucznik Wojska Polskiego, został później zgładzony wiosną 1940 r. w Katyniu. Między 2 a 4 kwietnia 1940 r. esesmani Langego wymordowali 499 jego pacjentów. Chorzy, jakby przeczuwając, co ich czeka, rozbiegli się po terenie szpitala, i oprawcy mieli znacznie utrudnione zadanie. Ciała 201 mężczyzn i 298 kobiet zostały pogrzebane w lesie koło Rososzycy.

Ostatnią placówką, do której zawitali siepacze Langego, był szpital w Gostyninie. Do czerwca 1940 r. esesmani rozstrzelali 48 przebywających w nim pacjentów, zaś 9 czerwca wywieźli mobilną komorą gazową 29 kobiet i 39 mężczyzn. Warto tu wspomnieć o niezłomnej postawie polskiego wicedyrektora szpitala w Gostyninie, doktora Karola Mikulskiego. Wraz z wybuchem wojny został on zmobilizowany do wojska jako podporucznik. Po napaści Sowietów na Polskę trafił do niewoli. Szczęśliwie udało mu się zbiec z transportu kolejowego do obozu jenieckiego w Kozielsku. Po powrocie do Gostynina, w październiku 1939 r., objął ponownie swoją funkcję w szpitalu. 17 marca 1940 r. u doktora Mikulskiego pojawiła się niemiecka komisja, polecając mu, aby w ciągu 24 godzin wytypował pacjentów, którzy nie mieli szans na wyzdrowienie. Doktor Mikulski doskonale wiedział, co to oznacza – pogłoski o mordach na polskich niepełnosprawnych dochodziły już do Gostynina. Pomny etyki lekarskiej, nie chcąc przyłożyć ręki do uśmiercenia swoich podopiecznych, następnego dnia nad ranem popełnił samobójstwo. Listy chorych Niemcy nie otrzymali, a śmierć doktora Mikulskiego na pewien czas zahamowała eksterminację pacjentów szpitala w Gostyninie.

Zakopano w kilku dołach setki zastrzelonych i część żywych ludzi

W Generalnym Gubernatorstwie okupanci niespecjalnie starali się nawet zachowywać jakieś szczególne pozory i ukrywać swoje postępowanie. Niepełnosprawnych eliminowano tam bezpośrednio – poprzez rozstrzelanie – lub w sposób pośredni, aplikując śmiertelne dawki fenobarbitalu i skopolaminy, drastycznie ograniczając racje żywnościowe bądź uniemożliwiając utrzymanie odpowiednich warunków higienicznych, co sprzyjało rozwojowi chorób zakaźnych.

Pensjonariusze szpitala w Chełmie zostali zlikwidowani 12 stycznia 1940 r. Wtedy to na teren placówki wkroczył oddział SS. Personelowi nakazano opuszczenie oddziałów szpitalnych w ciągu

10 minut. Pozostawiono tylko kilku pielęgniarzy, których zmuszono do wyprowadzania chorych. Wówczas rozpoczęła się rzeź. Niepełnosprawnych rozstrzeliwano przed wejściami do budynków szpitala, a tych, którzy próbowali się schronić wewnątrz, wyrzucano przez okna. Łącznie zamordowanych zostało wówczas około 440 osób, wśród których były kobiety i dzieci.

Inny system uśmiercania chorych zastosował niemiecki dyrektor szpitala w Kobierzynie pod Krakowem, Alexander Kroll. W październiku 1940 r. nakazał on drastyczne obniżenie dobowych racji żywnościowych, co po pewnym czasie spowodowało znaczny wzrost zgonów w szpitalu. Ostatnich 535 pacjentów wywieziono z niego w połowie 1942 r. do obozu koncentracyjnego Auschwitz-Birkenau. Opustoszałe budynki szpitalne zostały oddane na użytek SS i Hitlerjugend. Podobnie było w szpitalu w Tworkach, gdzie dzięki „staraniom" niemieckiego dyrektora Eugena Honette'a pacjentów głodzono i przetrzymywano w warunkach urągających ludzkiej godności. Gwoli ścisłości, Honette nie miał nic wspólnego z szacownym zawodem lekarza. Z wykształcenia był bowiem księgowym, co dla władz okupacyjnych miało zapewne istotne znaczenie przy powierzeniu mu tej funkcji.

Akcja mordowania osób niepełnosprawnych objęła nie tylko pacjentów polskich szpitali psychiatrycznych. Niemieccy wykonawcy operacji „eutanazyjnej" podjęli również próby odnalezienia chorych przebywających w swoich domach czy gospodarstwach rolnych. W tym celu uciekli się do podstępu. Wspominała go Stefania Pepławska z Kolonii Chotum, wsi znajdującej się w ówczesnej rejencji ciechanowskiej:

W niektórych placówkach stosowano najstarsze i najprostsze sposoby uśmiercania pacjentów – w Szpitalu dla Nerwowo i Psychicznie Chorych w Kobierzynie zmniejszano drastycznie racje żywnościowe. Na zdjęciu grupa pacjentów szpitala z siostrami zakonnymi – pielęgniarkami, 1927 r.

Wydane przez nich zarządzenie zobowiązywało sołtysów do ujawnienia wszystkich osób dotkniętych jakimkolwiek trwałym schorzeniem i doręczenia im urzędowego wezwania do stawienia się w budynku gminy Ościsłowo na rzekome „badania lekarskie". Taki właśnie nakaz z rąk sołtysa Konstantego Krakowskiego otrzymali również moi Rodzice. Dotyczył on dostarczenia do punktu zbiórki trojga dzieci – Krzysztofa lat 14, Mieczysławy lat 12 i mnie – Stefanii lat 9. Co do prawdziwych zamiarów okupanta nikt nie miał wątpliwości, jednakże dokument urzędowy był tak obostrzony sankcjami, że prawie wszystkie osoby podlegające zbrodniczej akcji znalazły się w wyznaczonym miejscu. Tego wołającego o pomstę mordu dokonano 20 lutego 1940 roku w pięknym, dużym lesie sosnowym, około 2 kilometrów od Ościsłowa, po prawej stronie szosy Ciechanów – Glinojeck – Płock. Zakopano w kilku dołach setki zastrzelonych i część żywych ludzi. Tylko nieliczne rodziny, narażając się na utratę życia, ukryły swoich bliskich na czas pogromu[5].

Pani Stefania i jej rodzeństwo dotknięci byli chorobą Heinego-Medina i dlatego znaleźli się na liście osób, które miano poddać eksterminacji. Mimo zarządzenia ojciec ukrył dzieci w bezpiecznym miejscu, a w zamian sam stanął przed niemiecką komisją. Ponieważ był zdrowy, otrzymał nakaz bezwzględnego doprowadzenia swoich pociech w dniu następnym. Zlekceważył jednak to polecenie, czym uratował dzieciom życie. Cała rodzina szczęśliwie przeżyła wojnę.

W lesie w Ościsłowie zamordowano wówczas prawdopodobnie około 100 niepełnosprawnych z Ciechanowa, Czerwonki, Drążewa, Gąsocina, Glinojecka, Gołymina, Lipnik, Mławy, Pawłówki, Sońska i Żuromina. Inne relacje mówią o aż 900 ofiarach. Jak wspomniano w poprzednim rozdziale, na tym terenie Niemcy dokonywali egzekucji polskiej inteligencji jeszcze jesienią 1939 r. Przypuszczalnie mogą się tam znajdować prochy nawet około 3000 Polaków.

W Makowie Mazowieckim okupanci również posłużyli się wybiegiem. W lutym 1940 r. władze niemieckie ogłosiły otwarcie szpitala dla upośledzonych z całego powiatu. W zaimprowizowanej placówce medycznej ulokowanej w dawnym budynku Publicznej Szkoły Powszechnej przy ulicy Pułtuskiej zgromadzono przeszło 500 chorych. Po krótkim czasie wywieziono ich do pobliskiego lasu niedaleko Sewerynowa (nazywanego też Wąskim

Lasem) i wszystkich rozstrzelano. Była to największa tego typu zbrodnia na północnym Mazowszu. Dokonana została przez gestapo i SS przy współudziale miejscowych volksdeutschów.

W tym samym mniej więcej czasie kilkadziesiąt osób starszych i niedołężnych zamordowano w lesie Troska koło Sierpca. Również w Płocku doszło do mordu na niepełnosprawnych. Ofiarą niemieckich służb padli tam pensjonariusze zakładu opiekuńczego prowadzonego przez zgromadzenie sióstr pasjonistek. 7 stycznia 1940 r. chorzy w liczbie 36 zostali wywiezieni z zakładu i zamordowani w lasach brwileńskich. Wśród nich było 9 Żydów. Ich los podzieliło także 40 mieszkańców żydowskiego domu starców im. małżonków Flatau.

Niepełnosprawnych pochodzenia żydowskiego Niemcy ze względów rasistowskich starali się gromadzić zazwyczaj w jednym z zakładów w obrębie danej jednostki administracyjnej. Przykładowo dla Generalnego Gubernatorstwa takim miejscem był Zakład dla Nerwowo i Psychicznie Chorych Żydów „Zofiówka" w Otwocku. Likwidacja placówek następowała wraz z likwidacją getta. Chorych i żydowski personel okupanci zabijali na miejscu. Tych, którym udało się cudem przetrwać, wywozili do obozów koncentracyjnych. Mordy na niepełnosprawnych trwały do końca wojny. Dokonywano ich również na terenach Rzeczypospolitej zagarniętych wcześniej przez Związek Radziecki i następnie okupowanych przez III Rzeszę. Niestety nie udało się ustalić dokładnej liczby polskich ofiar niemieckiej akcji „T4". Według szacunków zgładzonych mogło być wówczas nawet ponad 20 000 osób. Ich życie, jak głosili nazistowscy przywódcy i ideolodzy, „niewarte było życia".

IV / Okupacyjny terror w Generalnym Gubernatorstwie i Akcja AB

„Będzie musiało się rozstać z życiem kilka tysięcy Polaków"

Polacy zamieszkujący Generalne Gubernatorstwo początkowo mogli sądzić, że niemiecka okupacja będzie miała tam stosunkowo łagodniejszy przebieg niż na ziemiach przyłączonych do III Rzeszy. Co prawda w częściowo zniszczonej bombami i pociskami artyleryjskimi Warszawie już 28 września 1939 r. wprowadzono godzinę policyjną, ale sytuacja jej mieszkańców stopniowo się stabilizowała. Uprzątano z gruzów ulice, przywracano dostawy wody i prądu, zaczynała kursować komunikacja miejska, otwierano szkoły. Wielkie w tym zasługi miał działający z niespożytą energią prezydent miasta, Stefan Starzyński. O pozostawienie go na dotychczasowym stanowisku – ponieważ cieszył się ogromnym autorytetem wśród rodaków – zabiegał u swoich zwierzchników Helmut Otto, Komisarz Rzeszy na miasto Warszawę.

Również na prowincji panował względny spokój – a przynajmniej Niemcy starali się stworzyć takie wrażenie. Doktor Zygmunt Klukowski, kierujący szpitalem w Szczebrzeszynie, w swoim *Dzienniku z lat okupacji Zamojszczyzny* pod datą 20 października 1939 r. pisał:

Z magistratu przyniesiono mi plakat z nowymi zarządzeniami niemieckiej komendy placu. Niektóre punkty są tak charakterystyczne i ciekawe, że przytaczam je dosłownie.

Od chwili zakończenia działań wojennych, nie uważa już armia niemiecka – z polecenia wodza Adolfa Hitlera – Polaków za wrogów, lecz przeciwnie, ma za zadanie dopomóc wszelkimi środkami do gospodarczej i społecznej odbudowy kraju. Mieszkańcy Żydzi będą tolerowani i korzystać będą z opieki armii w zależności od zachowania[1].

Sam doktor Klukowski otrzymał następnego dnia na piśmie oficjalne, pełne wyszukanych i grzecznościowych formułek zaproszenie od niemieckiego komendanta na uroczystą kolację. Stanowczo, ale taktownie odmówił, wymawiając się chwilową niedyspozycją zdrowotną, co jednak nie skończyło się dla niego żadnymi przykrymi reperkusjami. Jak potem donieśli mu uczestnicy wieczerzy, przebiegła ona w naprawdę bardzo dobrej atmosferze. Jedynym zgrzytem było widowiskowe pozdrowienie, jakim przywitał się z zebranymi nieco spóźniony na uroczystość polski wiceburmistrz miasta Jan Borucki. Wykrzyknął on „Heil Hitler", na co nie raczyli zareagować nawet niektórzy Niemcy.

Niezadowolenie z takiego obrotu sprawy wyrażone zostało w jednym z tajnych raportów RSHA – Głównego Urzędu Bezpieczeństwa Rzeszy – dotyczącym sytuacji w Warszawie. Wynikało z niego, iż niemieckie czynniki wojskowe i polityczne w okupowanym mieście zbyt łagodnie obchodzą się z Polakami i ludnością żydowską i właściwe byłoby poinstruować je o intencjach władz III Rzeszy w stosunku do ludności zamieszkującej to terytorium. Ponadto dla zapewnienia bezpieczeństwa należałoby ując te osobistości, które w przyszłości mogłyby stać na czele ruchu oporu. Zaliczano do nich oficerów Wojska Polskiego, byłych legionistów, członków Związku Strzeleckiego i Sokoła, działaczy organizacji katolickich, nauczycieli, urzędników, ziemian, a nawet gajowych i leśników.

Mimo tych zastrzeżeń, a być może ze względu na nie, niemieckie służby bezpieczeństwa w Warszawie działały aktywnie już w pierwszych dniach października. Funkcjonariusze Einsatzgruppe IV pod wodzą SS-Brigadeführera Lothara Beutla 8 października 1939 r. aresztowali 354 osoby: księży, nauczycieli, przedstawicieli wolnych zawodów, kupców, rzemieślników, aktywistów społecznych. Znaczną część z nich co prawda zwolniono po jakimś czasie, ale pozostałych wywieziono do obozów koncentracyjnych, skąd wrócili nieliczni.

Śmierć groziła za słoninę i złoto

Jedną z pierwszych ofiar Niemców w okupowanej Warszawie był kierowca Karol Leszniewski, rozstrzelany 13 października 1939 r. za to, że mimo publicznie ogłoszonego nakazu oddania posiadanej broni nie uczynił tego. Z tego samego powodu dokonywano kilkukrotnie egzekucji między innymi na terenie ogrodów sejmowych. Na śmierć z podobnych powodów byli oczywiście narażeni również mieszkańcy wsi, a cytowany wyżej doktor Klukowski z przykrością wspominał, że najczęstszą przyczyną odkrycia broni u skazańców był donos sąsiadów lub znajomych. Należy jednak zaznaczyć, że pod pojęciem broni niekoniecznie musiała się kryć broń biała czy strzelecka. Okupanci nie zamierzali bawić się w subtelne analizy. Publicysta i literat Rafał Marceli Blüth, ojciec znakomitego polskiego historyka profesora Tomasza Szaroty, był wśród 15 osób rozstrzelanych za posiadanie broni 13 listopada 1939 r. w Natolinie. W jego przypadku „śmiercionośnym" narzędziem okazała się zwykła maska przeciwgazowa.

Inny wybitny przedstawiciel polskiej kultury, poeta i prozaik Jarosław Iwaszkiewicz, omal nie stracił życia z powodu posiadanego przy sobie rewolweru. Cała sytuacja wydarzyła się w Wyszkowie 11 października 1939 r., gdy Iwaszkiewicza i towarzyszące mu osoby zatrzymał niemiecki patrol. Poeta przechowywał wówczas broń swego kolegi.

> *Na pytanie żołnierza niemieckiego, czy mam broń, o mało nie powiedziałem, że nie mam. Ale po chwili wahania odpowiedziałem prawdę. Odebrali mi rewolwer i kapral, który mi to odebrał, ważąc broń w ręce, powiedział: „A czy pan wie, że ja mam prawo zabić pana teraz z tej broni? Po co pan ją wiózł? Ale ja tego nie zrobię". Poczułem do niego sympatię przez drobną chwilę, ale już za moment zaczął nas rozpytywać, gdzie są najlepsze ziemie, bo on chce osiąść tutaj. Że Führer ich osadzi po skończonej wojnie na tych ziemiach. Mówił z taką bezczelnością, że krew zawrzała mi w żyłach. Nic nie odpowiedziałem*[2].

Wkrótce Polacy w Generalnym Gubernatorstwie przekonali się, że śmierć grozi im nie tylko za posiadanie broni. Z dniem 31 października 1939 r. weszło w życie rozporządzenie parafowane przez Hansa Franka wprowadzające karę śmierci za wszelkie przewinienia wobec władz okupacyjnych. A oto jak wspominał restrykcyjne niemieckie przepisy i reakcję polskiego społeczeństwa na nie pisarz Kazimierz Brandys:

> *Śmierć groziła za słoninę i złoto, za broń i fałszywe papiery, za ukrywanie się przed rejestracją, za radio i za Żydów. Dowcipni powiadali, że boją się wyroków dopiero wyżej kary śmierci; uważali tę karę za mandat uliczny, jaki płaciło się przed wojną za nieprawidłowe przejście z chodnika na chodnik. Nad miastem zawisł śmiertelny absurd, posępna groteska zakazów obdarzała Warszawę straceńczym humorkiem pełnym drwiny i pogardy dla hitlerowców. Szafarze śmierci wzbudzali odrazę i śmiech. Gardzono nimi jak ścierwem. Ich wrzask, wściekłość i chamstwo uznano za cechy gatunku niższego od człowieka i pokazywano sobie palcem ich grube, ciężkie zady*[3].

O tym, że okupant istotnie wymaga ścisłego respektowania wprowadzonych przez siebie zasad, przekonano się już kilka dni później, gdy w Warszawie rozplakatowano obwieszczenie o wyroku śmierci wydanym na Elżbietę Zahorską i Eugenię Włodarz. Zahorska, młoda, 24-letnia dziewczyna, bohaterska obrończyni oblężonej Warszawy, została aresztowana, gdy zrywała słynny niemiecki plakat propagandowy „Anglio! Twoje dzieło" (przypominający, że Brytyjczycy nie wywiązali się z sojuszniczych zobowiązań wobec Polski, i sugerujący, że to oni ponoszą odpowiedzialność za polskie ofiary kampanii wrześniowej). Wdowa Eugenia Włodarz spoliczkowała z kolei napastującego ją niemieckiego żołnierza, co zostało uznane za zamach na jego życie. Obie zostały rozstrzelane 4 listopada 1939 r. na podwórzu fortu Mokotów.

Ojcze, ja chcę żyć!

Pierwszą masową jawną egzekucję w Warszawie Niemcy przeprowadzili w Wawrze 27 grudnia 1939 r. Był to odwet za śmierć dwóch niemieckich podoficerów, zastrzelonych dzień wcześniej przez miejscowych recydywistów. Okupanci błyskawicznie zorganizowali obławę, ale bynajmniej nie w celu odnalezienia sprawców mordu. Niemcy zastosowali znaną już regułę odpowiedzialności zbiorowej – za śmierć żołnierzy zapłacić mieli okoliczni mieszkańcy. Pierwszą ofiarą odwetu był Antoni Bartoszek, powieszony bez sądu w drzwiach własnego baru, gdzie doszło do strzelaniny. Następnie wyciągnięto z okolicznych domów około 200 przypadkowych mężczyzn w wieku od 16 do 70 lat. Około 110 z nich (dane są w tej kwestii rozbieżne) w parodii rozprawy sądowej oficerowie 31 Pułku Policji Porządkowej, podpułkownik Max Daume i major Friedrich Wilhelm Wenzel, skazali na śmierć.

Jedną z ofiar egzekucji w Wawrze miał być podporucznik Jan Franciszek Warnke. Dzięki ogromnej przytomności umysłu udało mu się jednak przeżyć. Relacjonował później:

> *Przerażeni, podenerwowani i płaczący ludzie byli ustawiani przed plutonem egzekucyjnym. Po salwie żołnierze przechodzili wzdłuż leżących i oświetlając twarze latarkami, dobijali strzałami z rewolweru. Byłem w ostatniej grupie. Obok mnie znajdował się profesor Leon Kowalik ze swoim szesnastoletnim synem, który wołał: „Ojcze, ja chcę żyć! Ja chcę żyć! Ja nie chcę umierać!".*
>
> *[...] Przypomniałem sobie opowiadanie mego wuja rotmistrza Witoszyńskiego, który w 1918 r. w podobnej sytuacji uniknął śmierci, padając*

na ziemię na chwilę przed salwą. Musiałem mieć przed sobą trochę wolnej przestrzeni. Uklęknąłem więc na pół kroku przed parkanem i zgodnie z poleceniem podniosłem obie ręce do góry. Klęczący obok mnie profesor Kowalik odmawiał „Zdrowaś Maria", a ja zacząłem śpiewać „Jeszcze Polska nie zginęła, póki my żyjemy..." i wtedy usłyszałem komendę: Feuer". Natychmiast pochyliłem się do przodu i upadłem trafiony kulą. Miałem przeorane lewe płuco i przestrzelony obojczyk. Wcisnąłem głowę w śnieg. Słyszałem kroki nadchodzących Niemców i pojedyncze strzały. Za chwilę na moją głowę padło światło latarki. Zacisnąłem powieki i modliłem się do Matki Boskiej Ostrobramskiej, której ryngraf nosiłem przy sobie od czasu, kiedy idąc na wojnę, otrzymałem go od mamy. Wierzę, że ona uratowała mnie od śmierci. Usłyszałem dwa strzały i poczułem je na twarzy. Pocisk przeszedł niegroźnie po szyi głowy.

Antoni Bartoszek – jedna z pierwszych ofiar masowych egzekucji w Warszawie. Bartoszek został powieszony w drzwiach swojej kawiarni w odwecie za śmierć niemieckich żołnierzy.

[...] Nie czułem bólu. Leżałem na śniegu nieruchomo. Mróz spowodował zakrzepnięcie krwi i zatamował jej upływ. Zaczęło się robić widno. Spojrzałem na zegarek. Wskazywał godzinę 7.30. Nadsłuchiwałem, ale była cisza. W pewnej chwili coś się poruszyło. Zdawało mi się, że spośród rozstrzelanych ktoś się podniósł i biegł. Z dużym trudem stanąłem. Nie zauważyłem nikogo. Poczułem, że prawa ręka jest niesprawna. Podszedłem do najbliższego domu. Za jego węgłem zobaczyłem mężczyznę bez czapki z zakrwawioną twarzą. Co pan tu robi? – zapytałem. A pan co? – odpowiedział również pytaniem. Był to Piegat, miejscowy fryzjer, który tak jak ja uratował się z egzekucji[4].

Łącznie życie wówczas uratowało 4–7 Polaków. Tylko jeden z nich, Stanisław Piegat, ani razu nie został trafiony przez kule, pozostali byli ranni. W ceremonii pogrzebowej, przeprowadzonej pod nadzorem żołnierzy Wehrmachtu, pochowanych zostało 106 ciał. W nieludzki sposób okupanci obeszli się ze zwłokami Bartoszka. Początkowo zostały one pogrzebane z ciałami pozostałych ofiar egzekucji, jednak na rozkaz – prawdopodobnie podpułkownika Daumego – wydobyto je z mogiły i ponownie powieszono nad drzwiami baru. Zdjęto je dopiero po dwóch dniach i pochowano w pierwotnym miejscu. W tym czasie z Warszawy przyjeżdżali niemieccy oficerowie, którzy często robili sobie nawet zdjęcia przy zwłokach Polaka.

Ciekawostką jest fakt, iż podczas tej egzekucji zostało zamordowanych dwóch obywateli USA. Kolejny z rozstrzelanych, Daniel Gering, był pochodzenia niemieckiego, co potwierdził podczas spisywania personaliów. Na sugestie żandarmów, aby podał się za Niemca, zareagował odmową. Powiedział, że czuje się Polakiem, za co został przez nich brutalnie pobity. Ponowną szansę zadeklarowania swej niemieckości dostał, stojąc już przed plutonem egzekucyjnym, ale i tym razem z niej nie skorzystał. Wśród zabitych było też 11 Żydów.

Do podobnej egzekucji doszło 30 grudnia 1939 r. w Celestynowie. Tam z kolei w odwecie za zastrzelenie miejscowego volksdeutscha zostało zamordowanych 18 mieszkańców miejscowości. Kilka masowych egzekucji Polaków przeprowadzono ponadto w Lesie Kabackim, gdzie rozstrzelano około 200 osób. Jednak największym miejscem kaźni polskich obywateli w pobliżu Warszawy były okolice leżącej na skraju Puszczy Kampinoskiej wsi Palmiry.

Kilka kilometrów za osadą, przy drodze w kierunku wsi Pociecha, znajdowała się niewielka polana. Niemcy wycięli wokół niej drzewa, znacznie ją poszerzając. Powstało w ten sposób tajemne miejsce straceń. Przeprowadzane tam egzekucje starannie planowano. W dniach je poprzedzających przygotowywane były doły śmierci, gdzie miano pogrzebać ofiary. Skazańców przywożono o świcie, zazwyczaj z więzienia przy ulicy Dzielnej, zwanego Pawiakiem, rzadziej z więzienia przy Rakowieckiej. Niemcy nie zabierali im rzeczy osobistych, stwarzając pozory transportu do obozu koncentracyjnego. Mordu dokonywano na krawędzi dołów, ogniem z broni maszynowej. Zwłoki leżały w prowizorycznych grobach warstwami. Czasem oprawcy stosowali drewniane żerdzie lub drabiny, które umieszczano za plecami skazańców. Dzięki temu po rozstrzelaniu ciała równocześnie spadały do dołu. Po wszystkim zwłoki przysypywano ziemią, maskując miejsce mchem i igliwiem. Sadzono też tam młode sosny. Bliscy ofiar otrzymywali jedynie krótkie zawiadomienie o ich zgonie.

Pierwszych egzekucji na polanie koło Palmir okupanci dokonali 7 i 8 grudnia 1939 r. Do wiosny następnego roku śmierć poniosło tam około 900 osób, a łącznie – przeszło 1700.

Polacy świetnie orientowali się w tym, co się dzieje w Puszczy Kampinoskiej. Wspominał o tym choćby Ryszard Kapuściński, znany po wojnie pisarz i reporter, który w owym czasie jako 8-letni chłopak mieszkał w pobliskiej wsi Sieraków:

Obok mojej wsi jest las, w tym lesie, koło osady, która nazywa się Palmiry, jest polana. Na tej polanie SS-mani przeprowadzają egzekucje. Z początku rozstrzeliwują w nocy i wtedy budzą nas głuche, równomiernie powtarzające się salwy. Potem robią to także w dzień. Wiozą skazańców w zamkniętych, ciemnozielonych budach, na końcu kolumny jedzie w ciężarówce pluton egzekucyjny. Ci z plutonu są zawsze w długich płaszczach, jakby długi, ściągnięty pasem płaszcz stanowił nieodzowny rekwizyt rytuału mordu.

Kiedy przejeżdża taka kolumna, my, gromada wiejskich dzieci, śledzimy ją ukryci w przydrożnych krzakach. Za chwilę za zasłoną drzew zacznie się dziać coś, na co nie wolno nam patrzeć. Czuję, jak przenika mnie lodowate mrowie, jak cały drżę. Z zapartym tchem czekamy na odgłosy salw. Oto one. Potem słychać pojedyncze strzały. Po jakimś czasie kolumna wraca do Warszawy. Na końcu w ciężarówce jadą SS-mani z plutonu egzekucyjnego. Palą papierosy i rozmawiają[5].

Jest bardzo prawdopodobne, że w Palmirach zamordowany został Stefan Starzyński. Prezydenta Warszawy aresztowano 27 października 1939 r. w budynku Ratusza. Władze okupacyjne, mimo wspomnianej wcześniej rekomendacji Helmuta Otta,

Wieś Palmiry stała się miejscem kaźni Polaków. W codziennych egzekucjach zginęły tysiące mieszkańców Warszawy i okolic.

uznały Starzyńskiego za potencjalnego przywódcę ruchu oporu. Przetrzymywano go na Pawiaku, w pojedynczej celi, izolując od innych więźniów. Sąsiednią celę zajmowali wyznaczeni do jego pilnowania żandarmi. Przesłuchania prezydenta odbywały się w warszawskiej siedzibie gestapo przy alei Szucha 25. Przeprowadzał je osobiście komisarz kryminalny Erich Preckel, a protokoły prawdopodobnie trafiały bezpośrednio do Głównego Urzędu Bezpieczeństwa Rzeszy (RSHA) do Berlina. Tam też zapewne, na najwyższych szczeblach nazistowskiej władzy, wydano wyrok śmierci na Stefana Starzyńskiego. Wszystko wskazuje na to, że ostatni prezydent przedwojennej Warszawy został zamordowany jeszcze przed świętami Bożego Narodzenia 1939 r.

W równie trudnych do odtworzenia okolicznościach poniósł śmierć wojewoda lubelski Jerzy Albin de Tramecourt, aresztowany 20 października 1939 r. w Lublinie i prawdopodobnie rozstrzelany w rejonie szpitala im. Jana Bożego. W dystrykcie lubelskim dowódcą sił SS i policji był zaufany człowiek Heinricha Himmlera, austriacki nazista Odilo Globocnik, awansowany 9 listopada 1939 r. do stopnia SS-Brigadeführera. Być może więc nieprzypadkowo właśnie tego dnia zaczęły się aresztowania miejscowej inteligencji, które trwały do 23 listopada. Wśród zatrzymanych byli nauczyciele szkół podstawowych i średnich, profesorowie i studenci Katolickiego Uniwersytetu Lubelskiego, sędziowie, adwokaci, inżynierowie i duchowni. Wszystkich osadzono w celach więziennych zamku lubelskiego. Po przesłuchaniach część z nich wywieziono do obozów koncentracyjnych, natomiast 21 zatrzymanych rozstrzelano na terenie więzienia i na cmentarzu żydowskim przy ulicy Siennej 23 i 24 grudnia.

Kolejne represje były wynikiem odwetu za manifestowanie polskości w dniu Święta Niepodległości 11 listopada. W wyniku tych działań w Lubartowie 23 grudnia rozstrzelanych zostało 48 osób osadzonych w tamtejszym areszcie, pochodzących z pobliskich miejscowości. 6 stycznia 1940 r. na terenie lubelskiej cegielni „Lemszczyzna" zamordowanych zostało 20 uczestników mszy patriotycznej, która odbyła się w kościele w Kamionce. Śmierć wówczas ponieśli między innymi duchowni pracujący w tamtejszej parafii oraz przedstawiciele władz gminy. Na przełomie stycznia i lutego 1940 r. niemieckie służby bezpieczeństwa skupiły szczególną uwagę na lubelskim duchowieństwie. Pod zarzutami ukrywania polskich oficerów, przechowywania broni i przynależności do tajnej organizacji aresztowano 23 kapucynów i 43 jezuitów.

W nieco mniejszym stopniu niemieckimi represjami zostali dotknięci Polacy w dystrykcie radomskim. Aresztowania miały tu głównie charakter prewencyjny, związany ze świętem 11 listopada. Do egzekucji dochodziło głównie ze względu na posiadanie broni przez podejrzanych. Najwięcej osób zostało straconych w Radomiu – do połowy stycznia 1940 r. życie straciło tam 111 Polaków. Innym znanym miejscem kaźni w dystrykcie była wieś Góry Wysokie koło Sandomierza, gdzie rozstrzelano 117 osób aresztowanych podczas obław przeprowadzonych na terenie powiatu sandomierskiego.

Kto stawi opór przy wykonywaniu mego rozkazu, będzie zastrzelony

Najgłośniejszą akcją wymierzoną w polską inteligencję w dystrykcie krakowskim była tak zwana Sonderaktion Krakau, czyli aresztowanie profesorów wyższych krakowskich uczelni. Akcję realizował bezpośrednio SS-Obersturmbannführer Bruno Müller, oficer Einsatzgruppe I. Niemcy w tym przypadku, podobnie jak przy okazji aresztowania nauczycieli w Rypinie, posłużyli się podstępem. 3 listopada 1939 r. rektor Uniwersytetu Jagiellońskiego Tadeusz Lehr-Spławiński spotkał się z Müllerem, który zażądał od niego zebrania wszystkich profesorów i wykładowców w celu omówienia ważnych spraw dotyczących szkolnictwa wyższego. W poniedziałek 6 listopada w jednej z sal Collegium Novum Uniwersytetu Jagiellońskiego SS-Obersturmbannführer Bruno Müller zwrócił się do zebranych polskich profesorów w niespodziewanie twardych słowach:

Uniwersytet tutejszy rozpoczął rok akademicki, nie uzyskawszy uprzednio pozwolenia władz niemieckich. Jest to zła wola. Ponadto jest powszechnie wiadomo, że wykładowcy byli zawsze wrogo nastawieni wobec nauki niemieckiej. Z tego powodu wszyscy obecni, z wyjątkiem trzech obecnych kobiet, będziecie przewiezieni do obozu koncentracyjnego. Jakakolwiek dyskusja, a nawet jakakolwiek wypowiedź na ten temat, jest wykluczona. Kto stawi opór przy wykonywaniu mego rozkazu, będzie zastrzelony[6].

Esesmani aresztowali wówczas 183 pracowników naukowych, głównie Uniwersytetu Jagiellońskiego i Akademii Górniczej. Jeszcze tego samego dnia zatrzymany został prezydent Krakowa Stanisław Klimecki. Polaków przetrzymywano początkowo w więzieniu przy ulicy Montelupich. 14 z zatrzymanych po różnych interwencjach wypuszczono na wolność, 170 pozostałych deportowano do obozów koncentracyjnych, przede wszystkim

Jedną z form represji były tzw. aresztowania prewencyjne, które prowadziły do deportacji do niemieckich obozów koncentracyjnych. Na zdjęciu rejestracja pierwszych polskich więźniów obozu koncentracyjnego Sachsenhausen.

do KL Sachsenhausen. Na skutek nacisków międzynarodowych, w tym nawet Benita Mussoliniego, w lutym 1940 r. 102 najstarszych wiekiem polskich profesorów zwolniono. W obozach zmarło 15 przedstawicieli polskiego szkolnictwa wyższego.

W Krakowie i okolicach również miały miejsce aresztowania prewencyjne, związane z polskim Świętem Niepodległości. Część zatrzymanych deportowano do obozów w Niemczech.

Jednym z pierwszych aresztowanych na Rzeszowszczyźnie był legendarny działacz polskiego ruchu ludowego i trzykrotny premier RP Wincenty Witos. Od 20 października 1939 r. przetrzymywany był w więzieniu w Rzeszowie, skąd w marcu 1940 r. trafił do Berlina. Następnie przebywał w Poczdamie i Zakopanem, cały czas pod kuratelą gestapo. Do rodzinnych Wierzchosławic powrócił dopiero w marcu 1941 r., jednak w dalszym ciągu był inwigilowany. Na tym terenie w stosunku do pozostałych przedstawicieli polskich elit Niemcy zastosowali taktykę znaną już z Rypina i Krakowa. Przykładowo w Łańcucie na konferencję poświęconą rzekomo sprawom gospodarczym zaproszono ponad 200 polskich notabli, których następnie aresztowano. Do czerwca 1940 r. w więzieniu w Rzeszowie znalazło się 1100 Polaków. Część z nich zwolniono, nieznana liczba więźniów została jednak zamordowana na dziedzińcu więzienia.

O ogromnej skali akcji represyjnej przeciwko Polakom w Generalnym Gubernatorstwie świadczą słowa Hansa Franka w wywiadzie, jakiego udzielił niemieckiemu dziennikarzowi na początku lutego 1940 r. Zapytany wówczas o różnice między Protektoratem Czech i Moraw a Generalnym Gubernatorstwem odpowiedział w następujący sposób:

Może ją Pan sobie uzmysłowić przy pomocy następującego umownego przykładu. W Pradze na przykład wywieszono wielkie czerwone plakaty podające do wiadomości, że tego dnia rozstrzelano 7 Czechów. Powiedziałem sobie wtedy: „Gdybym chciał przeznaczyć po jednym plakacie na każdych siedmiu rozstrzelanych Polaków, wówczas wszystkie lasy polskie razem wzięte nie wystarczyłyby na wyprodukowanie dostatecznej ilości papieru". Tak, musieliśmy się ostro zabrać do rzeczy[7].

Okupanci widać nie byli jednak usatysfakcjonowani efektami swoich dotychczasowych poczynań, czemu dali wyraz na zwołanym 2 marca 1940 r. posiedzeniu Komisji Obrony Rzeszy dla Generalnego Gubernatorstwa. Oprócz gubernatora Hansa Franka udział w nim wzięli najwyżsi dowódcy SS i policji: SS-Obergruppenführer Friedrich Krüger, SS-Gruppenführer Bruno Streckenbach, SS-Standartenführer Josef Meisinger oraz przedstawiciel Wehrmachtu, generał porucznik Erwin Jaenecke. Niemcy, na skutek dochodzących z różnych rejonów Generalnego Gubernatorstwa meldunków, uświadomili sobie, że opór Polaków po szoku wywołanym klęską wrześniową tężeje, a oni sami wierzą w odzyskanie niepodległości. W szczególnie alarmistyczny ton uderzył SS-Standartenführer Josef Meisinger, który referując sprawy związane z powstawaniem polskich organizacji konspiracyjnych, zwrócił uwagę na niepokojąco wielką ich liczbę. Meisinger apelował do zebranych:

[...] pewnego pięknego dnia organizacje te faktycznie zaleją nas, jeśli w ciągu najbliższych dni nie przejdziemy do ataku na wielką skalę, który umożliwiłby nam przynajmniej zlikwidowanie przywódców, względnie pojedynczych organizacji[8].

W dalszej części swojego wywodu Meisinger podkreślał wielkie zagrożenie, jakim dla Niemców byli polscy inteligenci, zwłaszcza nauczyciele, oraz studenci, jak również podchorąży i podoficerowie Wojska Polskiego. Jak konkludował na zakończenie swojego wystąpienia:

> *[...] bynajmniej nie należy mnie uważać za panikarza [...], jeśli powiem, że siedzimy w dystrykcie Warszawa na beczce prochu. Wystarczy jedna iskra, żeby wszystko poszło w kawałki: uratować nas może tylko rozkaz stopniowego likwidowania poszczególnych organizacji*[9].

Szczegóły nadzwyczajnej akcji pacyfikacyjnej – Ausserordentliche Befriedungsaktion (AB) – zostały omówione na posiedzeniu w Krakowie 30 maja 1940 r. Jej celem było zlikwidowanie przywódczej warstwy polskiego społeczeństwa będącej zdaniem zebranych wysokich funkcjonariuszy SS i policji Generalnego Gubernatorstwa zagrożeniem dla bezpieczeństwa Rzeszy Niemieckiej. W trakcie samego postępowania, jak stwierdził cynicznie Hans Frank: „będzie musiało się rozstać z życiem kilka tysięcy Polaków"[10]. Generalny gubernator wyrażał przy tym wielką troskę o kondycję psychiczną zaangażowanych w przewidywane liczne egzekucje niemieckich policjantów i esesmanów.

Aby nadać akcji AB pozór praworządności, wyroki śmierci na zatrzymanych Polakach miały być orzekane przez policyjne sądy doraźne. Kiedy ogłaszano zarządzenie o przeprowadzeniu operacji, w rękach niemieckich służb, według raportu SS-Gruppenführera Brunona Streckenbacha, znajdowało się już 2000 Polaków. Drugie tyle miało jeszcze być aresztowanych.

Do grudnia 1940 r. w obozach koncentracyjnych znalazło się przeszło 3500 aresztowanych Polaków. Jednym z nich był Józef Piasecki, nauczyciel z Tomaszowa Lubelskiego, zatrzymany przez gestapo o trzeciej nad ranem 19 czerwca 1940 r. Tak wspominał ten dzień:

W tym samym dniu niemal we wszystkich miastach województwa lubelskiego aresztowano około tysiąca osób. Byli to lekarze, adwokaci, posłowie na sejm, pracownicy administracji wojewódzkiej i powiatowej, ziemianie, księża, ale najliczniejszą grupę wśród aresztowanych stanowili nauczyciele i pracownicy administracji szkolnej. Początkowo hitlerowcy umieścili nas w jednym z fortów historycznej twierdzy w Zamościu, urządzając tam obóz przechodni (Durchangslager), gdzie poznaliśmy przedsmak upokarzającej niewoli. Po trzech dniach zostaliśmy przewiezieni do Lublina. Tam otworzyło nam swe „gościnne" podwoje więzienie na Zamku. Wypadki rozgrywały się dość szybko; już w dniu 1 lipca znaleźliśmy się w obozie koncentracyjnym w Sachsenhausen[11].

Piasecki, z uwagi na zły stan zdrowia, został we wrześniu 1940 r. przeniesiony do Dachau, gdzie panowały lepsze warunki bytowe, a przede wszystkim nie było przymusu pracy. Poznał tam profesora Joachima Metallmanna, jednego z aresztowanych podczas pamiętnej „konferencji" na Uniwersytecie Jagiellońskim krakowskich wykładowców. Profesor został zamordowany później w Buchenwaldzie w sierpniu 1942 r. Józefa Piaseckiego po trzymiesięcznej „rekonwalescencji" w Dachau przeniesiono do Auschwitz, skąd 30 października 1944 r. w transporcie 400 więźniów został ewakuowany do obozu w Litomierzycach w Kraju Sudeckim. Tam pracował przy budowie podziemnej fabryki zbrojeniowej. Z obozu został zwolniony 8 maja 1945 r.

W trakcie akcji pacyfikacyjnej AB łapanki na ulicach polskich miast stały się codziennością. Aresztowani byli niemal natychmiast skazywani na śmierć na mocy „wyroków" policyjnych sądów doraźnych.

Nie wszyscy aresztowani w dystrykcie lubelskim mieli tyle „szczęścia" co Józef Piasecki. Opodal wsi Rury Jezuickie w drugim półroczu 1940 r. na mocy „wyroków" policyjnych sądów doraźnych rozstrzelanych zostało około 500 polskich obywateli.

W Warszawie ludzi aresztowano w masowych łapankach. Największa miała miejsce 12 sierpnia 1940 r. Władysław Bartoszewski tak o niej pisze:

Wielka obława objęła teren całego miasta – ulice, place, mosty, dworce PKP i kolejek dojazdowych. Wyciągano ludzi z bram, z tramwajów, sklepów, cukierni i restauracji. Tysiąc kilkuset mężczyzn ujętych w ten sposób przewieziono samochodami policyjnymi do koszar szwoleżerów SS (SS Reiterregiment) przy ulicy Łazienkowskiej. Część osób zatrudnionych w instytucjach niemieckich zwolniono stamtąd po kilkunastu godzinach lub następnego dnia. 1153 mężczyzn spośród złapanych oraz 513 więźniów Pawiaka (wśród nich 47 spośród aresztowanych w lipcu adwokatów) wywieziono wspólnym transportem do Oświęcimia w dniu

14 VIII. Był to pierwszy transport więźniów z Warszawy do tego obozu założonego przed dwoma miesiącami. Nowo przywiezieni oznaczeni zostali kolejnymi numerami od 1513 do 3179, przy czym ofiary łapanki potraktowano identycznie jak więźniów Pawiaka, klasyfikując wszystkich jako przestępców politycznych (z czerwonym trójkątem)[12].

Część więźniów wywieziono do obozów, część rozstrzelano w Palmirach. W egzekucjach 20 i 21 czerwca stracono tam między innymi marszałka Sejmu Macieja Rataja, wiceprezydenta Warszawy Jana Pohoskiego, posłów na Sejm RP Henryka Bruna i Halinę Marię Jaroszewicz. Wśród około 370 zamordowanych wtedy osób byli adwokaci, artyści, inżynierowie, nauczyciele, lekarze, oficerowie Wojska Polskiego, sportowcy (między innymi nieodżałowany Janusz Kusociński). Moment ich wywiezienia z Pawiaka do Palmir opisała we wstrząsającej relacji Barbara Wiśniewska-Sokołowska. Ona sama za kolportaż prasy podziemnej została również skazana na karę śmierci. Jak zanotowała:

Starszy oficer SS, w jasnych, reniferowych rękawiczkach, w wykwintnie skrojonym mundurze, z długim pejczem, osobiście sprawdzał nazwiska podług trzymanej w ręku listy. Sfora uzbrojonych po zęby żandarmów i młodych oficerów oraz dwóch wytwornych cywilów w brązowych garniturach i zielonych kapeluszach z piórkami stanowiła asystę, wyczekującą rozkazów. U nóg naczelnego oprawcy siedział duży wilczur.

Natychmiast po sprawdzeniu listy dano rozkaz wymarszu na dziedziniec Pawiaka. Tam już stali mężczyźni. Tak jak i kobiety, w dwuszeregu, tylko bardzo długim, zda się niekończącym, tak jak i one, z tobołkami w rękach, z całym swym biednym majątkiem skazańca, z odkrytymi głowami, zalani potokami gorącego słońca. [...]

Rozmowa się urwała, bo od strony głównej bramy wjeżdżały szeregiem kryte „budy". Za nimi spora ilość motocykli, pełnych uzbrojonych żandarmów. Wzdłuż murów więziennego gmachu ustawiają teraz czwórkami mężczyzn, dwójkami kobiety, wszystkich twarzami do głównej bramy. Naprzeciw nich hitlerowcy. Od strony Serbii [kobiecego oddziału Pawiaka – D.K.] na rozłożonych płaszczach niosą dwóch mężczyzn. Jeden rzut oka wystarczał, aby stwierdzić, że obok towarzyszy, którzy ich dźwigali, biegnie na wyścigi z Niemcami litościwa śmierć. [...]

Zaczęto wywoływać z listy nazwiska kobiet i mężczyzn. Przy każdym, przeważnie straszliwie przez Niemca zniekształconym, pojawiał się zaraz nakreślony przez niego „ptaszek". Wywołany, odprowadzany wzrokiem SS-mana aż do wozu, musiał biec kłusem – inaczej pomagano mu gorliwie przy wsiadaniu tęgimi kopniakami. Kiedy „numer" znalazł się w „budzie", przestał istnieć na liście i był jakby już zlikwidowany. Przeszło 250 osób załadowano do 6 samochodów. Następnie każdy z nich szczelnie okryto plandeką i osznurowano. [...]

Wrzucają teraz na brzeg wozu ostatnich – dwóch konających. Jednego zwalają Jankowskiemu wprost na kolana, drugiego upychają i kopią buciorami. [...] Ostatnie auto, które uwoziło skazańców do Palmir, było już za bramą. Poprzez warkot motoru, sygnału ulatującego ludzkiego życia, dobiegał z głębi, niby głos puszczyka, straszliwy krzyk rodzącej kobiety, wywożonej na śmierć[13].

Barbara Wiśniewska-Sokołowska ocalała wówczas przypadkiem. Jako jedyna pozostała na dziedzińcu Pawiaka. Ów elegancko umundurowany esesman przeoczył jej nazwisko na liście skazanych i nie chcąc skompromitować się przed towarzyszami, rozkazał kobiecie wracać na oddział. Odtąd w kartotekach więziennych, jako „wywieziona na śmierć", przestała istnieć. Figurowała jedynie jako osoba zagarnięta na ulicy, bez postawionych konkretnych zarzutów. Mury Pawiaka opuściła 23 listopada 1940 r.

Do końca 1940 r. w ramach Akcji AB w Palmirach zostało straconych jeszcze około 700 Polaków.

Analogiczne do wyżej opisanych działania okupanci przeprowadzili w pozostałych dystryktach Generalnego Gubernatorstwa: radomskim i krakowskim, gdzie ponad 2000 osób zostało wywiezionych do obozów koncentracyjnych, a podobną liczbę zlikwidowano w akcjach bezpośrednich. Łącznie w czasie Akcji AB życie straciło 7500 zamieszkałych w Generalnym Gubernatorstwie Polaków, przedstawicieli najbardziej wykształconych i światłych warstw naszego społeczeństwa.

Prześladowania polskich środowisk inteligenckich nie zakończyły się wraz z finałem Akcji AB. Niemcy kontynuowali je przez całą okupację, a ich ofiarami padli również nasi obywatele na polskich Kresach, odbitych z rąk Sowietów w wyniku operacji Barbarossa. Najbardziej znanym tego przykładem jest los 22 profesorów lwowskich uczelni. Aresztowało ich gestapo w nocy 3 na 4 lipca 1941 r., na podstawie listy przygotowanej prawdopodobnie przez ukraińskich nacjonalistów. W czasie zatrzymania dochodziło do bicia i poniżania oraz grabieży prywatnego mienia. Polscy uczeni zostali rozstrzelani przez pluton egzekucyjny jeszcze tej samej nocy bez żadnego sądu. 26 lipca w podobnych okolicznościach stracił życie profesor Kazimierz Bartel, były polski premier. Niemcy zarzucali mu „współpracę z komunistami". Rozkaz przeprowadzenia egzekucji podpisał sam Reichsführer SS Heinrich Himmler.

V / Represje za akcje polskiego ruchu oporu

„Każda »polska świnia«, która odważy się podnieść rękę na żołnierzy niemieckich, zawiśnie na szubienicy"

W historiografii II wojny światowej tematyka partyzancka została mocno zmitologizowana, w czym zdecydowany prym wiedli Sowieci, wyolbrzymiając skuteczność własnych działań i ogrom strat zadanych ponoć nieprzyjacielowi. Również bilans efektywności polskiego zbrojnego podziemia nie jest jednak wolny od zafałszowań. Wiele błędów powielano z tego prostego względu, że podstawę wszelkich wniosków stanowiły wyłącznie własne meldunki, niemożliwe do porównania z dokumentacją drugiej strony. Wiemy, że do momentu wybuchu Powstania Warszawskiego bojownicy polskiego ruchu oporu dokonali kilkuset tysięcy różnego rodzaju akcji zbrojnych i sabotażowych, choć źródła w tej kwestii są mocno rozbieżne. I jeśli wierzyć danym, niemieckie straty na skutek tych działań wyniosły około 150 000 zabitych.

Kwestią dyskusyjną jest, czy inicjatywy podziemia w istotnym stopniu zaszkodziły potencjałowi wojennemu III Rzeszy. Niemcy w trakcie poszczególnych bitew odnosili niejednokrotnie znacznie większe straty. Tymczasem cena tych dokonań była ogromna, wręcz przerażająca, w akcjach bezpośrednich i odwetowych zginęło bowiem około 200 000 żołnierzy polskiego podziemia i, o czym o wiele zbyt rzadko się wspomina, około 100 000 osób cywilnych. Jeśli doliczyć do tego Polaków, którzy stracili życie w wyniku wybuchu Powstania Warszawskiego (nawet około 200 000 zabitych), okaże się, że działalność naszego ruchu oporu przynajmniej pośrednio doprowadziła do śmierci aż pół miliona obywateli Rzeczypospolitej. Choć oczywiście nie sposób choćby szacować, ilu z nich zostałoby zamordowanych, nawet gdyby Armia Krajowa nie podjęła czynnej walki z okupantem, a skupiła się wyłącznie na zbieraniu informacji wywiadowczych. Hitlerowcy nie potrzebowali w końcu żadnego pretekstu, by uśmiercać tych, którzy jawili im się jako bezwartościowi „podludzie". A niemoc i obojętność Polaków na panujący terror mogłyby tym bardziej ośmielać zdrajców do współpracy z okupantem.

Żołnierze podziemia nie byli ślepi na zaistniałą sytuację. Jak najbardziej brali pod uwagę, że za ich wystąpienia przeciwko znienawidzonemu okupantowi być może przyjdzie zapłacić niewinnym rodakom, zwykle przyjmowali jednak, że koszt jest uzasadniony i niemożliwy do uniknięcia. Wspominał o tym choćby Tadeusz Orzeszek, żołnierz Armii Krajowej z okolic Radomia:

> *[...] przeprowadzaliśmy różne akcje zbrojne, starcia bezpośrednie lub ostrzeliwanie z zasadzek, skierowane zarówno przeciwko jednostkom niemieckim, jak i pojedynczym Niemcom w celu ich eliminowania, rozbrajania, a przynajmniej terroryzowania (zastraszania). Tylko w pewnym stopniu pętała nas świadomość, że zawsze groził odwet ze strony hitlerowców i represje wobec ludności cywilnej. Ryzyko to w warunkach wojny, a zwłaszcza w warunkach ludobójczej i barbarzyńskiej wojny prowadzonej przez hitlerowską III Rzeszę – było nieuniknione*[1].

Zadaniem walki z polską partyzantką obarczona była policja, stosująca przyjętą już od pierwszych dni wojny nieludzką taktykę odpowiedzialności zbiorowej. Wsie, na które padł choćby cień podejrzenia o sprzyjanie polskim buntownikom bądź wspieranie ich, Niemcy pacyfikowali po każdym ataku na swoje jednostki. Budynki plądrowali i puszczali z dymem, a bezbronnych mieszkańców mordowali w masowych egzekucjach. Czasem nie oszczędzali nawet zwierząt. Z końcem wojny wprowadzono jeszcze inny rodzaj odpowiedzialności zbiorowej – odpowiedzialność rodową. Polegała ona na

Karą za akcje polskiego podziemia była śmierć – często setek niewinnych ludzi. Na zdjęciu moment egzekucji dokonanej w Bochni w grudniu 1939 r. w odpowiedzi na napad na posterunek policji.

eksterminacji wszystkich krewnych osoby oskarżonej o sabotaż bądź dywersję.

W miastach okupanci organizowali publiczne egzekucje, a personalia ofiar ujawniali na afiszach, co miało zastraszyć kolejnych potencjalnych „bandytów". W największym stopniu tego barbarzyństwa doświadczyła Warszawa, uznawana przez władze okupacyjne za główne siedlisko polskiego oporu. W stolicy Polski Niemcy na przykład urządzali obławy i rozstrzeliwali przechodniów na tej czy innej ulicy bądź pasażerów określonych tramwajów.

Arkadiusz Henszel wspominał nerwową atmosferę, jaka panowała wówczas wśród mieszkańców miasta:

> *Na murach rozklejano czerwone dwujęzyczne plakaty mówiące, że za śmierć Niemca rozstrzelano 10, 20 lub 50 zakładników. Ludzi rozstrzeliwano na ulicach w miejscach publicznych. Słyszało się o tym codziennie. Ludzie stali przy plakatach i szukali nazwisk bliskich lub znajomych. Niektórzy odchodzili z płaczem, wszyscy w skupieniu. Na każdego, kto wyszedł z domu, czekano z obawą. Tuż przed godziną policyjną wypatrywano, czy nie idzie*[2].

Jeden kolaborant, setki ofiar

Jedną z pierwszych akcji likwidacyjnych przeprowadzonych przez polskie podziemie był zamach na Igo Syma. Aktor, czołowy amant przedwojennego polskiego kina, pochodził z polsko-austriackiej rodziny. Po klęsce Rzeczypospolitej dość szybko przypomniał sobie o swoich austriackich korzeniach i podpisał niemiecką listę narodowościową, a więc niesławną volkslistę. Kierował przeznaczonymi dla Niemców Theater der Stadt Warschau powstałym na miejscu Teatru Polskiego i kinem Helgoland (dawnym Palladium). Znany był z przymusowego angażowania warszawskich aktorów do niemieckich produkcji teatralnych i filmowych, przy czym często uciekał się w takich sytuacjach do szantażu.

Sym zginął rankiem 7 marca 1941 r. w przedpokoju własnego mieszkania przy ulicy Mazowieckiej 10 w Warszawie, od kuli wystrzelonej przez podporucznika Romana Rozmiłowskiego „Zawadę". Niemcy zareagowali wściekłością: ogłaszając kilka godzin później przez uliczne szczekaczki informację o śmierci konfidenta i wzywając warszawiaków do ujęcia bądź wydania w ciągu trzech dni sprawców zamachu. Zapowiadali, że w wypadku niedostosowania się do tego nakazu rozstrzelanych zostanie 40 polskich zakładników. Ponadto przesunięto godzinę policyjną z dwudziestej trzeciej na dwudziestą, zakazano wszelkich występów artystycznych i nałożono na miasto kontrybucję w wysokości miliona złotych.

W ciągu dwóch kolejnych nocy gestapo dokonało zatrzymań na podstawie przygotowanych wcześniej list – aresztowano około 118 mężczyzn i kobiet, niemających nic wspólnego z zamachem. Tydzień później 21 z tych osób zostało rozstrzelanych w Palmirach. W następnych dniach i tygodniach zatrzymano wielu przedstawicieli świata teatru: Leona Schillera, Stefana Jaracza, Lidię Wysocką czy Elżbietę Barszczewską. Kilka z tych osób – między innymi właśnie Stefan Jaracz – trafiło do obozów koncentracyjnych. Pojawiły się również listy gończe za aktorami Dobiesławem Damięckim i Ireną Górską, oskarżonymi o udział w zamachu.

Nestorzy aktorskiego klanu Damięckich zmuszeni byli do końca wojny ukrywać się pod Ostrowcem Świętokrzyskim.

Do najgłośniejszej akcji zbrojnej polskiego podziemia w Warszawie należał niewątpliwie zamach na SS-Brigadeführera Franza Kutscherę, dowódcę SS i policji na dystrykt warszawski. „Kat Warszawy" został zlikwidowany w piątek 1 lutego 1944 r. w Alejach Ujazdowskich przez żołnierzy Kedywu Komendy Głównej Armii Krajowej pod dowództwem Bronisława Pietraszewicza „Lota". W rewanżu Niemcy jeszcze tej samej nocy dokonali licznych aresztowań podejrzanych wcześniej Polaków. Ponadto od wczesnego poranka na ulicach miasta policja organizowała brutalne łapanki. Około godziny jedenastej tuż obok miejsca zamachu na Kutscherę rozstrzelanych zostało 100 mężczyzn przywiezionych tam z Pawiaka, dalszych 200 stracono na terenie getta. W kilka dni po owych wydarzeniach na miejscu kaźni w Alejach Ujazdowskich znalazł się Marian Burzyński:

> *Idąc Alejami Ujazdowskimi, minąłem pałacyk, w pobliżu którego Polacy dokonali zamachu, a następnie pod jego ścianą Niemcy zabili Polaków – zakładników. Na chodniku przy parkanie stały dziesiątki palących się lampek. Przechodzący obok ludzie spoglądali na śmiertelną ścianę. Niektórzy czynili znak krzyża. Niemieckie posterunki stojące w tym miejscu nie reagowały wobec licznie przewijających się na tym odcinku przechodniów. Tę tragiczną sytuację zachowałem w pamięci na zawsze*[3].

Na miasto została również nałożona ogromna kontrybucja w wysokości 100 milionów złotych.

Wspominany już Arkadiusz Henszel był świadkiem jednej z wielu odwetowych egzekucji urządzanych w rewanżu za „napady na funkcjonariuszy urzędowych Generalnego Gubernatorstwa", „zamachy dokonywane na niemieckie dzieło odbudowy" bądź „tchórzliwe pozbawienie życia iluś tam Niemców", jakie odbyły się w Warszawie podczas okupacji. Była wiosna 1942 r., ulica Radzymińska.

Przyjechały samochody zwane budami. Z jednej z nich wypchnięto ludzi ze związanymi z tyłu rękami. Usta mieli zaklejone. Ojciec powiedział, że to kneble, żeby nie krzyczeli. Z pozostałych dwóch samochodów wyskoczyli żołnierze z karabinami. Było ich około dwudziestu. Stali do nas tyłem naprzeciw dziesięciu już wcześniej zmaltretowanych ludzi. Wiedziałem, co będę oglądał. Wtuliłem się w ojca, a ten mocniej przycisnął mnie do siebie. Szczęk komendy. Szczęk ładowanej broni. Znów komenda. Huk wystrzałów. Straceni zwalili

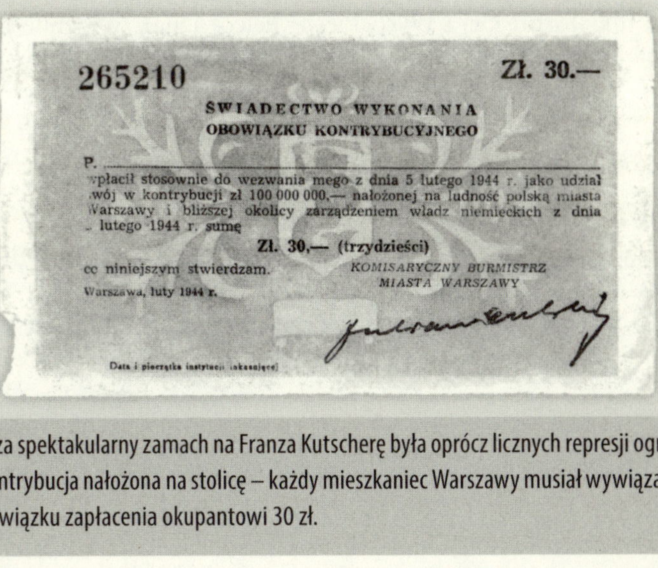
265210 Zł. 30.—

ŚWIADECTWO WYKONANIA
OBOWIĄZKU KONTRYBUCYJNEGO

P. ....

wpłacił stosownie do wezwania mego z dnia 5 lutego 1944 r. jako udział swój w kontrybucji zł 100 000 000,— nałożonej na ludność polską miasta Warszawy i bliższej okolicy zarządzeniem władz niemieckich z dnia .. lutego 1944 r. sumę

Zł. 30,— (trzydzieści)

co niniejszym stwierdzam.

KOMISARYCZNY BURMISTRZ
MIASTA WARSZAWY

Warszawa, luty 1944 r.

Data i pieczątka instytucji inkasującej

Karą za spektakularny zamach na Franza Kutscherę była oprócz licznych represji ogromna kontrybucja nałożona na stolicę – każdy mieszkaniec Warszawy musiał wywiązać się z obowiązku zapłacenia okupantowi 30 zł.

się, jak rzucone worki. Ludzie zamarli z przerażenia. Jeszcze jakieś pojedyncze strzały z pistoletu. Następnie wrzucono zwłoki na samochód. Odjechali.

Tłum zbity pod płotem długo stał w osłupieniu. W ścianie widniały świeże ślady od kul, a na ziemi kałuże czerwonej krwi. Dopiero po jakimś czasie ktoś zaszlochał, ktoś zaklął. Staliśmy tam z ojcem jeszcze parę minut. Nie wiadomo, skąd ludzie wzięli kwiaty. Całe miejsce pokryto błyskawicznie kwiatami. Było to jedyna egzekucja publiczna, jaką widziałem, choć ze śmiercią innych spotykałem się nie raz. Widok tej egzekucji wywarł na moją psychikę duży wpływ. Stałem się świadkiem czegoś ważnego i od tamtej pory zrozumiałem dokładnie, czym jest wojna, okupacja, kto z kim i po co walczy i czyją należy trzymać stronę[4].

W stolicy Polski Niemcy pozbawiali życia zakładników także poprzez powieszenie. Szubienice znajdowały się głównie na przedmieściach, między innymi na Woli, w pobliżu przejazdu kolejowego przy ulicy Mszczonowskiej, tuż przy torach w Szczęśliwicach, na rogu ulic Toruńskiej i Wysockiego (Pelcowizna), w Rembertowie obok stacji kolejowej i w Markach, w pobliżu stacji kolejki wąskotorowej. Innym takim miejscem był długi balkon w jednym z budynków w pobliżu gmachu sądu przy ulicy Leszno. Scenę śmierci Polaków na szubienicach zlokalizowanych na Woli opisał Adam Barszczewski, wówczas 11-letni chłopiec:

Żandarmeria niemiecka zatrzymała wszystkich przechodniów. Mieli oni być świadkami tego bestialskiego mordu – szpaler żandarmów z bronią gotową do strzału stał naprzeciwko zgromadzonych. Wkrótce podjechało ciężarowe auto i żandarmi wyprowadzili z niego skazańców, którzy mieli ręce związane do tyłu. Ustawili ich pod

2 szubienicami, następnie kolejno wprowadzali skazańca, stawiając pod nogami skrzynkę, na którą musiał on wejść na komendę dowodzącego. Jeden z żandarmów zakładał skazańcowi stryczek na szyję, następna komenda dotyczyła wykopania skrzynki spod nóg skazańca. Czynność tę wykonywał ten sam żandarm, który zakładał stryczek. Po chwili widać było tylko kołyszące się zwłoki skazańców. Po egzekucji – zezwolono zatrzymanym przechodniom na rozejście się[5].

O ile w przypadku osób rozstrzelanych zwłoki uprzątano niemal natychmiast, to ciała powieszonych Niemcy zazwyczaj pozostawiali na widok publiczny nawet przez 48 godzin. Miejsce ich wystawienia dodatkowo chronione było wówczas przez niemiecką żandarmerię. Wspomagała ich w tym polska, kolaborancka policja granatowa. Służba ta, rekrutująca się początkowo głównie z przedwojennych funkcjonariuszy polskiej Policji Państwowej, powstała w połowie grudnia 1939 r. na podstawie rozporządzenia Hansa Franka. Poszczególne struktury formacji podporządkowane były lokalnym komendantom niemieckiej policji porządkowej. Choć oficjalna jej nazwa brzmiała: Policja Polska Generalnego Gubernatorstwa, to ze względu na granatowy kolor mundurów Polacy potocznie nazywali jej członków policją granatową bądź krótko – granatowymi.

Halt! Polnische Banditen!

Nie mniej ofiarnie od warszawiaków walczyła podczas wojny z okupantem ludność wiejska Generalnego Gubernatorstwa. To ze wsi wywodziły się Bataliony Chłopskie, druga pod względem

Szubienice stały się normalnym widokiem w centrach miast i wsi podczas okupacji. Na zdjęciu widoczna publiczna egzekucja 54 Polaków w Rożkach pod Radomiem, 1942 r.

militarnym siła zbrojna polskiej konspiracji. Na wsi znajdowali również schronienie i zaopatrzenie ocalali członkowie oddziałów Wojska Polskiego, żołnierze Armii Krajowej oraz komunistycznej partyzantki: Gwardii Ludowej i Armii Ludowej. I polska wieś zapłaciła niebagatelną cenę za to poświęcenie. Przeszło 10 000 wsi i osad zostało dotkniętych różnymi formami represji. W przeszło 900 miejscowościach niemieckie formacje bezpieczeństwa zamordowały od kilku do kilkuset mieszkańców. Ponad 440 wiosek w Generalnym Gubernatorstwie i na Białostocczyźnie zostało spacyfikowanych, z tego ponad połowę spalono. Tylko między połową 1942 a połową 1944 r. w akcjach pacyfikacyjnych Niemcy zamordowali około 50 000 Polaków, najwięcej na Lubelszczyźnie i Kielecczyźnie, w miejscach, gdzie najaktywniej działały oddziały partyzanckie. Trzeba również pamiętać o polskich wsiach na Kresach. Mieszkający tam rodacy narażeni byli na represje nie tylko ze strony niemieckich okupantów, ale również współpracujących z nimi ukraińskich i litewskich formacji kolaboracyjnych.

Niemcy pierwsze akcje pacyfikacyjne w okupowanej Polsce przeprowadzili w odwecie za działalność Oddziału Wydzielonego Wojska Polskiego majora Henryka Dobrzańskiego „Hubala". Ostatni walczący żołnierz Rzeczypospolitej po upadku ojczyzny nie złożył broni. Działał wraz ze swoim oddziałem na terenie Puszczy Świętokrzyskiej, między Końskimi, Opocznem i Sulejowem. Oddział, korzystając ze wsparcia miejscowych chłopów, którzy zapewniali mu wyżywienie, drobne usługi rzemieślnicze i kwatery, nękał Niemców, odnosząc nad nimi zwycięstwa w kilku mniejszych potyczkach.

Okupant zaangażował duże siły w wytropienie zgrupowania „Szalonego Majora". Było to około od 5000 do 8000 żołnierzy Wehrmachtu i SS. Pacyfikacje rejonu działalności „Hubala" rozpoczęły się 30 marca 1940 r. Do 11 kwietnia na skutek brutalnych akcji niemieckich sił ucierpiało 31 polskich miejscowości, w których zginęło 712 mieszkańców. Dalszych kilkuset ludzi, często wcześniej potwornie torturowanych, aresztowano i zesłano na roboty przymusowe bądź do obozów koncentracyjnych. Niemieckie represje objęły między innymi wsie: Adamów, Gałki Krzczonowskie, Hucisko, Królewiec, Mechlin, Małachów, Piekło, Smyków, Stadnicka Wola, Stefanków, Szałas Stary. Najbardziej bestialskiej zbrodni okupanci dokonali jednak we wsi Skłoby.

W nocy 11 kwietnia 1940 r. miejscowość została otoczona szczelnym kordonem niemieckiej policji i Selbstschutzu. Do mieszkańców Skłobów wcześniej dochodziły pogłoski o mającej się odbyć pacyfikacji, ale nie dawano im wiary, wciąż przygotowując się do Świąt Wielkanocnych. Niemcy zaczęli metodycznie przeczesywać zagrody, okrzykami „raus", „schnell" i kolbami karabinów wyganiali z nich mieszkańców. Mężczyźni byli z miejsca aresztowani. Kilku z nich schroniło się zawczasu w przygotowanych kryjówkach: pod stertami obornika, w piwniczkach czy na strychach budynków. Jeszcze inni próbowali uciekać ze wsi, nawet w damskich przebraniach. Paru chłopów wypuścili sami Niemcy, polecając im jak najszybciej oddalić się i ostrzegając przed rozstawionymi patrolami.

Zatrzymanych Polaków okupanci ulokowali w budynku szkoły w sąsiednich Chlewiskach. Tam, podczas „rozprawy sądowej", zgromadzonym chłopom oznajmiono, że zostali skazani na śmierć za pomoc oddziałowi „Hubala". Co ciekawe, niemiecki tłumacz ostrzegał wcześniej młodszych i niższego wzrostu Polaków, każąc im mówić, że mają po 14 lat. Jak się potem okazało, aresztowanych podzielono według wieku. Na rozstrzelanie mieli iść mężczyźni w wieku 15–65 lat.

Niemcy zawczasu przygotowali dwa miejsca kaźni: groby wykopane zostały w lesie pod pobliską wsią Stefanków oraz w okolicy stawów koło miejscowości Rzuców. Jan Pietras, jeden z wytypowanych do rozstrzelania, wspominał:

Wzięli nas dziesięciu i załadowali na samochód. Naszą eskortę stanowiło czterech żandarmów. Temu procederowi towarzyszył akompaniament niemieckich przekleństw i wyzwisk oraz uderzeń kolb i karabinów. Nie wiedzieliśmy, gdzie nas wiozą. Samochód ruszył i zawieźli nas do lasu pod Rzucowem i tam wysiedli [...]. Nam też kazali opuszczać samochód. Utworzyli z nas dwójkową kolumnę marszową. Dwóch Niemców szło z tyłu, dwóch z przodu. Tak szliśmy około kilometra. Zatrzymali nas i kazali patrzeć na Rzuców. Byłem w środku tej kolumny. Nasza eskorta zatrzymała się i gwizdkiem przywołała tych, którzy czekali na nas i mieli rozstrzeliwać. Zanim się wykręciłem, żeby patrzeć tak, jak kazali na Rzuców, zobaczyłem żółty piach w odległości kilku metrów od nas.

Poczułem jakąś chyba nieziemską siłę i otuchę. Jakaś nadzwyczajna nadzieja we mnie wstąpiła. Od eskortujących Szwabów czuć było wódkę. Zrozumiałem, że to chyba „koniec świata". Skoczyłem przed siebie w stronę lasu. Z tyłu słyszałem słowa: „Halt! Polnische Banditen". Również odezwały się strzały z broni maszynowej. Nie reagowałem na ich wrzaski i kule, tylko rwałem jak oszalały przed siebie, do lasu, byle dalej od tego piekła. [...] Czułem się jakoś dziwnie. Bolała mnie głowa, w uszach dzwoniły mi niemieckie „halt" i gwizd kul. A tam w lesie dopełniała się tragedia moich rodaków, długo słyszałem strzały[6].

Tego dnia Niemcy rozstrzelali 216 mężczyzn ze wsi Skłoby, choć niektóre źródła podają liczbę nawet 265 zabitych. Ale nie był to jeszcze koniec tragedii tej miejscowości. Podpalono ją, puszczając z dymem prawie wszystkie zabudowania. Na tlącym się pogorzelisku pozostali jedynie starcy, zrozpaczone kobiety i płaczące dzieci.

Niemieckie służby prowadziły również akcje prewencyjne, wykorzystując do tego różnej maści prowokatorów. Wiosną 1943 roku w okolicach przysiółków Gębice i Żuchowiec, będących częścią większej wsi Godów, pojawił się handlarz skórą o nazwisku Gierada z niedalekich Starachowic. Jako że surowca tego brakowało, zwłaszcza do reperacji zniszczonego obuwia, mężczyzna został przez miejscowych przyjęty życzliwie. Ludzie ciekawi byli również informacji o działaniach wojennych i partyzantach, którymi handlarz zawsze chętnie się dzielił. W krótkim czasie zdobył zaufanie mieszkańców wsi.

Pewnego dnia Gierada pojawił się w towarzystwie kilku uzbrojonych mężczyzn. Ci, śpiewając przy dźwiękach harmonii pieśni partyzanckie, proponowali chłopom wstąpienie do leśnych oddziałów. Kilku ochotników rzeczywiście się znalazło. Mężczyźni obiecali wówczas, że wkrótce pojawią się i wcielą ich do grup partyzanckich.

W nocy 24 maja oba przysiółki zostały otoczone przez niemiecką żandarmerię. Krzykiem i kolbami karabinów Niemcy wypędzili chłopów z domostw, które następnie zaczęli podpalać. W niektórych palonych budynkach wciąż znajdowali się jeszcze domownicy. Mężczyzn okupanci popędzili w kierunku pobliskiej starej kopalni rudy, ograbiając ich po drodze z co cenniejszych rzeczy. Nadzorującemu pacyfikację niemieckiemu oficerowi spodobały się zwłaszcza nowe buty i ubranie, jakie miał na sobie Jan Surma. Ten młody chłopak otrzymał wówczas polecenie rozebrania się. Kiedy odmówił, oprawcy siłą przewrócili go na ziemię, zdarli ubranie, ściągnęli buty i zaczęli okładać Surmę grubymi kijami do nieprzytomności. Potem jeden z nich nadepnął ciężkim, podkutym wojskowym butem na krtań chłopca i tak długo przyciskał, aż go udusił. Następnie, dla pewności, posłał mu jeszcze kulę w głowę. Pozostali mężczyźni zostali rozstrzelani na skraju głębokiego szybu kopalni, do którego wrzucono ich zwłoki.

Polska wieś zapłaciła ogromną cenę za działalność podziemia. Niektóre miejscowości praktycznie zniknęły z powierzchni ziemi. Na zdjęciu płonące domy w spacyfikowanej wsi Michniów, 1943 r.

Pięć miesięcy później Niemcy dokonali ponownej pacyfikacji Gębic i Żuchowca. W Święto Niepodległości 11 listopada 1943 r. okupanci podpalili resztę zabudowań, ocalałych po poprzedniej rzezi. Mężczyźni tym razem schronili się wcześniej w lesie. Pozostali tylko starcy, kobiety i dzieci. Zginęło wówczas 27 osób, w tym 10 kobiet i 8 dzieci w wieku od 2 miesięcy do 14 lat. Łącznie w obu pacyfikacjach zgładzono 136 osób. Handlarz Gierada, który okazał się niemieckim konfidentem, został zlikwidowany przez polskie podziemie.

Założono jej pętlę na szyję i wyciągnięto taboret spod nóg

Nietypową akcję pacyfikacyjną przeprowadzili Niemcy we wsiach Wólka Milanowska i Trzcianka w Kieleckiem. Powodem jej rozpoczęcia była kobieta, mieszkanka pierwszej z tych miejscowości. Wanda Kędziorowa pomagała matce sprzątać na posterunku żandarmerii niemieckiej w sąsiedniej Nowej Słupi. Młoda, piękna Polka wpadła tam w oko jednemu z żandarmów, który, mimo iż był żonaty, zaczął ją adorować. Zażyłość między tymi dwojgiem doszła do takiego stopnia, że Niemiec, otrzymawszy urlop, nie pojechał do rodzinnego domu, tylko postanowił spędzić wolny czas z Wandą. O wszystkim dowiedział się jednak Jan Kozłowski, żołnierz oddziałów leśnych i narzeczony Wandy.

Późnym wieczorem 26 czerwca 1942 r. targany zazdrością Kozłowski wyprowadził pod lufą pistoletu niemieckiego żandarma z domu Kędziorów. Zaciągnął go do lasu, nakazał wykopanie dołu i tam zastrzelił. Na tym być może cała sprawa by

Tortury zadawane Polakom przed śmiercią zdawały się nie mieć końca. Każda z nich mogła być jednak okazją do pamiątkowego zdjęcia, jak to wykonane w Łodzi.

się skończyła, gdyby nie matka niewiernej narzeczonej, która o wszystkim doniosła kamratom zabitego żandarma. Dwa dni później niemieckie siły otoczyły Wólkę Milanowską i Trzciankę. Wioski miały być spalone, a wszyscy mieszkańcy rozstrzelani. Wydaje się to nieprawdopodobne, ale egzekucję wstrzymała... żona zabitego Niemca, która w tym czasie przyjechała po jego ciało. Oświadczyła, że mieszkańcy są niewinni, a wyłączną winę ponosi jej bezwstydny małżonek, który zamiast przyjechać do niej i dzieci, kalał się z Polką.

Mimo to żandarmi – aby pomścić zabitego – rozstrzelali 13 Polaków. Rozgłosili również, że jeśli okoliczna ludność nie wyda Kozłowskiego, wioski i tak zostaną spalone. Przypadek sprawił, że poszukiwany partyzant zginął po kilku dniach podczas wymiany ognia z żandarmerią. „Niemieckiego poczucia sprawiedliwości" jednak to nie zaspokoiło. Kara miała spaść jeszcze na rodziny Kędziorów i Kozłowskich. Ich domostwa zostały spalone, a oni sami powieszeni dwa tygodnie później podczas publicznej egzekucji w Nowej Słupi. Jeden ze świadków tak relacjonował ten popis bestialstwa:

Dowodzący „akcją" oficer żandarmerii wszedł na wcześniej przygotowane podwyższenie i powiedział kilkanaście gardłowych zdań, które powtarzał tłumacz. Wynikało z nich, że przywiezieni więźniowie to polscy bandyci, którzy spowodowali śmierć obywatela wielkiej rzeszy niemieckiej, ich zasłużonego kamrata – żandarma. [...] Grupę więźniów w otoczeniu żandarmów z psami doprowadzono do pierwszego sznura zawieszonego na górnej konstrukcji bramy wejściowej do apteki. Wyciągnięto z niej za ramiona pierwszą dziewczynę Wandę Kedziorę, wepchnięto na stojący pod sznurem taboret, założono jej pętlę na szyję i wyciągnięto taboret spod nóg. Z grupą pozostałych więźniów i taboretem do następnego sznura oprawcy udali się dopiero wówczas, gdy ciało dziewczyny zesztywniało. [...] Przy następnych sznurach identyczne czynności powtarzały się. Kolejno zawisają rodzice dziewczyny, ich krewni i rodzina Kozłowskich.

Egzekucja była skończona, a widok rynku w Nowej Słupi tragiczny i niesamowity. Wokół wisi osiem sztywnych ciał, na placu klęcząca, modląca się i szlochająca cicho gromada spędzonych ludzi, a wokół niej uśmiechnięci i szczęśliwi z odniesionego „sukcesu – zwycięstwa" nad bezbronnymi ludźmi nadludzie, w mundurach feldgrau. Mordercy spod znaku swastyki i trupiej czaszki.

Na podwyższeniu pojawił się znowu ten sam gestapowski oficer i słowami tłumaczonymi przez tłumacza ostrzegł spędzonych, że każda „polska świnia", która odważy się podnieść rękę na „bohaterskich" żołnierzy niemieckich, albo nie zastosuje się do zarządzeń okupacyjnych władz niemieckich, zawiśnie na szubienicy, tak jak wiszą ci bandyci[7].

Oprawcy tłukli go kolbami karabinów i kłuli bagnetami

Na Kresach Wschodnich represje za akcje naszej konspiracji przeciwko niemieckim siłom okupacyjnym i ich pomocnikom były równie bezlitosne jak te w centralnej Polsce. Jednak najbardziej krwawą pacyfikację sprowokowała napaść grupy sowieckich partyzantów pułkownika Fiodora Markowa na samochód osobowy koło wsi Wygoda na szosie Święciany–Łyntupy na Wileńszczyźnie. W zasadzce 19 maja 1942 r. zginęło dwóch niemieckich urzędników i oficer Wehrmachtu. Sowieci wypuścili tylko polską tłumaczkę Elżbietę Rakowską, która i tak została potem aresztowana przez gestapo.

W odpowiedzi władze niemieckie rozkazały rozstrzelać 400 mężczyzn z miejscowości położonych w promieniu 50 kilometrów od miejsca zamachu. Byli to w zdecydowanej większości Polacy, zatrzymani na podstawie przygotowanych wcześniej list. Za masakrę odpowiadały głównie jednostki litewskiej policji pod dowództwem majora Jonasa Maciulevičiusa. Według świadków zamordowanych było znacznie więcej, niż głosił oficjalny niemiecki komunikat. Ich liczba mogła sięgnąć nawet 1200 osób. Wśród ofiar byli polscy ziemianie, duchowni, nauczyciele, lekarze, urzędnicy, a więc ludzie o największej świadomości narodowej.

W samym Wilnie głośnym echem odbił się zamach na Marijonasa Padabę dokonany 15 września 1943 r. przez żołnierzy Egzekutywy, czyli komórki likwidacyjnej Armii Krajowej. Padaba oficjalnie pracował jako inspektor w policji kryminalnej, w rzeczywistości był agentem gestapo i funkcjonariuszem Saugumy, czyli podporządkowanej Niemcom litewskiej policji kolaboracyjnej.

Litwini, otrzymawszy wolną rękę od SS-Obersturmbannführera Rudolfa Neugebauera, szefa wileńskiego gestapo i SS, przeprowadzili szeroko zakrojoną akcję odwetową. W nocy z 16 na 17 września litewska policja aresztowała na podstawie wcześniej przygotowanych list proskrypcyjnych 140 Polaków. Byli to głównie przedstawiciele miejscowej inteligencji. Dziesięciu z nich rozstrzelano w lesie w podwileńskich Ponarach, miejscu wykorzystywanym przez Niemców i kolaborujących z nimi Litwinów do masowej eksterminacji Żydów i Polaków. Wśród zamordowanych był między innymi profesor Kazimierz Pelczar, wykładowca Uniwersytetu Stefana Batorego, wybitny lekarz, naukowiec, prekursor polskiej onkologii. Z uwagi na niewspółmiernie duże koszty w stosunku do korzyści płynących ze śmierci litewskiego konfidenta Polacy zadecydowali o zaprzestaniu kolejnych akcji likwidacyjnych w Wilnie.

Do jednego z najbardziej tragicznych wydarzeń doszło na Wileńszczyźnie w dniach 19–23 czerwca 1944 r. Wtedy to ofiarami akcji odwetowych, przeprowadzonych z jednej strony przez litewską policję, a z drugiej przez żołnierzy Armii Krajowej, stało się ponad 100 osób.

Wszystko zaczęło się w majątku Glinciszki, przejętym przez okupacyjną administrację, w którym to w nocy z 19 na 20 czerwca nieznani osobnicy dokonali rekwizycji kilku krów i świń. Wysłany na miejsce zajścia patrol litewskiej policji wpadł w zasadzkę oddziału 5 Brygady AK. W trakcie wymiany ognia zginęło 4 policjantów, 2 było rannych, a 2 pozostałych wyrwało się z pułapki i zaalarmowało resztę swojej jednostki, stacjonującej w miasteczku Podbrzezie.

Do Glinciszek przybył wówczas na czele kilkudziesięciu policjantów porucznik Petras Polekauskas. Stwierdziwszy, że po akowcach nie ma już śladu, Litwini zaczęli wyłapywać okolicznych mieszkańców narodowości polskiej. Zakładnicy – w większości całe rodziny – zostali rozstrzelani z rozkazu Polekauskasa. Zamordowano 16 mężczyzn, 11 kobiet i 11 dzieci (w tym czworo w wieku 3–5 lat). Dwie kobiety były w zaawansowanej ciąży. Oprawcy zagarnęli również dobytek ofiar.

Ostatnim Polakiem, który tego dnia poniósł śmierć, był zamieszkały w Wilnie Władysław Komar, ojciec naszego utytułowanego olimpijczyka. W tym czasie pracował on jako administrator majątków pod niemieckim zarządem, jednocześnie zaś był żołnierzem AK o pseudonimie „Malutki". Komar został telefonicznie poinformowany o egzekucji i pojechał na miejsce samochodem prowadzonym przez polskiego kierowcę, w towarzystwie niemieckiego kierownika o nazwisku Hoffman. Po zapoznaniu się z sytuacją w Glinciszkach mężczyźni mieli wracać najkrótszą drogą do Wilna, przez Podbrzezie.

W miasteczku samochód został zatrzymany przez litewską policję. Komara wyciągnięto z niego na przesłuchanie. Następnie Hoffman i kierowca zobaczyli, jak Litwini wyprowadzają skatowanego Polaka na rozstrzelanie. Niemiec, pod groźbą śmierci, zmuszony był odjechać. Władysław Komar próbował jeszcze ratować życie, wyrwał się oprawcom i zaczął uciekać, jednak po około 200 metrach dosięgnęła go kula. Padł ranny, a oprawcy tłukli go kolbami karabinów i kłuli bagnetami, na koniec dobili zaś pojedynczym strzałem. Jeden z katów obciął Polakowi palec, na którym znajdował się wartościowy sygnet.

Tak bestialski postępek litewskich policjantów zdeterminował gwałtowną reakcję Polaków. Wieść o wymordowaniu kobiet i dzieci wywołała silne wzburzenie wśród społeczności polskiej i w szeregach żołnierzy Armii Krajowej. Odpowiedzią na te wydarzenia był karna ekspedycja w stosunku do kilku litewskich miejscowości, przeprowadzona przez żołnierzy 5 Brygady Armii Krajowej pod dowództwem rotmistrza

Zygmunta Szendzielarza „Łupaszki". W wyniku akcji odwetowej śmierć poniosło prawdopodobnie 68 cywili.

Co ciekawe, niemieckie władze okupacyjne również zareagowały na masakrę w Glinciszkach. Odpowiedzialny za nią porucznik Petras Polekauskas i grupa jego podwładnych zostali aresztowani 21 czerwca 1944 r., postawieni przed sądem i skazani. Polekauskas otrzymał wyrok śmierci, jednak przeżył wojnę. Po jej zakończeniu znalazł się w Stanach Zjednoczonych, gdzie zmarł w 1965 r.

Niemal zniknęła z powierzchni ziemi polska wieś Huta Pieniacka, leżąca na terenie przedwojennego województwa tarnopolskiego. Stało się tak w wyniku karnej pacyfikacji przeprowadzonej 28 lutego 1944 r. siłami złożonego z Ukraińców 4 Galicyjskiego Pułku Ochotniczego SS. Była to formacja policyjna, złożona z ochotników do ukraińskiej 14 Dywizji Grenadierów SS „Galizien" („Hałczyna"). Huta Pieniacka liczyła wówczas około 200 zabudowań i 1000 mieszkańców. Jednolita etnicznie wieś była schronieniem dla wielu uciekinierów z Wołynia. Ukrywali się tu również Żydzi. Jako że miejscowość omijana była zarówno przez Niemców, jak i ukraińskich nacjonalistów, chętnie wykorzystywali ją sowieccy partyzanci – jako bazę wypoczynkową i zaopatrzeniową. Z tego to powodu 23 lutego w celu przeprowadzenia rekonesansu do Huty Pieniackiej zbliżył się pododdział ze wspomnianego wyżej pułku.

Sowieckich partyzantów już nie było, ale stanowczy opór stawiła miejscowa samoobrona, przekonana, że ma do czynienia z banderowcami. W wyniku strzelaniny zginęło dwóch ukraińskich żołnierzy w mundurach SS. Tym razem władze okupacyjne zadecydowały o przeprowadzeniu większej ekspedycji karnej. 28 lutego 1944 r. około godziny szóstej wieś została otoczona przez 200 ukraińskich esesmanów, dowodzonych przez niemieckich oficerów. Po około 20 minutach ze wsparciem przybyły również bojówki UPA z oddziału dowodzonego przez Dmytra Karpenkę, ps. „Jastrub".

Polacy zostali ostrzeżeni o nadciągającej pacyfikacji przez komórkę wywiadowczą AK ze Złoczowa, jednak stało się to na tyle późno, że w lesie zdołało się schronić tylko kilku młodych mężczyzn. Ponadto zasugerowano, aby we wsi pozostały wszystkie kobiety, dzieci i osoby w podeszłym wieku, co jakoby miało odwieść napastników od uciekania się do radykalnych rozwiązań.

Niestety wszystkie te rachuby okazały się chybione i dla Huty Pieniackiej nadszedł sądny dzień. Sygnałem do rozpoczęcia akcji pacyfikacyjnej był wystrzał z rakietnicy. Po nim wieś została ostrzelana ogniem moździerzy oraz broni maszynowej. Niektóre budynki zaczęły się palić, a oprawcy przystąpili do wywlekania ludzi z chałup, nie szczędząc im przy tym razów i obelg. Opornych zabijano na miejscu. W trakcie tych bestialskich działań jednej z kobiet wyrwano z objęć noworodka i rzucono nim o mur. Inny Ukrainiec zastrzelił rodzącą kobietę. Przybyli z esesmanami ukraińscy cywile plądrowali obejścia, zabierając zwierzęta gospodarskie i wszystkie co cenniejsze rzeczy.

Zmaltretowanych Polaków gromadzono w kościele, który prawdopodobnie planowano wraz z nimi wysadzić w powietrze. Ta decyzja została jednak zmieniona i zwyrodnialcy poczęli wyprowadzać jeńców w kilkudziesięcioosobowych grupach, które zamykano w drewnianych chatach, szopach i stodołach. Te ryglowano i podpalano. Do ludzi próbujących się ratować strzelano, jednak w tej sytuacji śmierć od kuli wydawała się wybawieniem w porównaniu z pełną bólu i cierpienia agonią w płomieniach. W najbardziej okrutny sposób napastnicy postąpili z Kazimierzem Wojciechowskim ps. „Satyr", dowódcą miejscowej samoobrony, który, pobity i torturowany, został polany benzyną i żywcem podpalony.

Z pacyfikacji uratowało się około 200 osób, które bądź zbiegły wcześniej, bądź wyrwały się oprawcom. Z życiem uszły także trzy grupy mieszkańców, które schroniły się w piwnicy i wieży kościoła oraz w piwnicy szkoły. Te budynki oraz kilkanaście zabudowań na skraju wsi przetrwały pożogę. Nie na długo jednak, bo okoliczni Ukraińcy po kilku dniach dopełnili dzieła zniszczenia. Huta Pieniacka przestała istnieć, a wraz z nią około 80% jej mieszkańców. Ogółem straty ludności polskiej na Kresach Wschodnich Rzeczypospolitej w wyniku represji spowodowanych lub prowokowanych przez niemieckiego okupanta szacowane są na od 150 000 do 200 000 osób.

VI / Niemieckie represje wobec Polaków za pomoc Żydom

„Wyprowadzili go z domu i postawili pod ścianą”

Stosunki polsko-żydowskie w dwudziestoleciu międzywojennym, delikatnie mówiąc, nie układały się najlepiej. Miały tu znaczenie różne czynniki, najczęściej jednak Polacy postrzegali Żydów przez pryzmat osobistych, choćby jednostkowych, doświadczeń. Mniejszość żydowska w Polsce, licząca w przededniu wybuchu wojny ponad 3 000 000 obywateli, w znacznym stopniu opanowała handel, usługi, rzemiosło, służbę zdrowia czy wolne zawody. Polacy szczególnie często stykali się z żydowskimi sklepikarzami czy wytwórcami, na tej podstawie wyrabiając sobie opinię o całej, olbrzymiej części tego społeczeństwa. Spekulacje cenowe czy oszustwa, z którymi mieli do czynienia w części żydowskich składów handlowych, sprawiały, że każdy przedstawiciel mniejszości zaczynał im się jawić jako złodziej i kombinator. To wrażenie pogłębiała jeszcze prasa, nawołująca do bojkotu żydowskich przedsiębiorstw, kolportująca informacje o wszelkich nadużyciach oraz patologiach i nawołująca, by „swój", a więc Polak, szedł „po swoje, do swego" – czyli tylko do polskich sklepów po polskie towary. Pokutowało też przekonanie, że Żydzi bogacą się kosztem Polaków. Takie przypadki miały oczywiście miejsce, choć z drugiej strony wielka część społeczności żydowskiej zamieszkiwała w zabiedzonych sztetlach, często w warunkach znacznie gorszych od swoich chrześcijańskich sąsiadów.

Pamiętano również o niezbyt przychylnym stosunku części Żydów do odradzającego się państwa polskiego, o niejednoznacznej, a często wręcz wrogiej nam postawie podczas wojny polsko-bolszewickiej, a także o skłonności do propagowania ideologii komunistycznej. Ponownie wybrane przypadki rzutowały na postrzeganie milionów obywateli kraju – nawet tych, którzy asymilowali się, czuli Polakami, a nawet patriotami. Wśród mniej wyedukowanych warstw polskiego społeczeństwa uprzedzenia powodowane były również nieznajomością kultury żydowskiej, religii, języka. Nic więc dziwnego, że, zwłaszcza na prowincji, krążyły straszliwe opowieści o ich upiornych praktykach:

> *Żyd to krwiopijca. Żydzi, nie dość, że zamordowali Pana Jezusa, to do dzisiaj stosują makabryczne praktyki rytualne. Nabijają beczkę gwoździami do wewnątrz. Do środka tak spreparowanej beczki wsadzają katolickie dziecko i toczą beczkę, aż utoczą całą krew z niewinnego, chrześcijańskiego dziecka. Tę krew dolewają do macy*[1].

Uprzedzenia narastały, także z tego względu, że znaczna część ludności wyznania mojżeszowego pielęgnowała własną odrębność, celowo odcinała się od obcych sobie gojów i niezbyt chętnie angażowała się w życie polityczne i społeczne, traktując Rzeczpospolitą jako kraj sobie obcy i nieprzychylny. Umiejętnie wykorzystywały to polskie skrajnie prawicowe organizacje polityczne czy bojówkarskie, uciekając się nawet do akcji niszczenia żydowskich majątków, tłuczenia szyb w sklepach czy do pogromów, w których padały ofiary w ludziach. Wzywano również Żydów do emigracji z Polski. W debacie zabierał głos polski Kościół katolicki, który względem kwestii żydowskiej prezentował swoisty dualizm. Duchowni z jednej strony prosili, aby widzieć w Żydach bliźnich, i potępiali przemoc wobec nich, z drugiej jednak nawoływali do omijania żydowskich przedsiębiorstw i wspierania „swoich".

Okupacja niemiecka do pewnego stopnia wygasiła dawne animozje. Spory i uprzedzenia zostały odłożone na bok. Nasi rodacy, przed wojną postrzegani nieraz jako zdeklarowani antysemici, przystąpili do ratowania starozakonnych przed bezwzględną eksterminacją ze strony Niemców. Przy czym trzeba zaznaczyć, że niektórzy Polacy nie zmienili swojego nastawienia politycznego w stosunku do mniejszości żydowskiej. Ratowali Żydów z pobudek chrześcijańskich i antyniemieckich, ponadto udzielali pomocy konkretnym ludziom. Wspierali osoby, które znali jeszcze sprzed wojny. Wcześniejsza izolacja Żydów od reszty społeczeństwa do pewnego stopnia okazała się więc ich zgubą.

Pomoc indywidualna dla żydowskich współobywateli realizowana była na różne sposoby. Najczęstsze było wsparcie doraźne: podanie szklanki wody uciekinierowi z getta czy transportu, zaopatrzenie go w produkty żywnościowe lub ubranie, wskazanie kierunku ucieczki, chwilowe udzielenie schronienia bądź kupienie biletu. Trzeba podkreślić, że pomocy udzielali przedstawiciele wszystkich grup społecznych – mieszczanie, ziemianie, inteligencja, chłopi, robotnicy, duchowni, prostytutki... bez względu na przekonania polityczne. Wśród „sprawiedliwych" trafiali się nawet działacze przedwojennego Obozu Narodowo--Radykalnego.

Najcenniejszą formą pomocy było przyjęcie do domu na utrzymanie żydowskiej rodziny bądź nawet wynajęcie jej jakiegoś lokum po tak zwanej aryjskiej stronie, a więc poza murami getta. W tym drugim przypadku oczywiście motywacją często były czynniki ekonomiczne, jednak nie należy zbytnio potępiać takiego stanowiska. W warunkach wojennych, przy zamrożeniu przez Niemców płac na poziomie przedwojennym i galopujących

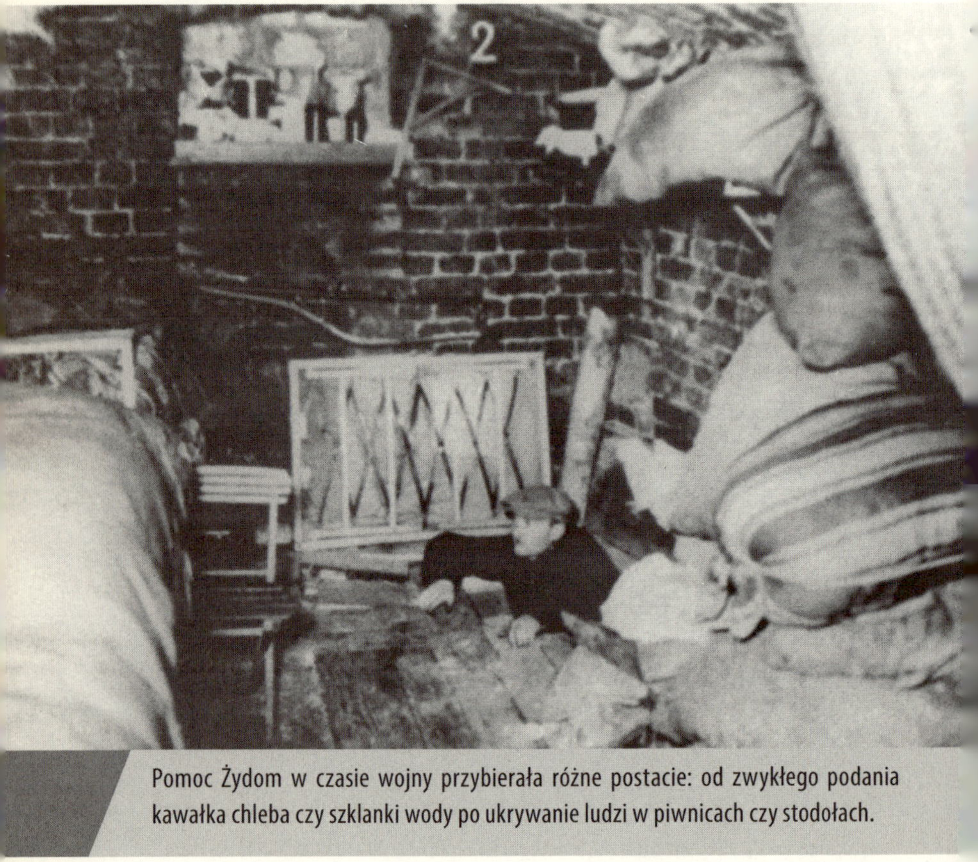

Pomoc Żydom w czasie wojny przybierała różne postacie: od zwykłego podania kawałka chleba czy szklanki wody po ukrywanie ludzi w piwnicach czy stodołach.

cenach dóbr konsumpcyjnych, utrzymanie się polskiej rodziny było nie lada wyzwaniem. A tu trzeba było jeszcze zapewnić wyżywienie dla dodatkowych osób, z reguły o zbliżonych potrzebach. Ponadto z każdym rokiem okupacji postępowała pauperyzacja polskiego społeczeństwa i trudno było wymagać, aby każdy był gotów brać odpowiedzialność za byt drugiego, czasem nieznanego sobie człowieka, kosztem swoich najbliższych. Żydzi często więc partycypowali w kosztach utrzymania i także dla nich było to rzeczą naturalną.

Uciekinierom, zwłaszcza w większych, sprzyjających anonimowości miastach, nadawano niekiedy nową tożsamość, załatwiano fałszywe kenkarty, czyli niemieckie dowody tożsamości obowiązujące w Generalnym Gubernatorstwie, metryki chrztu itp. Żydom, którzy nie mieli typowo semickiej urody, udawało się nawet czasem znaleźć pracę. Dzięki temu mieli zapewnione źródło co prawda mizernego, ale stałego dochodu i zaświadczenie o pracy, które było równie cennym i pożądanym dokumentem jak kenkarta. Na terenach wiejskich, gdzie realia były całkowicie odmienne, Żydzi najczęściej ukrywali się w budynkach mieszkalnych i gospodarczych, w przemyślnie zbudowanych przez swoich gospodarzy skrytkach, z rzadka je opuszczając, aby nie rzucać się w oczy nie tylko osobom postronnym, ale i sąsiadom swoich dobroczyńców.

W niezwykle pomysłowy sposób wydostawali Żydów z warszawskiego getta Polacy pracujący w sądownictwie. Na podstawie sfabrykowanych oskarżeń wytaczano przebywającym tam Żydom fikcyjne procesy za drobne przewinienia. Wiązało się to z nakazem przymusowego doprowadzenia danego „delikwenta" do sądu. Czynili to zaufani „granatowi" policjanci, którzy w ten sposób „legalnie" wyprowadzali Żydów z odizolowanej od reszty dzielnic części miasta.

Należy zaznaczyć, że wielu „granatowych", wbrew obiegowej opinii, przysłużyło się sprawie ratowania Żydów. Jeden z bardziej charakterystycznych, ale i wzruszających przykładów takiej pomocy z Lublina, z okresu likwidacji tamtejszego getta wiosną 1942 r., zachował się we wspomnieniach Krystyny Modrzewskiej:

Pewnego popołudnia siedziałam na murku przed posterunkiem policji i rozmawiałam z jednym z policjantów, niemłodym już człowiekiem, dość nawet sympatycznym. W pewnym momencie podszedł do nas jakiś mizerny chłopczyk, najwyżej 7-letni. Stanął przed policjantem w postawie prawie wyzywającej: „Przyszedłem się zgłosić" – powiedział. Widziałam oczy tego dziecka, i wiedziałam już wszystko. Ale posterunkowy nie był taki spostrzegawczy, jeśli w ogóle można mówić o spostrzegawczości. To było raczej serdeczne jakieś wyczucie. Nie zrozumiał. „Czego?" – zapytał. „Przyszedłem na policję – powtórzył chłopiec i po chwili dodał: – żebyście mnie zabili" [...] Policjant pyta go o [...] rodziców, rodzeństwo, rodzinę. „Niemcy zabili... mamusię zabił żandarm na posterunku w Piaskach. Mnie nie chciał, śmiał się i mówił, że innym razem. Więc poszedłem na polską policję, ale ten pan nie chciał mnie zastrzelić, bo powiada, że gówniarzy nie strzela... więc może pan?...". Nasz policjant chrząka niepewnie: „Hm... to i u nas się do takich nie strzela" – powiada wreszcie. Ogląda się wokół siebie, potem patrzy na mnie i w oczach moich widzi, że można mi zaufać. „Pójdziesz ze mną" – mówi wreszcie przyciszonym głosem, patrząc w inną stronę. „Zastrzeli mnie pan?" – pyta mały z przebłyskiem nadziei. „Nie... cicho... Musisz żyć, wyrosnąć na dużego człowieka... chodźże". [...] Dobroć tego człowieka była równie głęboka i nieprzypadkowa, jak podłość większości, przerażającej większości jego kolegów. Wiem, że wywiózł dokądś to biedne dziecko i otoczył bezinteresowną opieką[2].

Eda Lichtman uciekła z obozu zagłady w Sobiborze z grupą więźniów podczas słynnego buntu 14 października 1943 roku. Cztery kobiety i dwóch mężczyzn przez trzy dni i noce błąkało się po okolicznych lasach, próbując ujść niemieckiej pogoni. Żywili się tylko tym, co znaleźli w lesie. W końcu głód zmusił Żydów do wejścia do polskiej wsi, jednak pierwszy kontakt z mieszkańcami nie był zbyt zachęcający – jeden z chłopów próbował przepędzić ich batem. Wówczas nieoczekiwanie pojawił się ktoś jeszcze:

Po kilku minutach zjawił się młody mężczyzna w ciemnym ubraniu i ciemnym kożuchu. Serce mi zamarło. Przecież to polski policjant. Było mi wszystko jedno. Mężczyzna patrzył bystro na nas chwilę, wreszcie spytał przez zaciśnięte zęby: „Jude?". Skinęłam głową twierdząco. „Sobibór?" – zapytał znowu. Odpowiedziałam „tak". „A teraz, proszę, niech nas pan zabije tu na miejscu, bo my tam nie chcemy wrócić". [...] Mężczyzna przez zaciśnięte zęby powiedział: „A pani myśli, że ja już Boga w sercu nie mam? Idźcie z powrotem do lasu, ja tam zaraz przyjdę" – powiedział rozkazująco. Usłuchaliśmy go, nie mając innego wyjścia[3].

Policjant wręczył uciekinierom bochenek chleba. Ci odwdzięczyli mu się dwoma zegarkami i poszli dalej. Eda przeżyła wojnę. W 1961 r. była świadkiem podczas procesu niemieckiego ludobójcy SS-Obersturmbannführera Adolfa Eichmanna, jednego z głównych architektów i wykonawców planu ostatecznego rozwiązania kwestii żydowskiej.

Obudziło nas walenie w okna i drzwi...

W Polsce za ukrywanie Żydów lub wszelką inną formę ich wsparcia groziła kara śmierci. W najlepszym razie można było trafić do więzienia lub obozu koncentracyjnego. Podobnie jak w przypadku represji za akcje ruchu oporu obowiązywał system odpowiedzialności zbiorowej, polegający na stworzeniu zależności pomiędzy różnymi podmiotami. Władze okupacyjne zobowiązywały osoby piastujące różnorakie funkcje publiczne, na przykład sołtysów, do obserwowania tego, co dzieje się na podległym im terenie, i informowania o pojawieniu się Żydów, a także o podejrzeniach, że udzielana jest im pomoc. Pozostali obywatele również posiadający takową wiedzę zobligowani byli do niezwłocznego doniesienia o tym odpowiednim organom okupacyjnym. Nierespektowanie tych wytycznych mogło się wiązać z wiadomymi konsekwencjami.

To, jak wysoki był stopień zagrożenia dla Polaków udzielających nawet, zdawałoby się, mało znaczącej pomocy, świetnie ilustruje poniższy przykład:

We wsi Sadowne (pow. węgrowski) Niemcy spotkali w marcu 1943 r. Żyda jedzącego bułkę. Po krótkim czasie zabili go, a za sprzedanie czy ofiarowanie bułki rozstrzelali polskiego piekarza, jego żonę i 16-letniego syna[4].

Na wsi oddział żandarmerii zazwyczaj otaczał gospodarstwo i mordował całą rodzinę pomagającą Żydom. Następnie puszczano z dymem zabudowania, niszcząc w ten sposób cały dorobek życia tych ludzi. Zwłok pomordowanych nie pozwalano grzebać na cmentarzu, chowano je w przypadkowych miejscach, gdzieś w rowie czy za płotem. Odmawiano im również ostatniej posługi księdza. Postępowanie to obliczone było na zastraszenie kolejnych potencjalnych opiekunów osób narodowości żydowskiej. W małych społecznościach tego typu działania musiały robić piorunujące wrażenie, zwłaszcza kiedy ich ofiarami padali sąsiedzi lub znajomi.

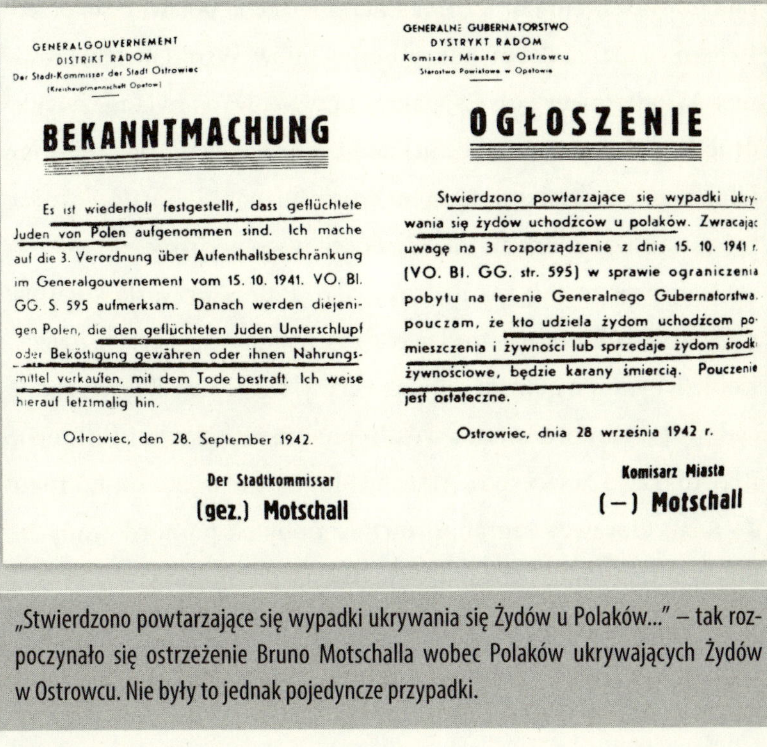
GENERALGOUVERNEMENT
DISTRIKT RADOM
Der Stadt-Kommisser der Stadt Ostrowiec
(Kreishauptmannschaft Opatow)

BEKANNTMACHUNG

Es ist wiederholt festgestellt, dass geflüchtete Juden von Polen aufgenommen sind. Ich mache auf die 3. Verordnung über Aufenthaltsbeschränkung im Generalgouvernement vom 15. 10. 1941. VO. Bl. GG. S. 595 aufmerksam. Danach werden diejenigen Polen, die den geflüchteten Juden Unterschlupf oder Beköstigung gewähren oder ihnen Nahrungsmittel verkaufen, mit dem Tode bestraft. Ich weise hierauf letztmalig hin.

Ostrowiec, den 28. September 1942.

Der Stadtkommissar
(gez.) Motschall

GENERALNE GUBERNATORSTWO
DYSTRYKT RADOM
Komisarz Miasta w Ostrowcu
Starostwo Powiatowe w Opatowie

OGŁOSZENIE

Stwierdzono powtarzające się wypadki ukrywania się żydów uchodźców u polaków. Zwracając uwagę na 3 rozporządzenie z dnia 15. 10. 1941 r. (VO. Bl. GG. str. 595) w sprawie ograniczenia pobytu na terenie Generalnego Gubernatorstwa, pouczam, że kto udziela żydom uchodźcom pomieszczenia i żywności lub sprzedaje żydom środki żywnościowe, będzie karany śmiercią. Pouczenie jest ostateczne.

Ostrowiec, dnia 28 września 1942 r.

Komisarz Miasta
(—) Motschall

„Stwierdzono powtarzające się wypadki ukrywania się Żydów u Polaków..." – tak rozpoczynało się ostrzeżenie Bruno Motschalla wobec Polaków ukrywających Żydów w Ostrowcu. Nie były to jednak pojedyncze przypadki.

Powszechnie znana jest tragiczna historia Józefa i Wiktorii Ulmów i ich dzieci, mieszkańców wsi Markowa, którzy od końca 1942 r. ukrywali u siebie ośmioro Żydów – rodziny Saulów i Goldmanów. Denuncjatorem okazał się „granatowy" policjant Włodzimierz Leś, który sam na początku niemieckiej okupacji w zamian za wynagrodzenie pomagał rodzinie Saulów. Kiedy Saulom skończyły się fundusze, wyrzucił ich z kryjówki, a oni znaleźli wówczas schronienie u Ulmów. Leś w jakiś sposób dowiedział się o tym. Gdy Armia Czerwona zaczęła zbliżać się do tych terenów, policjant, być może w obawie, że będzie musiał zwrócić zdobyty podstępem majątek, postanowił się ich pozbyć.

Czterech żandarmów i czterech „granatowych" policjantów pod dowództwem porucznika Eilerta Diekena pojawiło się przed świtem 24 marca 1944 r. koło posesji Ulmów. Wśród nich był również Włodzimierz Leś. Cała akcja przygotowana była niezwykle drobiazgowo. Dzień wcześniej żandarmi nakazali, by pod dom Ulmów podstawiono wieczorem cztery furmanki. Każdy woźnica był z innej wsi, nie znali miejsca docelowego podróży.

Najpierw zostali zastrzeleni Żydzi. Potem przyszła kolej na małżeństwo Ulmów – rodziców zastrzelono na oczach dzieci. Kobieta była w ostatnim miesiącu ciąży. Następnie Dieken zadecydował o zamordowaniu szóstki potomstwa Józefa i Wiktorii. Były to trzy dziewczynki i trzech chłopców w wieku od 1,5 roku do 8 lat. Oprawcy zagrabili również dobytek pomordowanych. Finałem tej ponurej zbrodni była libacja alkoholowa.

Równie makabryczny był los rodziny Borków ze wsi Słuszczyn, która zaopatrywała w żywność ukrywających się w okolicy Żydów. Żandarmi pojawili się w ich leżącym na skraju

Słuszczyna gospodarstwie mroźnym rankiem 8 stycznia 1943 r. Stanisław Borek, jego żona Helena, syn Czesław i zięć Ryszard Wójtowicz zostali w samej bieliźnie wyciągnięci z domu, skrępowani sznurami od bielizny i brutalnie rzuceni na klepisko w stodole. Córka Józefa Borka, Honorata Wójtowicz, została postrzelona w udo. Być może próbowała ratować 10-miesięcznego synka, który pozostał sam w jednej z izb.

Niemcy ograbili gospodarstwo Borków, zmuszając do pomocy kilku miejscowych chłopów. Jeden z nich, Józef Wyroba, wspominał:

Gdy, zgodnie z poleceniem żandarmów, wsiedliśmy na sanie i odjeżdżaliśmy w kierunku wsi, jeszcze z odległości 50 metrów widzieliśmy, jak żandarmi przepędzali rodzinę Borków ze stodoły do mieszkania. Każdy z nich miał w ręku snopek słomy. Wszystkich ich – w tym również i Honoratę Wójtowiczową z maleńkim dzieckiem – hitlerowcy wpędzili do mieszkania, z wyjątkiem Stanisława Borka, którego wzięli na sanie i, jadąc za nami, powieźli na posterunek do Lipska.

Ujechaliśmy ze 250 metrów, gdy jeden z żandarmów [...] podszedł z podwórza do zewnętrznej strony budynku i zaczął strzelać seriami z automatu do mieszkania przez okno. Za chwilę, gdy już ujechaliśmy do pół kilometra, zobaczyliśmy, że dom Borków pali się. W nim płonęły zwłoki całej, wymordowanej przez hitlerowców rodziny[5].

Jeszcze tego samego dnia na posterunku żandarmerii w Lipsku Stanisław Borek został zatłuczony kijami na śmierć.

Rodzice Barbary Kryńskiej ukrywali dwie żydowskie rodziny. Działo się to na przełomie 1942 i 1943 r. we wsi Mniszew niedaleko Warki. Kryńscy uczynili tak z wdzięczności za uratowanie życia 5-letniej wówczas Barbarze przez lekarza, który był Żydem. Nie spodziewali się, jak zgubne dla nich będą skutki okazanej dobroci. Barbara Kryńska wspominała:

Na dworze było bardzo zimno. Obudziło nas walenie w okna i drzwi oraz niemieckie głosy. Poderwaliśmy się wszyscy na równe nogi. Tacie nie pozwolili się dobrze ubrać. Założył tylko marynarkę. Wyprowadzili go z domu i postawili pod ścianą. Widząc to przez okno, zaczęliśmy krzyczeć – wtedy strzelili w naszą stronę. Posypały się drzazgi z futryn i poleciały szyby. Zabrali tatę do wsi, gdzie spędzili wszystkich Polaków, których wskazał Żyd Mecho, jako udzielających mu schronienia. Okazało się, że Niemcy złapali dwie rodziny żydowskie, które wcześniej ukrywali moi rodzice. Właściciela posesji zabili na miejscu, gdyż Mecho wydał, że miał on zakopaną broń pod oknem[6].

Ojciec pani Barbary został wywieziony do więzienia w Radomiu. Matka, także aresztowana, została potajemnie uwolniona przez jednego z Niemców jeszcze podczas łapanki. Córka już nigdy nie zobaczyła swojego ojca. W lipcu 1943 r. przyszła informacja o jego śmierci w więzieniu. Rodzina nawet nie mogła odzyskać jego ciała. Został pochowany w zbiorowej mogile.

Wacław Kopydłowski prowadził piekarnię w Krzyżownikach koło Poznania. W pobliżu znajdował się jeden z obozów pracy przymusowej dla Żydów z Kraju Warty. Każdego dnia koło jego piekarni przechodziła grupa więźniów, wykonujących prace ziemne w okolicy. Wyniszczeni ciężka pracą, wygłodniali ludzie rozpaczliwie potrzebowali żywności.

Jednym z najbardziej tragicznych przykładów niemieckich represji wobec udzielających pomocy jest historia Józefa i Wiktorii Ulmów, zamordowanych wraz z szóstką swoich dzieci za pomoc żydowskim sąsiadom.

Polski piekarz postanowił im pomóc. Kiedy maszerowali po pracy do obozu, kilku z nich niepostrzeżenie odbierało u niego pieczywo. Niemcy wkrótce dowiedzieli się o tym i uszczelnili straże wokół konwojowanych Żydów. Dzielnego Polaka jednak to nie zniechęciło. Znalazł inny sposób dostarczania chleba potrzebującym. Przenosił go po kryjomu poznaniak Leon Stróżczyński, zatrudniony przez Arbeitsamt w obozie jako dozorca.

Niestety, prawdopodobnie z powodu donosu, na trop obu „konspiratorów" wpadło gestapo. Dozorca został zatrzymany tuż po tym, jak odebrał kilkanaście bochenków chleba przeznaczonego dla Żydów. 22 maja 1942 r. został aresztowany również Wacław Kopydłowski. Obaj mężczyźni trafili do Fortu VII w Poznaniu. Gestapo poddało ich brutalnym przesłuchaniom. Po rozprawie przed sądem specjalnym Wacław Kopydłowski został skazany na 6 lat karnego obozu pracy. Udało mu się przeżyć wojnę. Leon Stróżczyński otrzymał wyrok śmierci poprzez ścięcie na gilotynie. Egzekucję wykonano 14 grudnia 1942 r.

Do wstrząsających wydarzeń doszło 8 lipca 1944 r. we wsi Dębsk koło Żuromina, gdzie ukrywało się trzech Żydów oraz dwóch partyzantów Batalionów Chłopskich z niedalekiego Bieżunia: Franciszek Romański „Laskowski" i Eugeniusz Romański „Noc". O świcie wieś i sąsiadujące z nią torfowiska zostały otoczone przez niemieckich żandarmów. Między partyzantami a Niemcami wywiązała się strzelanina, w trakcie której jeden z żandarmów poległ. Rozwścieczeni takim niefortunnym dla siebie obrotem sprawy Niemcy aresztowali we wsi przeszło 100 mężczyzn. Po przeprowadzeniu wśród nich selekcji 44 młodszych wiekiem Polaków wywieziono na rynek do Bieżunia. Tam wybrano dziesięciu mężczyzn i ciężarówką wywieziono ich szosą w kierunku Sierpca. Pozostali udali się pieszo w tym samym kierunku. Trzy kilometry od Bieżunia wszyscy transportowani ciężarówką zostali rozstrzelani. Gdy grupa maszerujących więźniów zbliżała się do miejsca kaźni, eskortujący żandarmi starali się wydostać od nich nazwiska tych, którzy udzielili schronienia Żydom i partyzantom. W pewnej chwili pięciu Polaków zaczęło uciekać. Dwóch zostało zastrzelonych przez Niemców, trzem udało się zbiec. Ostatnią ofiarą okazał się przypadkowy chłopak, który widząc dwanaście trupów, zaczął uciekać i również został zastrzelony. Kres zbrodni położyło dopiero pojawienie się samochodu wiozącego kilku wysokich rangą Niemców, którzy zakazali dalszych egzekucji. Żandarmom udało się ująć dwóch ukrywających się w Dębsku Żydów, którzy podzielili los pomordowanych Polaków.

Świat patrzy na tę zbrodnię

Z warszawskiego getta wyszło potajemnie około od 20 000 do 25 000 Żydów. Część z nich ukrywała się w stolicy, część przedostała się na prowincję, by tam czekać lepszych czasów. Jedną z najbardziej zasłużonych osób w akcji udzielania pomocy Żydom w Warszawie była Zofia Kossak-Szczucka. Pisarka, znana przed wojną ze swoich antysemickich poglądów, bolała zwłaszcza nad losem żydowskich dzieci wałęsających się poza terenem getta. Sama była naocznym świadkiem ich okrutnego traktowania przez okupantów:

Na Nowym Świecie oficer niemiecki złapał taką chudzinę, sześcioletniego najwyżej. Trzymając jak szczenię za kark, podniósł drugą ręką pokrywę od kanału i wepchnął tam dziecko. Przechodnie patrzyli ze zgrozą, ksiądz, który był świadkiem, zaczął błagać o litość nad dzieckiem. Oficer spojrzał na niego ze zdumieniem: „Jude" – objaśnił informacyjnie, zatrzasnął klapę i poszedł spokojnie dalej[7].

Zofia Kossak-Szczucka zabiegała o fundusze dla swoich małych podopiecznych, organizowała im fałszywe metryki chrztu i kryjówki. Była również współzałożycielką Tymczasowego Komitetu Pomocy Żydom im. Konrada Żegoty, powstałego 27 września 1942 r., z którego następnie uformowała się Rada Pomocy Żydom „Żegota". Była to instytucja działająca pod egidą Polskiego Państwa Podziemnego.

Spod pióra pisarki wyszła ponadto przejmująca odezwa zatytułowana „Protest", dosyć szeroko kolportowana w okupowanym kraju. Kossak-Szczucka opisywała w niej nieludzkie warunki panujące w getcie i bezwzględność oprawców oraz wyrażała sprzeciw wobec zbrodni dokonywanych przez Niemców na Żydach. Jednocześnie piętnowała bezczynność światowej opinii publicznej:

Świat patrzy na tę zbrodnię, straszliwszą niż wszystko, co widziały dzieje, i – milczy. Milczą kaci, nie chełpią się tym, co czynią. Nie zabierają głosu Anglia ani Ameryka, milczy nawet wpływowe międzynarodowe żydostwo, tak dawniej przeczulone na każdą krzywdę swoich. Milczą i Polacy. Polscy polityczni przyjaciele Żydów ograniczają się do notatek dziennikarskich, polscy przeciwnicy Żydów objawiają brak zainteresowania dla sprawy im obcej. Ginący Żydzi otoczeni są przez samych umywających ręce Piłatów[8].

Zofia Kossak-Szczucka wpadła w ręce Niemców przypadkowo 28 września 1943 r., kiedy to wraz z łączniczką polskiego podziemia taszczyła paczki z konspiracyjną gazetą katolicką „Prawda" (pisywał do niej również Władysław Bartoszewski, który był bliskim współpracownikiem Zofii). Kossak-Szczucka miała podczas zatrzymania kenkartę na fałszywe nazwisko Zofii Śliwińskiej i Niemcy nie byli świadomi, że udało im się aresztować poszukiwaną działaczkę podziemia. Po przesłuchaniu w siedzibie gestapo na alei Szucha i pobycie na Pawiaku 5 października 1943 r. pisarka została wywieziona do Auschwitz-Birkenau. Tam pod koniec grudnia zachorowała na dur brzuszny. Jej stan był na tyle ciężki, że nie dawano jej szans na przeżycie. Jednak cudem powróciła do zdrowia i niespodziewanie opuściła Auschwitz. Poprzez więzienie na Montelupich w Krakowie i więzienie na Daniłowiczowskiej w Warszawie ponownie znalazła się na Pawiaku.

Niemcy odkryli jej prawdziwe personalia. Nie jest wykluczone, że Zofia Kossak-Szczucka została zadenuncjowana przez hrabiego Henryka Zyberk-Platera, prywatnie zięcia jej stryjecznej siostry Magdaleny Samozwaniec. Poddano ją wówczas ciężkiemu, brutalnemu śledztwu i prawdopodobnie skazano na karę śmierci. Pisarka do końca życia nie chciała mówić o chwilach, które wtedy przeżyła. Na Pawiaku znalazła się jednak znów pod fałszywym nazwiskiem Śliwińska, co niechybnie uratowało ją od tragicznego końca. Ostatecznie, tuż przed wybuchem Powstania

Zofia Kossak-Szczucka przed wojną była znana ze swoich antysemickich poglądów. Nie była jednak w stanie patrzeć na cierpienia Żydów w trakcie okupacji – stała się ostatecznie jedną ze Sprawiedliwych wśród Narodów Świata.

Warszawskiego, 28 lub 29 lipca 1944 r., dzięki staraniom władz polskiego podziemia – zapłacono za nią okup – Zofia Kossak-Szczucka wyszła na wolność. W 1982 r., za zasługi w ratowaniu Żydów, została pośmiertnie uhonorowana tytułem „Sprawiedliwy wśród Narodów Świata".

Wielu warszawiaków ratujących życie żydowskim współobywatelom nie miało tyle szczęścia co Zofia Kossak. Jedną z takich osób była Antonina Kalko, która wyciągnęła z getta cztery osoby. Jeden z uratowanych został potem jej mężem. Niestety rodzinne szczęście nie trwało zbyt długo. Na podstawie donosu w 1944 r. Antoninę Kalko, jej męża i półrocznego synka aresztowało gestapo. Cała rodzina została rozstrzelana w podwarszawskich Włochach.

Ten specyficzny wojenny egzamin z człowieczeństwa zdali również nasi rodacy na Kresach. Jest to o tyle zaskakujące, że ze względu na okupację tych terenów przez Związek Radziecki Polacy postrzegali tam Żydów jako zwolenników władzy bolszewickiej. Powszechny był pogląd głoszący, że Żydzi zdradzili Polskę i Polaków. Jak podkreślał w raporcie z 1940 r. Jan Karski: „[...] Żydzi stworzyli tu sytuację, w której Polacy uważają ich za oddanych bolszewikom i – śmiało można powiedzieć – czekają na moment, w którym będą mogli po prostu zemścić się na Żydach[9]". Należy jednak pamiętać, że nie wszyscy Żydzi sprzyjali Sowietom i ponad 70 000 z nich zostało deportowanych wraz z Polakami w głąb ZSRR. W ten sposób stali się drugą pod względem liczebności nacją wypędzoną z Kresów Wschodnich.

Mieszkająca we Włodzimierzu Wołyńskim Maria Dąbrowska przed wojną była kierowniczką szkoły oraz nauczycielką języka polskiego i historii. Wśród lokalnej społeczności znana była jako aktywna działaczka Stronnictwa Narodowego i zagorzała antysemitka. Ukrywający się w sąsiedztwie Żydzi mieli się przed nią szczególnie na baczności. Ich zdumienie było więc bezgraniczne, gdy któregoś kwietniowego dnia pod dom Dąbrowskiej podjechała ciężarówka wypełniona ukraińską policją oraz funkcjonariuszami gestapo.

Okazało się, że gospodyni ukrywała u siebie od początku okupacji 18 Żydów, i to tych najbiedniejszych, wśród nich inwalidów i dzieci. Sama się nimi opiekowała, załatwiała potrzebne fundusze i niezbędne medykamenty. Równocześnie pomagała jeszcze kilku innym osobom. Dom Marii Dąbrowskiej został spalony, a Żydzi – rozstrzelani. Właścicielka, torturowana, ale i kuszona możliwością darowania win w przypadku wydania pozostałych wspieranych przez siebie wyznawców judaizmu, odmówiła współpracy z okupantem. Nieludzko skatowana, została stracona.

Małżeństwo Katarzyna i Józef Baliccy oraz ich synowie, Władysław i Stanisław, mieszkali we wsi Siemianówka koło Lwowa. Rodzina od grudnia 1942 r. przechowywała w skrytce pod podłogą domu swoich żydowskich przyjaciół: Bernarda i Moszego Pasternaków. 5 lutego 1944 r. ukraińska policja aresztowała polskich małżonków oraz braci Pasternaków. Doniósł na nich ukraiński sąsiad. Początkowo wszystkich przetrzymywano na posterunku policji w pobliskim Szczercu. Stamtąd obu Pasternakom udało się szczęśliwie zbiec. Niestety małżonkowie Baliccy siedzieli wówczas w innej celi. Przewieziono ich do Lwowa, potem do Rzeszowa, a w końcu do Krakowa, gdzie 25 lipca 1944 r. wyrokiem niemieckiego sądu specjalnego zostali skazani na śmierć. Wyrok ten zmieniono potem w stosunku do Katarzyny na karę dwóch lat więzienia. Józef Balicki został prawdopodobnie ścięty na gilotynie we Wrocławiu.

W samym Lwowie we wrześniu 1942 r. został aresztowany za ukrywanie Żydówki polski historyk literatury profesor Kazimierz Kolbuszewski. Przewieziono go do obozu na Majdanku, gdzie zmarł 20 lutego 1943 r. 14 grudnia tego roku za ukrywanie aż 35 Żydów zamordowani zostali w publicznej egzekucji Maria i Bronisław Józefkowie. Podobnych przykładów było więcej.

Ilu było „sprawiedliwych"?

Z ubolewaniem należy stwierdzić, że nie wszyscy Polacy wykazali się tak heroiczną i ofiarną postawą w stosunku do prześladowanej przez Niemców ludności żydowskiej. Pojawiły się odrażające indywidua, zarówno w miastach, jak i na prowincji, które ze współpracy z okupantem bądź działań na własny rachunek związanych z szantażowaniem ukrywających się Żydów uczynili sposób na zapewnienie sobie łatwego zysku. Inni wydawali ich Niemcom na pewną śmierć zupełnie bezinteresownie. Postawa taka wynikała z różnych przesłanek. Z jednej strony motywem były wspomniane względy materialne, z drugiej – strach przed karą za nierespektowanie rozporządzeń władz okupacyjnych. Niektórzy zapewne byli pod wpływem wzmożonej nazistowskiej propagandy antyżydowskiej.

Jednak czasem nawet taka służalczość Polaków względem Niemców nie gwarantowała tego, że zachowają życie w przypadku, gdy wcześniej zaangażowani byli w ukrywanie Żydów. Stefan Barglik, sołtys wsi Tokarnia w dystrykcie krakowskim, wraz z żoną Marią, ukrywał w połowie 1943 r. sześcioosobową rodzinę Sterlingów. Kiedy po wsi rozniosło się, że przechowuje u siebie Żydów, znalazł im nowe miejsce. Uciekinierów zgodziła się przyjąć pod swój dach Katarzyna Filipek, wdowa wychowująca siedmioro dzieci. Jej zagroda leżała na uboczu wsi, stąd schronienie wydawało się pewniejsze. Kilka miesięcy minęło w zasadzie spokojnie. Czasem sołtys dostarczał zbiegom jedzenie.

Niespodziewanie pewnej niedzieli w styczniu 1944 r. po mszy św. Stefan Barglik oświadczył zgromadzonym w kościele mieszkańcom, że we wsi ukrywają się Żydzi i lepiej będzie zgłosić miejsce ich pobytu. On sam miał prowadzić przeszukania domów. W przeciwnym razie, jak oświadczył, Niemcy zagrozili wszystkim śmiercią.

Na Filipkową padł blady strach. Wówczas do sołtysa udała się Róża Sterling, jedna z ukrywających się Żydówek. Ten zapewnił ją solennie, aby niczego się nie obawiała, bowiem poszukiwania rozpocznie w innej części wsi. Niestety następnego dnia rano sołtys w asyście kilku ludzi przyszedł wprost do gospodarstwa Katarzyny Filipek. Nie bawiąc się w ceregiele, wspiął się na strych domu, w którym ukrywali się Żydzi, i tam ich „odnalazł". Swoim towarzyszom kazał baczyć, aby nie uciekli, a sam, nie zważając na błagania Róży Sterling, udał się na posterunek żandarmerii do pobliskiej Łętowni. Sterlingowie zostali rozstrzelani.

Wydaje się, że Stefan Barglik działał pod silną presją, dopuszczając się tak desperackiego, ale i karygodnego czynu. Być może sądził, że spełniając polecenia okupanta, uda mu się uchronić swoją rodzinę. A trzeba nadmienić, że miał trójkę dzieci. Jeśli tak istotnie było, to jego rachuby zawiodły. Po dwóch tygodniach względnego spokoju we wsi zjawiło się gestapo. Katarzyna Filipek oraz oboje Barglikowie zostali aresztowani. Wszyscy zostali później rozstrzelani. Miejsce ostatniego spoczynku Katarzyny Filipek i Marii Barglik (zostały zamordowane razem) udało się odnaleźć ich dzieciom dopiero po czterdziestu latach. Po Stefanie Bargliku wszelki ślad zaginął.

Polskie Państwo Podziemne piętnowało niegodziwą, świadomą działalność obywateli w stosunku do ukrywających się Żydów. Sądy podziemne nie wahały się wydawać w tych sprawach

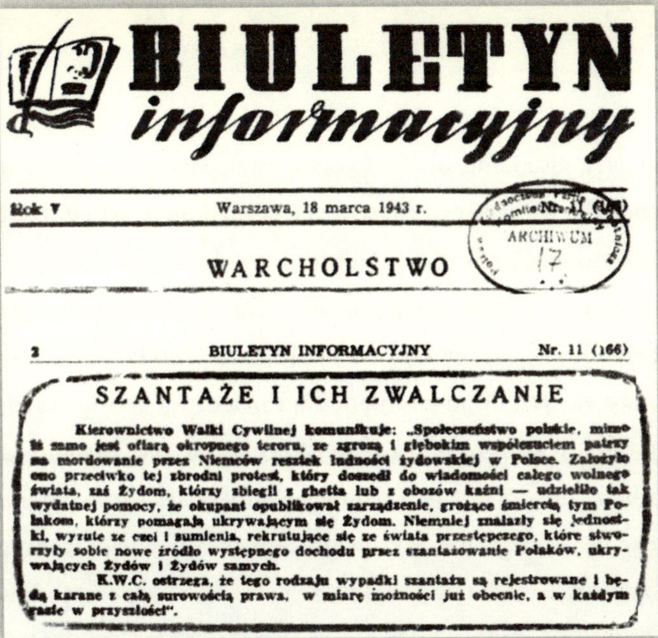
BIULETYN informacyjny

Rok V Warszawa, 18 marca 1943 r. Nr. 11 (166)

ARCHIWUM

WARCHOLSTWO

2 BIULETYN INFORMACYJNY Nr. 11 (166)

SZANTAŻE I ICH ZWALCZANIE

Kierownictwo Walki Cywilnej komunikuje: „Społeczeństwo polskie, mimo iż samo jest ofiarą okropnego terroru, ze zgrozą i głębokim współczuciem patrzy na mordowanie przez Niemców resztek ludności żydowskiej w Polsce. Założyło ono przeciwko tej zbrodni protest, który doszedł do wiadomości całego wolnego świata, zaś Żydom, którzy zbiegli z ghetta lub z obozów kaźni — udzieliło tak wydatnej pomocy, że okupant opublikował zarządzenie, grożące śmiercią tym Polakom, którzy pomagają ukrywającym się Żydom. Niemniej znalazły się jednostki, wyzute ze czci i sumienia, rekrutujące się ze świata przestępczego, które stworzyły sobie nowe źródło występnego dochodu przez szantażowanie Polaków, ukrywających Żydów i Żydów samych.

K.W.C. ostrzega, że tego rodzaju wypadki szantażu są rejestrowane i będą karane z całą surowością prawa, w miarę możności już obecnie, a w każdym razie w przyszłości".

Wśród Polaków znaleźli się i tacy, którzy postanowili się dorobić na tragedii Żydów. Zjawisko szmalcownictwa było jednak zwalczane przez polskie podziemie.

najbardziej surowych werdyktów. Jeden z wyroków krakowskiego Cywilnego Sądu Specjalnego brzmiał:

> *W imieniu Rzeczypospolitej Cywilny Sąd Specjalny w Krakowie po rozpoznaniu sprawy Antoniego Pajora, kierownika zlewni mleka w Dobranowicach k. Wieliczki, oskarżonego o denuncjowanie do policji niemieckiej chłopów ukrywających Żydów, o współudział w schwytaniu dwóch obywateli państwa polskiego i dzieci pochodzenia żydowskiego, współwinę w ich mordowaniu, dekonspirowanie ukrywających się na wsi działaczy niepodległościowych, nadmierną gorliwość służbową oraz znęcanie się nad ludnością gromady podczas odliczania kontyngentu mlecznego – uznał go winnym popełnienia czynów przestępczych zarzuconych mu w akcie oskarżenia i skazał go za nie na karę śmierci*[10].

Należy dobitnie podkreślić, że dla ogromnej części Polaków wyznawcy judaizmu nie byli wyłącznie „parszywymi Żydami", jak chcieli tego naziści. Oni widzieli w nich po prostu ludzi. Dlatego starali się okazać im pomoc i życzliwość w czasach, gdy na świecie powszechnie panowały strach, zwątpienie, egoizm i uprzedzenia. Do chwili obecnej przeszło 6700 Polaków zostało uhonorowanych odznaczeniem „Sprawiedliwy wśród Narodów Świata", nadawanym przez izraelski instytut Yad Vashem za ratowanie Żydów podczas II wojny światowej. Jesteśmy najliczniej reprezentowaną grupą pod względem narodowości wśród odznaczonych. I trzeba podkreślić, że ta liczba to zapewne niewielki odsetek spośród naszych rodaków niosących pomoc osobom narodowości żydowskiej w tych tragicznych chwilach. Chcąc pokusić się o oszacowanie skali tego zjawiska, należy wziąć pod uwagę, że, według różnych szacunków, pod niemiecką okupacją w Polsce wojnę przeżyło od 30 000 do 120 000 Żydów. Przy założeniu, że w ocaleniu jednego z nich miało udział od kilku do nawet kilkunastu Polaków, liczba ratujących będzie się wahała od około 300 000 do ponad miliona obywateli II Rzeczypospolitej. Niestety nie ustalimy już dokładnie, ilu Polaków poniosło śmierć za ten akt ludzkiego miłosierdzia.

VII / Wysiedlenia Polaków

„Wpadli o piątej rano i raus!"

Kolejnym, po eksterminacji inteligencji, etapem na drodze do upragnionego przez Adolfa Hitlera i jego klikę Lebensraumu były masowe wysiedlenia przeprowadzane na okupowanych przez Niemców ziemiach polskich. Analogiczne postulaty wysuwał jeszcze u zarania I wojny światowej skrajnie nacjonalistyczny Związek Wszechniemiecki (Alldeutscher Verband), który ponadto proponował, aby z cudzoziemskich robotników w Cesarstwie uczynić niewolników. Podobne założenia stały się jednym z fundamentów programu przyjętego przez partię nazistowską i tym razem miano zrealizować je w praktyce.

Najwcześniej wysiedlenia przeprowadzać zaczęto na ziemiach polskich wcielonych do III Rzeszy – tam też przybrały one największe rozmiary. Całe przedsięwzięcie miało dwa aspekty: wysiedlenia „dzikie", przeprowadzane z inicjatywy lokalnych władz okupacyjnych, obejmujące poszczególne osoby bądź rodziny, oraz planowe i masowe akcje wysiedleńcze, kierowane i nadzorowane przez centralne władze nazistowskie.

Wysiedlenia „dzikie" prowadzone były już od pierwszych tygodni okupacji. Dokonywano ich na wniosek miejscowych Niemców, chcących przejąć polskie placówki gospodarcze oraz luksusowe mieszkania położone w prestiżowych dzielnicach. Dotychczasowi właściciele takich majątków otrzymywali wówczas wezwania do opuszczenia ich w ciągu 24 godzin, jedynie z niezbędną odzieżą i niewielkim zapasem żywności. Niezastosowanie się do nakazu groziło zesłaniem do obozu koncentracyjnego.

Prawdziwe piekło z tego powodu przeszła rodzina Klimków ze wsi Pływaczewo koło Wąbrzeźna. Władysław Klimek był w latach trzydziestych posłem na Sejm oraz znanym w tamtym rejonie społecznikiem. Z tego względu znalazł się na niemieckiej liście proskrypcyjnej. Został aresztowany 16 października 1939 r. przez bojówkarzy Selbstschutzu i na podstawie sfabrykowanych oskarżeń, po bestialskim, dwudniowym śledztwie, stracony w Łopatkach. Na dużym, 50-hektarowym gospodarstwie Klimków pozostała jego żona Wanda wraz z sześciorgiem dzieci, z których najstarsze miało 9 lat.

Piękne gospodarstwo Klimków upatrzył sobie ich niemiecki sąsiad Karl Struwe, który początkowo, jeszcze w obecności głowy rodziny, jako dowódca miejscowego Selbstschutzu przejął je pod swój „zarząd". W praktyce oznaczało to, że odtąd mógł dowolnie dysponować całym majątkiem. To właśnie Struwe zatrzymał Władysława Klimka pod pozorem rutynowego przesłuchania, z którego ten już nie powrócił.

Tymczasem podły volksdeutsch próbował podstępem wyrzucić Wandę Klimek z dziećmi z majątku. Dzielna kobieta jednak nie poddawała się i znalazła nieoczekiwanych sojuszników w osobach urzędników niemieckiej komisji przesiedleńczej, którzy zorientowali się w knowaniach intryganta. Dodatkowym argumentem okazał się fakt, że rodzina Klimków wzorowo gospodarowała na swojej ojcowiźnie od około 300 lat i jako taka została uznana za wskazaną do germanizacji. Klimkowie, mimo heroicznego oporu, w końcu utracili swój majątek na rzecz Struwego, jednak dopiero w kwietniu 1942 r.

Jedna z pierwszych dużych zorganizowanych akcji przesiedleńczych – choć również o „dzikim" charakterze – miała miejsce w połowie października 1939 r. w Gdyni, przemianowanej na Gotenhafen. Niemcy próbowali wówczas zachęcić mieszkańców do pozornie nieprzymuszonej emigracji. W mieście rozlepiono ogłoszenia informujące o możliwości „dobrowolnego powrotu

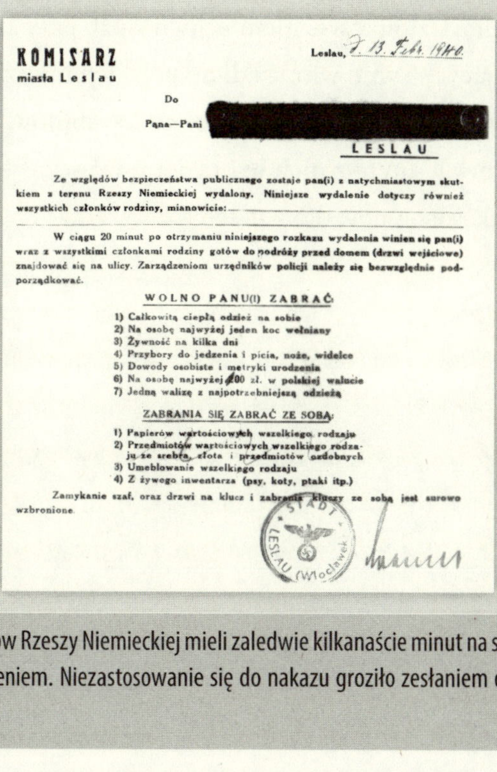

KOMISARZ
miasta Leslau

Leslau, 13. Febr. 1940.

Do

Pąna—Pani [redacted]

LESLAU

Ze względów bezpieczeństwa publicznego zostaje pan(i) z natychmiastowym skutkiem z terenu Rzeszy Niemieckiej wydalony. Niniejsze wydalenie dotyczy również wszystkich członków rodziny, mianowicie: ...

W ciągu 20 minut po otrzymaniu niniejszego rozkazu wydalenia winien się pan(i) wraz z wszystkimi członkami rodziny gotów do podróży przed domem (drzwi wejściowe) znajdować się na ulicy. Zarządzeniom urzędników policji należy się bezwzględnie podporządkować.

WOLNO PANU(I) ZABRAĆ:

1) Całkowitą ciepłą odzież na sobie
2) Na osobę najwyżej jeden koc wełniany
3) Żywność na kilka dni
4) Przybory do jedzenia i picia, noże, widelce
5) Dowody osobiste i metryki urodzenia
6) Na osobę najwyżej 100 zł. w polskiej walucie
7) Jedną walizę z najpotrzebniejszą odzieżą

ZABRANIA SIĘ ZABRAĆ ZE SOBĄ:

1) Papierów wartościowych wszelkiego rodzaju
2) Przedmiotów wartościowych wszelkiego rodzaju ze srebra, złota i przedmiotów ozdobnych
3) Umeblowanie wszelkiego rodzaju
4) Z żywego inwentarza (psy, koty, ptaki itp.)

Zamykanie szaf, oraz drzwi na klucz i zabrania kluczy ze sobą jest surowo wzbronione.

STADT LESLAU (Włocławek)

Polacy z terenów Rzeszy Niemieckiej mieli zaledwie kilkanaście minut na spakowanie się przed wysiedleniem. Niezastosowanie się do nakazu groziło zesłaniem do obozu koncentracyjnego.

do innych obszarów polskich" oraz podające dozwolone kierunki transportu. Obwieszczenie regulowało również wielkość zabieranego bagażu. A było tego żałośnie niewiele! Bagaż podręczny mógł mieć nie więcej niż 25 kilogramów na osobę, do tego zezwalano na zabranie żywności na 36 godzin podróży. Ponadto do miejsca docelowego można było nadać paczkę o wadze nieprzekraczającej 50 kilogramów. Wszelkie meble czy inne wyposażenie oraz zwierzęta gospodarskie miały pozostać na miejscu. Władze okupacyjne w swej „wspaniałomyślności" zapewniły Polakom tylko… darmowy przejazd koleją.

Wczesnym rankiem kordony żandarmerii, policji, Selbstschutzu, SA i SS otaczały wyznaczone do przesiedlenia kwartały ulic. Członkowie niemieckich służb przy akompaniamencie wyjących syren wkraczali do polskich mieszkań i krzykiem, czasem pomagając sobie kolbami karabinów, wypędzali mieszkańców. Jednym z nich był 14-letni wówczas Marcel Piela, który tak relacjonował ów dzień:

> *20 października o piątej rano zapukali żandarmi niemieccy i raus! A przedtem trzeba było oddać klucze. Oddałem klucze od mieszkania, od bramy. Wywieźli nas. Do tej wywózki mobilizowano nas dwukrotnie. Gdy przyszli pierwszy raz, to byłem przygotowany – miałem plecak, menażkę, manierkę, wszystko to było wojskowe, po marynarzach, bo mieszkaliśmy blisko terenu koszar. Wszystko sobie przygotowałem, nawet albumy ze znaczkami. Jak to chłopak. Ale wtedy powiedzieli – nie, nie wyjedziecie, bo nie ma pociągu. Może dlatego, że byliśmy tak przygotowani. A potem, za kilka dni, wpadli o piątej rano i raus! Wyrzucili nas. To, co zdążyłem złapać, to miałem: plecak, taki harcerski, a w plecaku,*

w kieszonkach jakieś fotografie z domu. Nawet nie zdążyłem zabrać dokumentów. I tak mnie zapakowali do wagonów towarowych...[1].

Podróż koleją do Generalnego Gubernatorstwa, bo to ono było miejscem docelowym transportów, trwała od kilku do kilkunastu dni. Ślamazarność transportu wynikała ze skali zniszczenia infrastruktury kolejowej. Ponadto pierwszeństwo przejazdu miały zawsze pociągi niemieckie. Polaków przewożono jak zwierzęta w zamkniętych od zewnątrz wagonach towarowych. Wśród bydlęcego łajna czy w wapiennym pyle tłoczono po około 60 osób, tak że mogły tylko stać. Raz dziennie zezwalano na krótki postój. Załatwienie w tak ograniczonym czasie osobistych potrzeb fizjologicznych było często niemożliwością, więc wnętrza wagonów zaczęły wypełniać ludzkie ekskrementy.

Kluczowym problemem był również brak wody. Ludziom udawało się ją pozyskiwać z tendra parowozu, była jednak ohydna w smaku i silnie zanieczyszczona. Żywność stanowiły prawie wyłącznie zapasy, które wypędzeni mieli ze sobą, nie starczało jej więc na zbyt długo. W czasie postojów wysiedleńców próbowała zaopatrywać lokalna ludność, lecz z reguły odpędzali ją ochraniający transporty żołnierze niemieccy.

Nic więc dziwnego, że w takich warunkach ludzie umierali; zwłaszcza dotyczyło to dzieci oraz osób starszych i schorowanych. Chowano ich wtedy wzdłuż torów kolejowych. Jeden z polskich wypędzonych wspominał:

Ludzie w trakcie transportu umierali, wtedy żołnierze niemieccy kazali wysiadać dorosłym i grzebać zmarłych. Ludzie kopali doły-groby, tym, czym mieli. Były to łyżki, a moja mama dostała od jakiegoś żołnierza kawałek bagnetu[2].

Łącznie do końca listopada 1939 r. z ziem przyłączonych do III Rzeszy wypędzono do Generalnego Gubernatorstwa od 30 000 do 40 000 Polaków, z czego z samej tylko Gdyni – ponad 12 000 osób.

Wyrzucimy z domów 8 000 000 Polaków

Podstawą „prawną" do rozpoczęcia planowych akcji wysiedleńczych ludności polskiej był dekret Adolfa Hitlera o umocnieniu niemczyzny z 7 października 1939 r. Jego realizację powierzono Reichsführerowi SS Heinrichowi Himmlerowi, mianowanemu Komisarzem Rzeszy ds. Umocnienia Niemczyzny. Dekret przewidywał utworzenie nowych terenów pod niemieckie osadnictwo i osiedlenie tam Niemców mieszkających poza granicami III Rzeszy. Dzięki istniejącemu po zawarciu paktu Ribbentrop–Mołotow sojuszowi ze Związkiem Radzieckim na zaanektowane ziemie polskie sprowadzono z okupowanych przez to państwo terenów naszych Kresów Wschodnich, Łotwy, Estonii oraz oderwanych od Rumunii Besarabii i Bukowiny setki tysięcy osób pochodzenia niemieckiego.

Niemcy początkowo, w ferworze wojennych sukcesów, planowali usunąć z ziem przyłączonych ponad 8 000 000 obywateli polskich, z czego do lutego 1940 r. ponad 1 000 000, a pozostałą część – przed końcem wojny. Z czasem te plany uległy zrewidowaniu na skutek różnych czynników, głównie ze względu na wzrastające zapotrzebowanie na siłę roboczą. Istotną kwestią był również opór władz Generalnego Gubernatorstwa przeciwko przyjęciu tak wielkiej liczby ludzi, których trzeba było gdzieś rozlokować, wyżywić, pomóc im się zadomowić. Zaowocowało to powstaniem trzech tak zwanych planów krótkofalowych, z których Niemcy tylko pierwszy wykonali w całości.

Wraz z pojawieniem się planów wysiedleń opracowane zostały również szczegółowe wytyczne regulujące związane z nimi sprawy organizacyjne. Ustalono kryteria, według których kwalifikowano poszczególne osoby do wywiezienia, podano dokładny termin wysiedleń i rejon nimi objęty, poinformowano o wielkości bagażu, kwocie pieniędzy, które można było mieć przy sobie itp. Pojawiło się również istotne novum: przejściowe obozy przesiedleńcze, do których kierowano od 1940 r. praktycznie wszystkich wysiedlonych. Zorganizowano je między innymi w Czechowicach, Gorzyczkach, Kochłowicach, Konstantynowie, Łodzi, Orzeszu, Potulicach, Pszowie, Smukale i Toruniu.

W ramach pierwszego planu przesiedleńczego od 1 do 17 grudnia 1939 r. wypędzono z Kraju Warty ponad 87 000 osób, głównie Polaków, choć zdarzali się i Żydzi. W warunkach ostrej zimy, w wagonach nieposiadających ogrzewania, wiele z przesiedlanych osób zmarło. Ewakuowanych skierowano do dystryktów warszawskiego i krakowskiego Generalnego Gubernatorstwa. Zanim trafili do miejsc docelowych, umieszczano ich zazwyczaj na kilka dni w różnego rodzaju punktach zbornych: magazynach, kościołach, barakach. Przebywali tam w złych warunkach sanitarnych, spali na słomie, a ich całodziennym pożywieniem były czarna kawa, kawałek chleba i miska rzadkiej zupy. Powodowało to kolejne zgony.

Z czasem niemieckie plany przesiedlania Polaków stawały się coraz bardziej precyzyjne. Szybko powstały też obozy przesiedleńcze. Na zdjęciu widoczna jest budowa obozu niemieckiej Centrali Przesiedleńczej w Potulicach dla rodzin polskich wysiedlonych z Pomorza.

Druga akcja wysiedleńcza miała miejsce między 10 lutego a 3 marca 1940 r. Dotknęła ona ponownie ludność polską zamieszkującą Kraj Warty, przede wszystkim mieszkańców miast. Z domów wypędzono wówczas ponad 40 000 Polaków. Przed skierowaniem do Generalnego Gubernatorstwa umieszczano ich we wspominanych już obozach przejściowych, gdzie panowały tragiczne warunki bytowe. Jeden z nich, zorganizowany w Toruniu, cieszył się szczególnie złą sławą.

Ulokowany w czterech halach na terenie byłej fabryki smalcu na peryferiach miasta nazywany był Szmalcówką. Obóz swoją działalność rozpoczął w listopadzie 1940 r., kiedy to przywieziono do niego pierwszy transport 1706 Polaków z Pomorza Gdańskiego. Przewidywano, że wysiedleńcy będą tam przebywać przez kilka dni i następnie będą kierowani do miejsc docelowych w Generalnym Gubernatorstwie. Stało się inaczej, gdy kilka miesięcy później, w marcu 1941 r., w związku z przygotowaniami do napaści na Związek Radziecki została zamknięta granica z Generalnym

Gubernatorstwem. Od tej chwili transporty z Polakami wjeżdżały do obozu, ale ludzie już go nie opuszczali. Niektórzy spędzili w jego murach nawet prawie trzy lata. Obóz stał się rezerwuarem darmowej siły roboczej, wykorzystywanej przez niemiecką gospodarkę wojenną. Szmalcówkę zlikwidowano w czerwcu 1943 r. W wyniku panujących w obozie nieludzkich warunków socjalnych zginęło tam nie mniej niż 515 Polaków (tyle ofiar zidentyfikowano; łączna liczba zmarłych to prawdopodobnie około 1200). Wśród nich 317 ofiar to dzieci.

Ostatnia faza zaplanowanych przesiedleń rozpoczęła się 15 marca 1940 r. W Kraju Warty objęła ona ponad 133 000 mieszkańców, z których prawie 2400 osób jako nadające się do germanizacji wysłano do Rzeszy, a około 10 000 skierowano na roboty przymusowe. Jednocześnie realizowano akcję wysiedleńczą na terenie Górnego Śląska i północnego Mazowsza.

W Prowincji Śląskiej wysiedlenia dotknęły przede wszystkim powiat żywiecki. „Aktion Saybusch", jak nazwano całe przedsięwzięcie, została przygotowana pragmatycznie i niezwykle drobiazgowo. W jej planowaniu i realizacji wzięło udział szereg ważnych organów i komórek państwowych III Rzeszy, między innymi RSHA, SS i NSDAP. Pomysł przeprowadzenia akcji wyszedł od SS-Gruppenführera Ericha von dem Bacha-Zelewskiego, piastującego jesienią 1939 r. funkcję wyższego dowódcy SS i policji na Śląsku. Organizacją transportu kolejowego dla wypędzonych Polaków oraz ogólnymi wytycznymi dotyczącymi akcji zajmował się jeden z referatów w departamencie IV RSHA (gestapo), kierowany przez mało wtedy znanego SS-Hauptsturmführera Adolfa Eichmanna.

O wysiedleniu poszczególnych osób w tym przypadku nie decydowały względy polityczne, ale stan gospodarstw rolnych, jakość gruntów oraz ich przydatność do planowanej przed przekazaniem w ręce niemieckich osadników komasacji. „Aktion Saybusch" rozpoczęła się w nocy z 21 na 22 września 1940 r. od wysiedlenia mieszkańców Jeleśni, położonej około 15 kilometrów na południowy wschód od Żywca. Ponad 800 jej mieszkańców, jedynie z podręcznym bagażem, po wstępnej selekcji pod kątem rasowym, poprzez obóz przejściowy w Żywcu załadowano do wagonów kolejowych i wywieziono do Łodzi. Stamtąd skład 24 września pojechał w kierunku Generalnego Gubernatorstwa. Ten smutny los spotkał łącznie około 15 000 Polaków z Żywiecczyzny. Finalny transport z wysiedlonymi do Generalnego Gubernatorstwa wyjechał ostatniego dnia stycznia 1941 r.

W rejencji ciechanowskiej pierwsze masowe wysiedlenia nastąpiły w maju i czerwcu 1940 r. i dotknęły od 11 000 do 12 000

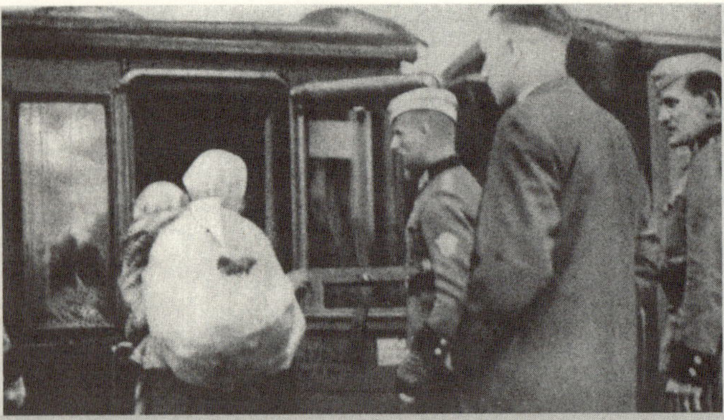

Każda prowincja okupowanej Polski miała swój oddzielny plan przesiedlania Polaków. Na Żywiecczyźnie miała miejsce „Aktion Saybusch". Do dziś zachowała się niezwykle szczegółowa dokumentacja fotograficzna akcji.

osób. Podczas tak zwanej akcji mławskiej, między 10 a 20 listopada 1940 r., wysiedlono jeszcze do Generalnego Gubernatorstwa 10 700 Polaków. Był to właściwie już schyłek planowanych akcji przesiedleńczych. Jeszcze do marca 1941 r. Niemcy wypędzili z Okręgu Gdańsk-Prusy Zachodnie i Kraju Warty ponad 30 000 Polaków. Od 16 marca tego roku władze Generalnego Gubernatorstwa, powołując się głównie na trudności ekonomiczne i problemy związane z przygotowaniami do wojny z ZSRR, zaprzestały przyjmowania dalszych transportów z polskimi wysiedleńcami.

Ostatnia duża akcja wysiedleńcza na ziemiach przyłączonych do III Rzeszy odbyła się w 1944 r., kiedy to wysiedlono z Kraju Warty około 65 000 Polaków.

Pilnujący gestapowiec nie pozwala ruszyć niczego

Inną formą przymusowych wysiedleń Polaków z będących ich własnością mieszkań bądź gospodarstw było „rugowanie", polegające na przemieszczeniu ludności w obrębie danej jednostki terytorialnej: miasta, dystryktu bądź prowincji. Wypędzone polskie rodziny otrzymywały wówczas lokum zastępcze (o znacznie gorszym standardzie) bądź kierowane były do obozów przesiedleńczych. W skrajnych przypadkach wyrzuceni nie otrzymywali mieszkań zastępczych i zmuszeni byli mieszkać kątem u rodziny lub znajomych bądź zdać się na łaskę obcych dobrych ludzi. W samym tylko powiecie żywieckim swoje rodzinne domy straciło w ten sposób około 8000 Polaków. W Kraju Warty, według danych władz okupacyjnych, liczba wyrugowanych do października 1944 r. wyniosła ponad 194 000 osób. Na Pomorzu miało to być około 30 000 Polaków.

Swoje mieszkanie na rzecz niemieckich osadników straciła rodzina Barbary Kowalskiej z Dąbrowy Górniczej. Kowalscy otrzymali w zamian mocno zaniedbane pożydowskie mieszkanie na poddaszu jednej z kamienic, wyposażone jedynie w stary, żelazny piecyk, tak zwaną kozę. O jakichkolwiek udogodnieniach w postaci elektryczności czy bieżącej wody można było zapomnieć. Pani Barbara tak zapamiętała dzień wysiedlenia:

> *Przy stole cała moja rodzina: mama, tatko, starsza siostra i ja. Spożywamy posiłek. Słychać tupot żołnierskich butów, a potem łomot do drzwi. Dwaj uzbrojeni hitlerowcy kierują w nas lufy karabinów i donośnym „raus" wypędzają z mieszkania. I już jesteśmy na podwórzu. Na stole pozostał niedokończony obiad, w ustach nieprzełknięte kęsy, przerażenie na twarzach, łzy w oczach. Z okien naszego mieszkania spadają na ziemię – jedna po drugiej – książki z bezcennej, rodzinnej, od pokoleń przekazywanej biblioteki, portrety rodzinne, albumy ze zdjęciami. Pilnujący gestapowiec nie pozwala – pod karą śmierci – ruszyć niczego. Nie można ocalić nic z tego, co tak bliskie i drogie. [...]*
>
> *Płonie stos, spopielają się karty ukochanych książek rodziców, języki ognia pochłaniają twarze z fotografii. Nigdy nie dane mi było zobaczyć, jak rodzice moi byli „mali", „więksi", jak sobie przysięgali, jak wyglądali moi przodkowie... [...] W ten oto sposób ludzie zmuszeni zostali do zwolnienia mieszkania dla „nadludzi"*[3].

W podobnych okolicznościach straciła swój majątek rodzina Bartkiewiczów z Płońska, w których masarni, w pierwszych dniach okupacji, tak chętnie robili zakupy niemieccy żołnierze. Ich dom przejął w listopadzie 1940 r. komendant miejscowej żandarmerii. Masarnia została zlikwidowana, a jej wyposażenie – zagarnięte przez okupantów. Był to mocny cios dla Bartkiewiczów, którzy stracili w ten sposób źródło utrzymania. Rodzina po wyrugowaniu mieszkała dalej w Płońsku, w różnych wynajętych pokojach. Jerzy Bartkiewicz wspomina, jak wyglądało życie takiego „wysiedleńca":

> *Gdy Niemcy odebrali nam całe nasze dobro – dom, warsztat, wszystkie urządzenia – było nam bardzo ciężko. Nic nie mieliśmy. Ojciec, pamiętam, zbił z desek prycze, przykrył słomą, i na tym żeśmy sypiali. Ubrania, które mieliśmy, pomału się rozpadały, więc w końcu ubrać się nie było w co, bo wszystko się wydarło. Pamiętam, że szynele szkolne, z których wyrośliśmy, mama przerabiała na kurteczki dla nas. Butów też nie było, już na wiosnę 1941 roku nie miałem w czym chodzić, więc chodziłem w drewniakach, bo tylko takie buty przysługiwały Polakom*[4].

Wrzucano ich do rowu i dobijano...

Miejscem masowych wysiedleń ludności polskiej stało się również Generalne Gubernatorstwo. Największe rozmiary akcja wysiedleńcza przybrała na Zamojszczyźnie, w dystrykcie lubelskim, w przedwojennych powiatach biłgorajskim, hrubieszowskim, tomaszowskim i zamojskim. Rejon ten według niemieckich założeń miał stać się punktem wyjścia dla kolonizacji obszarów położonych jeszcze bardziej na wschód, zdobytych w zwycięskiej wojnie ze Związkiem Sowieckim, oraz poligonem doświadczalnym dla wypróbowania założeń Generalnego Planu Wschodniego, przewidującego długofalową eksploatację podbitych ziem słowiańskich i eksterminację bądź deportację 30 000 000 ich dotychczasowych mieszkańców. Heinrich Himmler zarządził rozpoczęcie akcji na 20 lipca 1941 r. W teren ruszyli wówczas historycy i etnografowie, którzy mieli za zadanie przeprowadzić spisy demograficzne w celu „znalezienia niemieckiej krwi", czyli potomków pruskich osadników, osiedlonych tam na przełomie XVIII i XIX wieku.

Nadzór nad akcją sprawował SS-Obergruppenführer Friedrich Krüger, wyższy dowódca SS i policji w Generalnym Gubernatorstwie. Bezpośrednim realizatorem zbrodniczych zamierzeń był zaś SS-Gruppenführer Odilo Globocnik, dowódca SS i policji w dystrykcie lubelskim.

Pierwszy, próbny etap wysiedleń rozpoczął się 6 listopada 1941 r. Objęto nim siedem wsi w pobliżu Zamościa: Huszczkę Małą, Huszczkę Dużą, Wysokie, Dulniki, Białobrzegi, Bortatycze i Zawadę. Wypędzono wówczas z domów ponad 2000 osób, wśród których około 30% stanowili Ukraińcy, było również kilka rodzin żydowskich. Na ich miejscu osiedlono Niemców z krajów bałtyckich. W trakcie działań niemiecka żandarmeria masowo ograbiała wysiedlonych, których później umieszczono w powiecie hrubieszowskim, w opłakanych warunkach. Podczas surowej zimy najsłabsi, chorzy czy niedostatecznie odziani umierali. Zwieńczeniem tej pierwszej fazy wysiedleń był uroczysty bankiet, jaki zafundowały sobie władze okupacyjne w Lublinie 21 listopada 1941 r. po posiedzeniu podsumowującym osiągnięte wyniki.

Akcja wysiedleńcza na Zamojszczyźnie na masową skalę ruszyła w nocy z 27 na 28 listopada 1942 r. i z kilkumiesięczną przerwą trwała do sierpnia następnego roku. Jej przeprowadzenie zaplanowano według następujących dyrektyw:

Dla dzieci do lat 10 miano stworzyć obozy przejściowe, z tym że dzieci uznane za wartościowe pod względem rasowym miały być odsyłane do Rzeszy i poddawane tam procesowi niemczenia. Polacy w wieku ponad 60 lat mieli być osadzeni w tak zwanych wsiach rentowych, natomiast masę wysiedleńców w wieku od 14 do 60 lat postanowiono po segregacji dzielić na trzy grupy. Do pierwszych dwóch miały być zaliczone osoby o nordyckich cechach rasowych – tych przekazywano by do dalszych badań w Łodzi. Od wyniku tych badań miało zależeć, czy dana osoba zostanie uznana za godną zniemczenia, czy też zaliczona do III względnie IV grupy – do obozów koncentracyjnych. Cały majątek wysiedlonych, z wyjątkiem ręcznego tobołka i 20 złotych na głowę, miał podlegać konfiskacie[5].

W powyższym zarządzeniu wprowadzono później pewne modyfikacje. Ponieważ na roboty do Rzeszy nie można było wysyłać dzieci poniżej 14. roku życia, podniesiono granicę wieku dzieci umieszczanych w obozach przejściowych do tej właśnie wartości. Do wsi rentowych, przeznaczonych dla wypędzonych mieszkańców często pożydowskich miejscowości w powiatach garwolińskim, siedleckim i mińskomazowieckim, kierowano także osoby w wieku niższym niż 60 lat, ale chore i osłabione fizycznie, oraz kobiety z małymi dziećmi.

Mieszkańcy wsi Bukowina w powiecie biłgorajskim zostali wysiedleni w końcowym etapie pacyfikacji Zamojszczyzny. Katarzyna Matraszek tak wspominała ów czas:

Rankiem 1 lipca 1943 roku Niemcy otoczyli szczelnie naszą wieś, która liczyła około 300 numerów, i wszystkich po kolei wypędzali z gospodarstw na drogę. Gestapowcy, żandarmi, Ukraińcy w służbie niemieckiej z bronią w ręku wpadali do domów i dając kilka minut na spakowanie najpotrzebniejszych rzeczy, nieco żywności, wyrzucali z domów, wrzeszcząc i popychając kolbami karabinów. W tym czasie w domu byli tylko moi bracia i ja z dziadkiem. Matka z najstarszą siostrą wygoniły krowy na łąkę pod las i widząc, co się dzieje we wsi, schroniły się w pobliskim zbożu, nadsłuchując odgłosów wystrzałów, krzyków i warkotów samochodów. My przerażeni i wystraszeni znaleźliśmy się z dziadkiem na środku drogi we wsi, gdzie spędzono całą ludność – przeważnie starców, dzieci i kobiety. [...]

W czasie spędzania nas na drogę zostało zabitych kilkunastu mężczyzn, którzy próbowali uciec lub schować się w zabudowaniach gospodarczych. Znaleźliśmy się w straszny upał na polnych drogach prowadzących do Zwierzyńca. Pędzono nas piechotą, nie dając wiele czasu na odpoczynek. Mój starszy brat ciągnął nas, jak mógł, ale przecież sam nie miał wiele siły. Siedemdziesięciokilkuletni dziadek ledwie szedł. Wielu ludzi padało – szczególnie starcy i dzieci. Wówczas wrzucano ich do rowu i dobijano. Dziadek bojąc się takiego losu, uprosił konwojenta, aby pozwolił młodszemu bratu i mnie wsiąść na furmankę. Mieliśmy szczęście – zgodził się[6].

Dla wysiedleńców utworzono obozy przejściowe w Budzyniu, Włodawie, Zamościu i Zwierzyńcu, gdzie mieszkańcy poddawani byli badaniom rasowym w celu posegregowania ich według wspomnianych wcześniej kategorii. Warunki, jakie tam panowały, urągały ludzkiej godności. W obozie w Zamościu rok spędził Mieczysław Czerniak, który tak wspominał to miejsce:

Przez cały czas mego pobytu przez ten obóz przeszło kilkadziesiąt tysięcy Polaków, wśród których byli starcy, kobiety, dzieci i niemowlęta. Widziałem takie wypadki, że w czasie transportu ludności wysiedlonej z wioski do obozu kobiety rodziły w samochodzie. W czasie takiego porodu Niemcy nie udzielali pomocy rodzącej, a pomoc tę rodząca otrzymywała od przygodnych współtowarzyszy niedoli. Niemcy nie pozwalali kobiety tej wraz z dzieckiem, o ile dziecko żyło, przenieść do szpitala obozowego. Musiała ona czekać w baraku przejściowym nr 5 do rejestracji, często dwie doby. Przeważnie takie kobiety i dzieci umierały. Chorych wysiedlonych Niemcy nie przydzielali również od razu do szpitala obozowego. Barak szpitalny tym się różnił od innych baraków, że były tam łóżka piętrowe z siennikami, na których musiały się mieścić 3 osoby. Lekarstw i środków opatrunkowych była znikoma ilość, tak że chorzy nie otrzymywali pomocy. [...]

Akcje wysiedleńczą na Zamojszczyźnie cechował wyjątkowo tragiczny proceder rabunku polskich dzieci. Okupanci wywieźli z rodzinnych domów ponad 30 tys. dzieci, z czego część trafiła do obozów koncentracyjnych.

Wysiedlonym w obozie zabierano żywność, o ile mieli w większej ilości, odzież zaś i bieliznę pozostawiano. Najpierw, do czasu rejestracji, wysiedleni przebywali w baraku nr 5, tak zwanym baraku przejściowym. Trwało to często 2 doby. W baraku tym ludzie najwyżej mogli usiąść, o położeniu się wskutek ciasnoty nie było mowy. W tym czasie wysiedleni nie otrzymywali żywności. Rejestracja odbywała się w baraku nr 2, gdzie maszynistki spisywały personalia i stemplowały wszystkie dokumenty wyrazem „wysiedlony". Następnie przechodziło się do baraku 3 z literkami rejestracyjnymi, gdzie lekarz specjalista badał rasę. Tam się zaczynała segregacja. [...]

Następnie ludzie ci przechodzili do lekarza, który badał stan zdrowotny. Stąd przechodziło się do baraku nr 4, gdzie gestapowiec segregował na baraki, rozdzielając rodziny. Przeważnie dzieci z lepszym wychowaniem dawano pod opiekę starym, niedołężnym kobietom ze wsi w wieku 60–80 lat. Dzieci ludzi ze wsi przydzielano starym kobietom z domów inteligenckich. Często przy tym dochodziło do strasznych scen przy rozdzielaniu. Matki nie chciały oddać dzieci, wskutek czego gestapowcy bili je do utraty przytomności. Stąd Polacy na funkcji rozprowadzali tych ludzi do poszczególnych przydzielonych im baraków. Rodziny po rozdzieleniu nie mogły się już widzieć, gdyż baraki były oddzielone drutem kolczastym. W najgorszych barakach, tak zwanych końskich, byli umieszczeni starcy, dzieci i kalecy. Leżeli na ziemi, w błocie, które sięgało powyżej kostek. W takim baraku było do 1700 osób. Śmiertelność zaś sięgała do 30 osób dziennie.

Matka z dzieckiem nie mogła się widzieć. Gdy jednak podeszła do drutów, a zobaczył to kat obozowy Artur Schütz, komendant tego obozu, szczuł najpierw psem tę kobietę, a jak pies porwał całą jej garderobę, wtedy on podchodził i kopał nieszczęśliwą przeważnie do utraty przytomności. Schütz dobrze mówił po polsku, pochodził z Łodzi, tak jak i cały sztab obozowy. Przebierał się często po cywilnemu, chodził po obozie i podsłuchiwał, co ludzie mówią. Z zawodu był bokserem i gdy coś podsłuchał, bił pięścią w szczękę, a uderzony musiał się zwalić, choćby był najsilniejszy.

Dzieci i starców wysyłano do Siedlec. W baraku 12 przebywali ci, którzy byli przeznaczeni do obozu karnego. Początkowo o tym nikt nie wiedział. Ludzie z tego obozu początkowo byli wysyłani tylko do Oświęcimia. Później zaś do wszystkich innych obozów.

Rano dawano kawę bez cukru z chlebem po 12 dkg na osobę, na obiad zupę z kartofli zmarzniętych i brukwi, zaprawianą żytnią mąką bez tłuszczu, a kolacji często nie było, gdyż obiad był o 6 wieczorem. Kotły wystarczały na 1000 ludzi, a w obozie często przebywało do 16 000 ludzi. Początkowo Niemcy paczek dla wysiedlonych nie przyjmowali. Na wiosnę 1943 r. wydano zezwolenie, żeby poczta przyjmowała paczki i przywoziła do obozu. Paczki przeważnie wydawali Niemcy tym, dla których były przeznaczone. [...]

Warunki higieniczne w obozie były bardzo złe. Przy każdym baraku stał jeden wspólny ustęp i wszyscy wspólnie załatwiali się, kobiety, mężczyźni i dzieci. Ludzie w tym obozie byli we własnych ubraniach.

Za próbę ucieczki, lub za ucieczkę z obozu, Niemcy rozstrzeliwali Polaków. Zabity leżał następnie na placu i każdy musiał iść zobaczyć, przy tym Niemcy mówili, że każdego to spotka za próbę ucieczki. Gdy ktoś nie chciał iść do pracy, względnie gdy popełnił w mniemaniu Niemców jakieś przestępstwo, wszystkich ludzi spędzano z baraku na plac. Mężczyźni bez względu na pogodę, na mrozie, bez marynarek z gołą głową musieli stać często po pięć godzin. Były również wypadki, że Niemcy dla zabawy zabijali ludzi. Widziałem taki wypadek, że Niemiec przyprowadził ciężarną kobietę i zastrzelił ją. Takich wypadków było dużo. Z całego obozu dziennie wywożono od 10 do 45 osób zmarłych. I nie było dnia, żeby kogoś Niemcy nie zastrzelili. [...]

Transporty odbywały się nocą. Bez względu na pogodę wypędzano ludzi z baraku na plac, gdzie kierownik obozu wyczytywał nazwiska osób, które ustawiano w piątki. Później następowało zaopatrzenie w żywność. Transporty na Majdanek, do Siedlec i do Oświęcimia nie otrzymywały żywności. Ludzie wyjeżdżający do Niemiec otrzymywali po 2 kg chleba i 2 łyżki marmolady. Ludzi zaś z baraku 8 przydzielano do pracy na miejscu w Zamościu względnie do sąsiednich wsi. Miedzy innymi i ja zostałem przydzielony do Zarządu Miejskiego w Zamościu. Ludzi transportowano w wagonach bydlęcych po 100 osób w każdym. Drzwi zamykano i odrutowywano, z wyjątkiem tych wagonów, w których ludzie wyjeżdżali do Niemiec...[7].

Do Auschwitz trafiło 1301 wysiedleńców z Zamojszczyzny, obóz przeżyło tylko 229 osób. Między 9000 a 15 000 osób osadzono w KL Majdanek. Około 10–11% zginęło tam na skutek bardzo trudnych warunków bytowych.

Ogółem wysiedlenia z Zamojszczyzny objęły 293 wsie i około 110 000 Polaków. Wśród nich było około 30 000 dzieci, których los jest szczególnie tragiczny. Siłą odrywane od rodziców i pozbawione ich opieki, narażone na represje ze strony sadystycznych strażników obozowych, osłabione chorobami doznawały nieodwracalnych zmian w psychice. Wiele z nich padło ofiarami epidemii w obozach przejściowych, inne zmarły podczas transportów do tak zwanych wsi rentowych czy obozów koncentracyjnych. W jednym tylko transporcie do Pilawy w lutym 1943 r. zmarło około 500 polskich dzieci. W obozach koncentracyjnych niemieccy pseudouczeni dokonywali na nich zbrodniczych eksperymentów, część najmłodszych zmarła też w komorach gazowych. Według szacunków polskich historyków w następstwie akcji wysiedleńczych na Zamojszczyźnie śmierć poniosło około 10 000 polskich dzieci. Około 4500 wywieziono do Rzeszy w celu germanizacji.

Ostatnią wielką akcją wysiedleńczą w Generalnym Gubernatorstwie było wypędzenie około pół miliona mieszkańców Warszawy po upadku Powstania Warszawskiego w październiku 1944 r. Polacy w Generalnym Gubernatorstwie również byli rugowani ze swoich mieszkań i gospodarstw rolnych. Przejęte

Ostatnią wielką akcją przesiedleńczą był exodus ponad pół miliona warszawiaków po upadku powstania w październiku 1944 r. Większość z nich trafiła do obozu przejściowego w Pruszkowie, a następnie na roboty do Niemiec, do Generalnego Gubernatorstwa lub obozów koncentracyjnych.

w ten sposób nieruchomości służyły Niemcom jako pomieszczenia biurowe lub mieszkania pracowników rozrastającej się administracji okupacyjnej. Na wsiach wyrzucano chłopów z ziemi, którą przeznaczano pod budowę poligonów bądź która do nich przylegała. Przykładowo ze względu na budowę poligonu w Bliźnie, gdzie szkolono personel i dokonywano próbnych odpaleń pocisków V-1 i rakiet V-2, akcją wysiedleńczą objęto w latach 1940–43 36 miejscowości i około 24 000 ich mieszkańców.

Wsie uległy tam całkowitemu lub częściowemu zniszczeniu. Wiele budynków, szczególnie nowszych, zostało przez okupantów rozebranych. Pozyskany w ten sposób materiał posłużył do rozbudowy infrastruktury poligonu. Mieszkańcy wysiedlanych wsi byli w o tyle lepszej sytuacji, że jeśli stosowali się dobrowolnie do niemieckich zarządzeń, mogli zabrać ze sobą płody rolne, zwierzęta gospodarskie, wyposażenie domów, maszyny i narzędzia.

Wybitny znawca problematyki niemieckiej okupacji profesor Czesław Łuczak oszacował, że łączna liczba wypędzonych i wyrugowanych Polaków na wszystkich naszych ziemiach okupowanych przez Niemców wyniosła 1 710 000 osób. Niestety nie sposób jest dziś określić, ile z nich w następstwie niemieckich działań zginęło. Oprócz bezpośredniej eksterminacji podczas akcji wysiedleńczych wielu zmarło w transportach, w obozach bądź w miejscach przeznaczonych im przez okupanta do zamieszkania. Nawet tam, mimo pozornego bezpieczeństwa, ludzie umierali na skutek prymitywnych warunków sanitarnych lub z powodu traumy spowodowanej utratą ojcowizny czy też rozłąką z najbliższymi. To wszystko są przemilczane ofiary niemieckiej okupacji.

VIII / Przejęcie polskiego przemysłu

„Zajmowali się głównie
ciągnięciem zysków z mienia
i pracy Polaków"

Żaden podbity przez Niemców kraj w Europie nie został splądrowany i ograbiony na taką skalę jak Polska. Naziści już od 1936 r. z rozmysłem gromadzili szczegółowe dane na temat polskiej gospodarki. Bardzo pomocni byli w tym niemieccy naukowcy, którzy dla potrzeb Wehrmachtu sporządzili obszerne sprawozdania dotyczące potencjału przemysłowego Rzeczypospolitej, najważniejszych polskich przedsiębiorstw i ich wyposażenia technicznego, źródeł zaopatrzenia w surowce, stosowanych technologii czy wielkości produkcji. Wszystkie miały pomóc w ocenie przydatności potencjalnych zdobyczy do wzmocnienia potencjału wojennego III Rzeszy. Poszczególne koncerny niemieckie zawczasu zapewniły sobie możliwość udziału w przewidywanych łupach. Potężny I.G. Farbenindustrie AG, jeden z głównych sponsorów partii nazistowskiej, miał na przykład przejąć największe polskie zakłady chemiczne.

Wkraczające do Polski armie niemieckie dysponowały grupami technicznymi, które prowadziły inwentarz wszystkich zdobytych zakładów przemysłowych. Każda z grup liczyła około 200 specjalistów w danej dziedzinie. Wsparciem służyli również eksperci cywilni poszczególnych gałęzi niemieckiej gospodarki.

W początkowej fazie okupacji Niemcy skupili się na konfiskacie wszelkiego rodzaju surowców, półfabrykatów, wyrobów gotowych oraz maszyn i urządzeń – przekazywano je niemieckiej produkcji zbrojeniowej. Organizatorem tej akcji był oczywiście zwycięski Wehrmacht. W Łodzi znajdowała się siedziba sztabu pełnomocnika ds. ewidencji i wywozu, którym został mianowany generał major Robert Bührmann. Za transport również odpowiedzialne było wojsko. Zrabowane dobra wysyłano koleją do punktów rozdzielczych, zlokalizowanych na dużych stacjach kolejowych, skąd po inwentaryzacji, określeniu ich wartości i posegregowaniu według poszczególnych grup były wysyłane do magazynów i firm na terenie Niemiec.

Do początku listopada 1939 r. okupanci wywieźli z naszego kraju 10 000 wagonów kolejowych zdobyczy, między innymi maszyn rolniczych, mebli i żywności. Do lutego 1941 r. liczba ta wzrosła do 41 000 wagonów. Do lutego 1940 r. za naszą zachodnią granicę wyjechało też: 28 ton metali szlachetnych, 226 ton drewna korkowego, 349 ton kauczuku, azbestu i sadzy, 662 tony papieru i celulozy, 1056 ton surowców i wyrobów chemicznych, 3605 ton olejów przemysłowych i tłuszczów, 6029 ton przędzy i włókna. Ponadto do czerwca 1940 r. Niemcy wywieźli z ziem polskich 1093 tony tytoniu, a do sierpnia tego roku – 262 000 ton żelaza, stali i złomu. Zagrabionych zostało również 800 ton lnu, 5000 ton żywicy i 5 000 000 sztuk podkładów kolejowych.

Wartość samych surowców wywiezionych tylko z Generalnego Gubernatorstwa władze niemieckie oszacowały na 1 000 000 000 przedwojennych polskich złotych, co w bardzo dużym przybliżeniu można by przeliczyć na 10 000 000 000 dzisiejszych złotówek. Do tego trzeba doliczyć jeszcze wszystkie zagrabione materiały, które miały być wykorzystane na miejscu z korzyścią dla niemieckiej gospodarki. Do takich z pewnością należy zaliczyć śląski węgiel, przejęty na składach w ilości około 1 000 000 ton.

Oficjalną konfiskatę polskiego mienia nieruchomego władze niemieckie rozpoczęły już w pierwszych dniach wojny na terenie Wolnego Miasta Gdańska i na Śląsku. W pierwszej fazie przejęty miał być majątek państwowy: urzędów, instytucji publicznych, poczty, kolei, przedsiębiorstw przemysłowych. Decyzją władz wojskowych z 29 września 1939 r. wszystkie placówki gospodarcze na okupowanym terenie musiały mieć przydzielonego swojego Treuhändera, czyli niemieckiego powiernika, który administrował ich majątkiem.

Od połowy października 1939 r. wzrosło również zainteresowanie prywatnymi majątkami obywateli polskich: placówkami przemysłowymi, rzemieślniczymi i handlowymi. Zarządzono ich ewidencję i klasyfikację przed przejęciem w zarząd komisaryczny. Pojawiły się również centralne organy odpowiedzialne za grabież prywatnego i publicznego mienia polskiego. Najważniejszym z nich przez cały okres wojny był Główny Urząd Powierniczy Wschód (Hauptreuhandstelle, HTO), powołany 19 października 1939 r. przez Hermanna Göringa i jemu podporządkowany. Obszarem, na którym poprzez lokalne ekspozytury działał HTO, były ziemie polskie przyłączone do Rzeszy. Warto dodać, że w żadnym innym okupowanym przez Niemców kraju Europy HTO nie miał swojego odpowiednika, zarówno pod względem zakresu uprawnień, jak i tak dominującej roli w grabieży majątku podbitego narodu.

Dotychczasowy prywatny polski właściciel placówki gospodarczej zobowiązany był do jej zarejestrowania w lokalnym oddziale HTO, potem zaś był wywłaszczany i pod groźbą sankcji zmuszano go do opuszczenia nieruchomości. Odpowiedni Arbeitsamt, czyli niemiecki urząd pracy, wyznaczał mu wtedy nowe miejsce zatrudnienia. Zdarzały się sytuacje, że byli właściciele, zdegradowani do roli pracowników najemnych, zatrudniani byli we własnych firmach.

Majątek firmy przechodził na własność HTO, czyli *de facto* III Rzeszy. Zarządzał nim powiernik – mógł to być tylko Niemiec – który otrzymywał z tego tytułu wynagrodzenie wydzielane z majątku przejętego przedsiębiorstwa. Wszelkie wypracowane zyski zasilały konto HTO. Zarząd komisaryczny kończył się wraz z likwidacją lub sprzedażą jednostki gospodarczej. W tym drugim przypadku dokonywano tego z reguły na bardzo dogodnych warunkach i za ułamek wartości, a kupującymi były niemieckie prywatne i państwowe koncerny, czasem też – osadnicy. Takie postępowanie idealnie wpisywało się w nazistowską politykę germanizacji ziemi.

Niektóre małe polskie firmy padały też ofiarami tak zwanych dzikich konfiskat. Rodzina Remligerów z Sochocina koło Płońska prowadziła od 1928 r. jedyną w miejscowości restaurację. Bywali w niej często Niemcy, zamieszkujący dość licznie okolicę, i to właśnie jeden z nich przejął restaurację, usunąwszy z niej prawowitych właścicieli. Edward Remliger wspomina kulisy tej bezprawnej kradzieży:

Cały budynek wraz z wyposażeniem zajął kolonista niemiecki z Sochocina, volksdeutsch Buksztaler, i to on zaczął prowadzić naszą restaurację. Z mieszkania też nas wyrzucili.

– Macie się wyprowadzić, i koniec.

Nie było dyskusji. W przybudówce obok naszego domu było mieszkanie po zmarłych wcześniej starszych ludziach, Wojnarowskich. W tym mieszkaniu nawet podłogi nie było, tylko takie gliniane klepisko. Tam nas wyrzucili[1].

Wspomniano tu o zajęciu nie tylko restauracji, ale i całego majątku Remligerów. Takie postępowanie w stosunku do osób prywatnych było powszechne od pierwszego dnia wojny. Uczestniczyli w nim żołnierze Wehrmachtu, SS, żandarmi, funkcjonariusze partyjni, volksdeutsche... Rekwizycji podlegały pojazdy mechaniczne i części do nich, benzyna, sprzęt elektryczny i radiowy, meble, maszyny do pisania, sprzęt kuchenny, artykuły higieniczne, chemikalia, odzież, jedzenie. Niektóre niemieckie jednostki wojskowe wystawiały kwity rekwizycyjne, na podstawie których teoretycznie można było ubiegać się o odszkodowanie za zarekwirowane mienie. Nikt jednak takich odszkodowań nie wypłacał. Było to więc zwykłe, niczym nieuzasadnione, bezprawne złodziejstwo.

Smutne jest to, że takie „okazje" wykorzystywali również nasi rodacy, koniunkturalnie odkrywający i wyzyskujący swoje niemieckie korzenie. Marian Piłkowski wspomina sytuację z miejscowości Grudusk na terenie rejencji ciechanowskiej:

Niemcy zaczęli germanizować nasze tereny już w 1940 r. Pomieszczenia Kasy Stefczyka i „Rolnika" oddali Niemcowi o nazwisku Wiktor Górski.

Zmienił on później nazwisko na Wiktor Berger i założył duży sklep tekstylny. Byli to zniemczeni Polacy, władający językiem polskim – Polacy z reguły byli witani: „Co polskie świnie sobie życzą"[2].

W Generalnym Gubernatorstwie, w odróżnieniu od ziem wcielonych, całkowitym wywłaszczeniem objęto tylko ludność żydowską. Konfiskacie uległ również majątek należący do państwa. Niektórzy polscy obywatele teoretycznie zachowali swoje przedsiębiorstwa, ale przydzielono do nich niemieckich powierników, którzy mieli decydujący wpływ na wszystkie sprawy związane z działalnością firm. Hans Frank utworzył tu 15 listopada 1939 r. odrębny od HTO Urząd Powierniczy przy Urzędzie Generalnego Gubernatora, mający swoją siedzibę w Krakowie.

Niemieckie koncerny na „zakupach" w Polsce

Decyzje o przyszłości kluczowych zakładów przemysłowych w okupowanej Polsce zapadły na przełomie 1939 i 1940 r. Zgodnie z nimi obiekty na ziemiach przyłączonych do III Rzeszy, na których znajdowała się zdecydowana większość polskiego potencjału przemysłowego, miały zostać włączone w skład koncernów niemieckich. Niemcom szczególnie zależało na jak najszybszym gospodarczym zintegrowaniu tych ziem z resztą Rzeszy. W Generalnym Gubernatorstwie, które początkowo planowano ogołocić z przemysłu, miały podjąć produkcję tylko fabryki zbrojeniowe, pozostałe przeznaczono do stopniowej likwidacji.

Przejęcie polskich kopalni i hut przez niemiecki przemysł nastąpiło bardzo szybko. Na zdjęciu szyb „Georg" kopalni Eminenz (późniejsza kopalnia Gottwald w Katowicach). W czasie okupacji w kopalni zatrudniano jeńców wojennych z okolicznych obozów.

W praktyce jednak Niemcy prowadzili demontaże w jednych przedsiębiorstwach, a rozbudowywali inne.

Po zajęciu Śląska tamtejsze kopalnie i huty natychmiast stały się obiektami zainteresowania niemieckich firm. Pod zarządem komisarycznym HTO znalazły się polskie koncerny przemysłu górniczo-hutniczego: Wspólnota Interesów Górniczo-Hutniczych SA i Huta „Pokój" Śląskie Zakłady Górniczo-Hutnicze SA. Pierwsza z nich była największym przedsiębiorstwem w przedwojennej Polsce. W grudniu 1939 r. należące do niej kopalnie węgla zostały przejęte przez Reichswerke „Hermann Göring" AG. Był to państwowy koncern niemiecki, powstały w 1937 r. i częściowo sfinansowany z podatków nałożonych na prywatny przemysł. W krótkim czasie, dzięki wchłonięciu na ziemiach zajętych przez III Rzeszę wielu przedsiębiorstw z branży górniczej, stalowej i maszynowej, stał się jednym z największych konglomeratów w Europie.

Należące również do Wspólnoty Interesów huty „Królewska" w Chorzowie i „Laura" w Siemianowicach włączone zostały ostatecznie do Berghütte z Cieszyna. Ten potężny koncern, utworzony przez okupanta na Górnym Śląsku w 1941 r., wchłonął jeszcze huty „Katarzyna", „Milowice" i „Puszkin" oraz walcownię rur i odlewnię żeliwa „Hr. Renard" w Sosnowcu. Stan posiadania Berghütte powiększył się później dodatkowo o odkupione od HTO 12 kopalń Towarzystwa Górniczo-Przemysłowego „Saturn" z Czeladzi. Zależna od Berghütte była też spółka Königs und Bismarckhütte AG, w której skład wchodziły między innymi huty: „Bismarckhütte" w Chorzowie, „Florian" w Świętochłowicach, „Bankowa" w Dąbrowie Górniczej, „Silesia" w Świętochłowicach i „Zygmunt" w Bytomiu.

Drugim niemieckim koncernem skupiającym przejęte polskie przedsiębiorstwa na Śląsku był Oberhütten Vereinigte Oberschlesische Hüttenwerk z siedzibą w Gliwicach. Należały do niego huty „Pokój" w Rudzie Śląskiej, „Ferrum" w Katowicach, Towarzystwo Sosnowieckich Fabryk Rur i Żelaza oraz ponad połowa udziałów w Zjednoczonych Fabrykach Maszyn, Kotłów i Wagonów „L. Zieleniewski i Fitzner-Gamper" SA, jednej z najstarszych firm przemysłu maszynowego w Polsce, znanej między innymi z budowy monitorów rzecznych dla Polskiej Marynarki Wojennej.

Nowoczesna Pierwsza Fabryka Lokomotyw w Polsce „Fablok" SA z Chrzanowa, gdzie powstała choćby słynna „Luxtorpeda", została przejęta przez przedsiębiorstwo Henschel & Sohn z Kassel, producenta parowozów, samochodów, samolotów i czołgów.

Duże i nowoczesne poznańskie zakłady „Hipolit Cegielski Spółka Akcyjna" już 1 listopada 1939 r. zostały sprzedane Deutsche Waffen und Munitionswerke (DWM) z Karslruhe za 11 000 000 marek. W tym samym mieście znajdowała się również znana fabryka czekolady „Goplana". Zarządca komisaryczny administrował nią do września 1940 r., kiedy została sprzedana za 626 000 marek niemieckiej firmie Kaisers Kaffeegeschäft. Tej samej, której znaki graficzne umieszczano dla zmylenia gapiów na wielu mobilnych komorach gazowych.

Na włączonych do III Rzeszy okupowanych ziemiach polskich nieźle obłowił się koncern I.G. Farbenindustrie AG, który jeszcze we wrześniu 1939 r. objął w komisaryczny zarząd trzy największe polskie fabryki barwników. Fabryka w Woli Krzysztoporskiej, będąca własnością wybitnego chemika doktora Maurycego Szpilfogela, została przejęta jako mienie żydowskie.

Nie została jednak uruchomiona, a część wyposażenia zakładu wywieziono. Pod „opiekuńcze" skrzydła koncernu dostały się również zakłady „Boruta" ze Zgierza, zakupione od HTO za najniższą możliwą cenę – 5 000 000 marek.

Łupem niemieckich firm padły także polskie stocznie. Stocznię Marynarki Wojennej na Oksywiu przemianowano na filię przedsiębiorstwa Gutehoffnungshütte z Oberhausen. Stocznia gdyńska została przejęta przez Deutsche Werke Kiel AG z Kilonii i stała się jej oddziałem jako Werk Gotenhafen.

Wojenna historia kilku płockich zakładów maszyn rolniczych, z połączenia których po wojnie powstała Fabryka Maszyn Żniwnych

Łupem niemieckiej pazerności padły także polskie stocznie. Na fotografii szef sztabu SA Viktor Lutze (z lewej) zwiedzający Stocznię Gdańską w 1940 r.

produkująca między innymi słynne kombajny Bizon, doskonale ilustruje postępowanie Niemców względem przejętych przedsiębiorstw znajdujących się na terenach przyłączonych do Rzeszy.

W Płocku przed wojną istniały trzy niewielkie zakłady zajmujące się produkcją maszyn rolniczych, należące do Mojżesza Szyje Sarnego, Maurycego Marguliesa i Anioła Urbańskiego. Dwa pierwsze przedsiębiorstwa, jako mienie żydowskie, zostały skonfiskowane przez Niemców około 10 września (Płock zajęty został przez wojska niemieckie 9 września). Trzeci zakład okupanci przejęli 28 lutego 1940 r. Wszystkie zakłady zlokalizowane były blisko siebie. Niemcy połączyli je w jedno przedsiębiorstwo: Landmaschinen Fabrik Plock Maschinen-Industrie. Na potrzeby nowej firmy zarekwirowano również prywatne posesje, które pierwotnie oddzielały tereny między przedsiębiorstwami. W tym samym czasie przejęty został także warsztat należący do Stefana Suskiego. Z racji jego większego oddalenia od Landmaschinen Fabrik Plock Maschinen-Industrie do zakładu przekazano tylko jego maszyny.

Tak powstałe przedsiębiorstwo podzielono na trzy wydziały, odpowiadające przedwojennym stosunkom własnościowym i utrzymujące ich profil produkcji. W trzecim wydziale, jako majster, pracował dotychczasowy polski właściciel Anioł Urbański.

Jerzy Stefański, wieloletni pracownik Fabryki Maszyn Żniwnych i regionalny płocki publicysta, tak opisuje stosunek niemieckiego kierownictwa do zakładu i jego polskich pracowników:

Dyrektorami (Verwalter) w Maschinen-Industrie byli kolejno: inż. Kluge, Börstinghaus, Cuhls i inż. Gruber. Wszyscy oni byli ludźmi, którzy

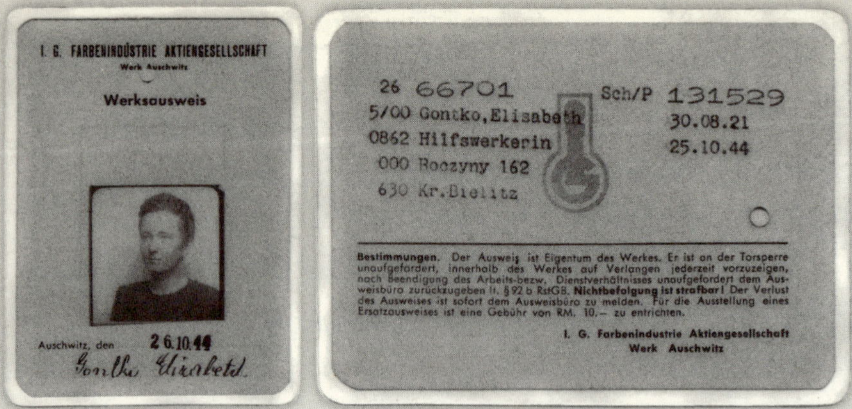

I. G. Farbenindustrie AG obłowiło się nie tylko na przejęciu największych polskich zakładów chemicznych, ale również dzięki niewolniczej pracy Żydów i Polaków.

przyjechali do Polski na odżywienie i wzbogacenie się. Podczas pobytu w Płocku zajmowali się głównie ciągnięciem zysków z mienia i pracy Polaków, dlatego inne sprawy traktowali marginesowo. Mieli do pomocy ludzi, przeważnie wyrzutków społeczeństwa, ograniczonych i bezwzględnych. Takim był Kipper, zwany powszechnie „psem" Klugego, członek SA. Jego nieodłącznym atrybutem była dębowa pałka, którą bił Polaków, stąd nazywano go także „Holzhammer".

[...] Następcą Klugego, który wyjechał z Płocka na inny bardziej intratny obiekt, został Börstinghaus, z zawodu handlowiec, będący pod silnym wpływem swojej przyjaciółki, która praktycznie rządziła także zakładem, wykorzystując dla osobistych celów ciężką pracę Polaków[3].

Cuhls, jeden ze wspomnianych tu dyrektorów, był spowinowacony z Erichem Kochem, nadprezydentem Prus Wschodnich, w skład których (dzięki przynależności do rejencji ciechanowskiej) wchodził Płock. Wykorzystując swoją uprzywilejowaną pozycję, przyłączył on do zarządzanego przez siebie przedsiębiorstwa kolejną polską firmę – stocznię rzeczną w Płocku.

Po napaści Niemców na Związek Radziecki produkcja na potrzeby rolnictwa w Landmaschinen Fabrik Plock Maschinen-Industrie została ograniczona, zwiększono zaś zlecenia realizowane na rzecz niemieckiej armii. Zakłady zajęły się wytwarzaniem między innymi granatów ręcznych, elementów łodzi desantowych, sań wojskowych, opancerzonych przyczep czołgowych i generatorów na gaz drzewny. Ponadto w budynkach jednego z wydziałów powstał duży warsztat remontowy dla pojazdów.

Niemieckie firmy w Generalnym Gubernatorstwie

W Generalnym Gubernatorstwie 24 stycznia 1940 r. wydane zostało najważniejsze zarządzenie dotyczące konfiskaty majątku obywateli polskich, tak zwana Ordynacja Konfiskacyjna. Określała ona, które organy administracji państwowej, Wehrmachtu, SS i Policji Bezpieczeństwa są do zawłaszczania uprawnione. Uprzywilejowaną pozycję w tej materii miał Hans Frank, przezywany mianem „króla polskiego". Początkowo jednak, na skutek różnych koncepcji dotyczących wykorzystania zajętych terenów i ze względu na ścieranie się interesów czołowych nazistowskich prominentów, w polityce gospodarczej Generalnego Gubernatorstwa panował chaos. W zamysłach władz tereny te miały mieć wyłącznie rolniczy charakter. Ponieważ nie przewidywano podjęcia tam produkcji, wszelkie zdatne do wykorzystania maszyny i urządzenia były rabowane.

Z samej Warszawy w latach 1940–1941 wywiezionych zostało 700 wagonów maszyn.

Zakłady Starachowickie, wiodący producent artylerii dla Wojska Polskiego, zostały początkowo ogołocone z urządzeń przemysłowych. Podobnie stało się z nowoczesnymi, oddanymi do użytku tuż przed wojną Zakładami Południowymi w Stalowej Woli, największą i sztandarową inwestycją Centralnego Okręgu Przemysłowego. Po tym jak zapadła decyzja o wznowieniu produkcji, ponownie wyposażono je w brakujące maszyny. Zarząd nad obu zakładami, poprzez firmę Stahlwerke Braunschweig, sprawował koncern Reichswerke „Hermann Göring" AG.

Nad Hutą Częstochowa, będącą przed wojną własnością Zjednoczonych Zakładów Górniczo-Hutniczych Modrzejów-Hantke SA, pieczę objął Hugo Schneider Aktiengesellschaft Metallwarenfabrik (HASAG) z Lipska, jeden z czołowych niemieckich koncernów zbrojeniowych. Firma ta specjalnie chyba upatrzyła sobie Częstochowę. W 1942 r. zakupiła tu również zakłady włókiennicze Peltzera, których maszyny zostały wywiezione w głąb Rzeszy, w budynkach zaś podjęto produkcję amunicji. Niemal identyczna sytuacja miała miejsce w przypadku zakładu lniarskiego „Warta". Fabryka kontynuowała produkcję pod niemieckim zarządem do momentu wyczerpania surowców w 1943 r. Wtedy maszyny włókiennicze usunięto i HASAG zaczął w tym zakładzie produkować amunicję. We władaniu firmy z Lipska znajdowała się również od końca września 1939 r. największa polska wytwórnia amunicji – Państwowa Fabryka Amunicji w Skarżysku-Kamiennej.

W zarządzie komisarycznym znalazła się także warszawska fabryka Philipsa, gdzie produkowano w trakcie wojny środki łączności dla U-Bootów. Krakowskie Zakłady Sodowe Solvay zostały przekształcone w Ostdeutsche Chemische Werke GmbH. Od 1940 r. przez cztery lata pracował tu Karol Wojtyła, przyszły papież Jan Paweł II.

Do przejęcia innych znaczących polskich przedsiębiorstw w Generalnym Gubernatorstwie powołana została w październiku 1940 r. firma Werke des Generalgouvernements. Podlegała jej Państwowa Fabryka Związków Azotowych w Mościcach pod Tarnowem. Budowa tego zakładu – inicjatorem jego powstania był prezydent Ignacy Mościcki – była jedną z największych inwestycji w II Rzeczypospolitej. Inne przedsiębiorstwa, które weszły w skład Werke, to między innymi Niedomickie Zakłady Celulozy, Zakłady Elektryczne w Mościcach i Żyrardowskie Zakłady Przemysłu Lniarskiego.

Niemiecki Wehrmacht przejął z kolei Państwowe Zakłady Inżynierii „Ursus", Państwową Wytwórnię Prochu i Materiałów Kruszących w Pionkach oraz zakłady lotnicze PZL WP-2 w Mielcu i PZL WS-2 w Rzeszowie.

Zakłady w Mielcu stały się zapleczem remontowym dla Luftwaffe. Jako goniec pracował tam 12-letni wówczas Ryszard Ratajczak, któremu w pamięć zapadł zwłaszcza komendant tamtejszego Werkschutzu, czyli niemieckiej straży fabrycznej, nazwiskiem Patzek:

Był to podobno jakiś sudecki Czech. Było to wyjątkowo niemieckie bydlę. Cieszył się i śmiał, jak abiturient domu dla psychicznie chorych, kiedy idąc korytarzem, mógł kogoś zawrócić za to, że nie powiedział mu „dzień dobry", i dać parę razy po twarzy. Jeżeli nie zdjęto przed nim czapki, zawracał, brał do swojego pokoju i bykowcem strącał czapkę, a kiedy uderzony pochylał się, bił po plecach. I tak mógł powtarzać tę „naukę" po kilka razy dziennie[4].

Oczywiście wyżej wymieniono tylko przykładowe polskie przedsiębiorstwa przejęte początkowo przez urzędy powiernicze, a później przez koncerny niemieckie. A przecież były jeszcze tysiące innych małych i dużych firm: sklepy spożywcze, przemysłowe i odzieżowe, cukiernie, warsztaty rzemieślnicze, składy budowlane, tartaki, hotele, restauracje... Do końca wojny Główny Urząd Powierniczy Wschód skonfiskował na ziemiach wcielonych ponad 200 000 polskich i żydowskich przedsiębiorstw wraz z należącymi do nich urządzeniami i towarami. Wartość całego tego mienia można oszacować nawet na od 12 000 000 000 do 14 000 000 000 przedwojennych polskich złotych, a więc lekko licząc 140 000 000 000 w dzisiejszej walucie! Jedna ciechanowska ekspozytura HTO do końca 1942 r. przejęła 2058 zakładów przemysłowych, 3015 warsztatów rzemieślniczych i 523 sklepy; z tej liczby 1100 firm przekazano Niemcom. Do końca wojny planowano zwiększyć liczbę przekazywanych przedsiębiorstw pięciokrotnie.

Na mniejszą skalę działał urząd powierniczy w Generalnym Gubernatorstwie. W 1942 r. w jego zarządzie znajdowało się 1659 zakładów przemysłowych, 1036 handlowych i rzemieślniczych, 49 185 nieruchomości i 2600 majątków ziemskich. Między 1939 a 1942 r. skonfiskowanych zostało także około 217 000 żydowskich sklepów i zakładów rzemieślniczych, z których ponad 100 000 zostało natychmiast zamkniętych.

Je się to, co się ma, a nie to, co by się chciało

W lecie 1941 r. w ręce Niemców wpadły również polskie Kresy, okupowane od września 1939 r. przez ich dotychczasowego sojusznika, ZSRR. Ziemie te przed wojną odstawały gospodarczo od reszty naszego kraju. Znajdowało się tu około 27% przedsiębiorstw II Rzeczypospolitej. Dwuletnia sowiecka okupacja w sposób zasadniczy przeobraziła panujące na wschodzie stosunki gospodarcze. Większe firmy i handel znacjonalizowano, rzemiosło zostało zrzeszone w artele, rozpoczął się również proces kolektywizacji rolnictwa. Nowi okupanci najpierw musieli się więc uporać z „reformami" przeprowadzonymi przez Sowietów.

Galicję Wschodnią (przyłączoną jako dystrykt do Generalnego Gubernatorstwa) oraz Okręg Białostocki (w składzie Prus Wschodnich) w dłuższej perspektywie Niemcy zamierzali zgermanizować, co skutkować miało rozbudową tamtejszej infrastruktury gospodarczej. Kiedy wojna przybrała niekorzystny dla okupanta obrót, plany te zostały zrewidowane, a głównym priorytetem stała się maksymalna eksploatacja zajętych ziem. Pozostałe tereny włączono do Komisariatu Wschód i Komisariatu Ukraina.

Mienie państwa polskiego, Kościoła katolickiego oraz osób deportowanych w latach 1940–1941 przez sowieckie służby zostało uznane za niczyje. Również na wschodzie działały urzędy powiernicze, a poszczególne jednostki gospodarcze zarządzane były przez niemieckich komisarzy.

Na Kresach dominował przemysł związany z przerobem drewna i metali oraz produkcją materiałów budowlanych, a także przemysł tekstylny. Jednak potencjalnych niemieckich inwestorów odstraszały bliskość frontu, stosunkowo uboga infrastruktura terenowa i względnie duża liczba operujących tu oddziałów partyzanckich.

Najważniejszą zdobyczą w tym rejonie Polski okazało się dla III Rzeszy zagłębie naftowe w rejonie Drohobycza i Borysławia. To stąd tuż przed wojną pochodziło nawet 70% naszego rocznego wydobycia ropy naftowej, szacowanego na ponad pół miliona ton. W 1936 r. działało tu 7 dużych spółek i 227 innych, mniejszych przedsiębiorstw powiązanych z przemysłem naftowym. Instalacje wydobywcze i rafinerie, na skutek szybkich postępów Wehrmachtu, zostały zajęte praktycznie w stanie nienaruszonym i produkcję wznowiono jeszcze w 1941 r. Eksploracją tych złóż zajmowało się początkowo konsorcjum Beskiden-Erdol-Gewinnungs-Aktiengesellschaft in Jaslo, nadzorujące także zdobyte przez Niemców jeszcze w 1939 r. kopalnie ropy naftowej w powiecie gorlickim, przekształcone potem w Karpathen Öl A.G. Dzięki wydobyciu ropy w Galicji Niemcy w 3–4% zaspokajali swoje potrzeby na materiały pędne. Choć wydaje się, że to niewiele, rejon ten zaczął nabierać coraz większego znaczenia dla gospodarki wojennej Rzeszy, zwłaszcza po nieudanej próbie zajęcia złóż roponośnych na Kaukazie.

Warunki pracy w poszczególnych firmach były mocno zróżnicowane. W innej sytuacji znajdowali się robotnicy zatrudnieni w przedsiębiorstwach w całości przejętych przez Niemcy, a w innej – pracujący pod zarządem powierniczym. W tym drugim przypadku to od Treuhänderów zależały warunki socjalne i płace załogi zakładu. Niektórzy z nich zapisali się w pamięci Polaków dość pozytywnie:

Fabryka (Monopol Tytoniowy przy ulicy Kaliskiej 1) zatrudniała 2000 ludzi pracujących na trzy zmiany. Produkowano tu papierosy na rynek wewnętrzny, ale przede wszystkim dla Wehrmachtu. Oczywiście pod komisarycznym zarządem niemieckim. Co pewien czas jakiś zdrajca zawiadamiał gestapo o dokonywanych kradzieżach, ale komisarz

Polskie zagłębie naftowe w rejonie Drohobycza i Borysławia przekształcono w Karpathen Öl A.G., które szybko zaczęło odgrywać znaczącą rolę w rozwoju przemysłu III Rzeszy.

(Austriak) zawsze informował polskie kierownictwo zakładu o mającym nastąpić „nalocie". Wszyscy posiadający coś „trefnego" natychmiast chowali to do niedostępnych skrytek[5].

Z reguły warunki pracy Polaków w zakładach przejętych przez Niemców były nieporównywalnie gorsze od warunków zapewnianych pracownikom niemieckim pracującym na tych samych stanowiskach. Dotyczyło to zarówno płacy, jak i różnych świadczeń dodatkowych. Dowodem jest choćby poniższy opis dotyczący warszawskich Państwowych Zakładów Tele- i Radiotechnicznych „Dzwonkowa" produkujących pod niemiecką okupacją sprzęt łączności i amunicję:

W fabryce urządzono stołówkę. Dla Polaków gotowano kaszę jęczmienną bez kartofli, bardzo słabo okraszoną, albo brukiew, do tego ćwiartka czarnego chleba, prawie surowego. Ludzie zmuszali się do jedzenia. W stołówce wywieszono plakat z napisem: „Je się to, co się ma, a nie to, co by się chciało". Volksdeutsche natomiast mieli w tej stołówce miejsce oddzielne. Dostawali zupy gotowane na mięsie, kotlety, desery.

Niemcy bardzo przestrzegali dyscypliny pracy, a wynagrodzenie za prace było niskie. Tak więc zarabiałem miesięcznie po potrąceniu podatków 185 zł. Dawali jeszcze wódkę. To zależało od wykonanej pracy – pełen deputat – 4 butelki, pół deputatu – 2 butelki. Jeżeli robota nie była na czas wykonana, to nic nie dawali[6].

Na ziemiach przyłączonych do Rzeszy kiepska płaca i złe warunki pracy były głównymi powodami wpisywania się ludzi na niemiecką listę narodowościową.

Proszę Pana o bezzwłoczne wpłacenie zaległych rat

Na ziemiach wcielonych do Rzeszy władze okupacyjne skonfiskowały wszystkie polskie i żydowskie wkłady bankowe. Odtąd wypłat mogli dokonywać tylko Niemcy. Ponadto konfiskacie uległy przechowywane w bankowych sejfach depozyty: obce waluty, papiery wartościowe i biżuteria. Niemcom szczególnie zależało na dewizach, stąd już od 3 września 1939 r. na poszczególnych terenach okupowanych wprowadzono zakaz obrotu zagranicznymi walutami i złotem oraz bezwzględny obowiązek przekazywania ich władzom niemieckim. Obowiązkiem tym później objęto wszystkie przyłączone do Rzeszy terytoria.

Polskie placówki bankowe zostały najpierw poddane zarządowi powierniczemu, a następnie zlikwidowane. Mienie ruchome tych banków przejmowały różne instytucje niemieckiej administracji, natomiast same nieruchomości wystawiano na sprzedaż. Nabywcami z reguły były niemieckie instytucje bankowe. Główny Urząd Powierniczy Wschód do końca 1941 r. skonfiskował i sprzedał 32 banki, 200 kas oszczędności i 378 towarzystw kredytowych.

Wartość samych papierów wartościowych skonfiskowanych ze znajdujących się na ziemiach wcielonych oddziałów Banku Handlowego SA, jednej z największych przedwojennych polskich instytucji finansowych, wynosiła prawie 20 000 000 złotych. Do tego dochodziły depozyty o wartości około 800 000 złotych i zagrabiona gotówka w kwocie ponad 300 000 złotych. Zrabowane waluty trafiły do Deutsche Bank.

Zarządy powiernicze banków podjęły również działania w celu jak najszybszego ściągnięcia zobowiązań finansowych od przedwojennych kredytobiorców. W przypadku oddziałów Banku Handlowego SA w Katowicach, Cieszynie, Poznaniu i Sosnowcu udało się uzyskać tą drogą 6 000 000 złotych. Było to jednak wyłącznie rozstrzygnięcie jednostronne, godzące w polskich obywateli: zmuszeni do uregulowania wszelkich długów wobec okupacyjnych instytucji, sami zostali pozbawieni prawa do dochodzenia swoich roszczeń w stosunku do niemieckich wierzycieli.

Przykładem działań, jakie zostały podjęte podczas okupacji w stosunku do polskich banków na ziemiach wcielonych, może być historia Banku Spółdzielczego w Płońsku:

Dopiero w listopadzie 1939 r. do budynku weszli Niemcy z upełnomocnionym ich przedstawicielem. Ten przejął instytucję i przeprowadził między innymi kontrolę kasy, z której pobrał 12 tysięcy złotych w gotówce oraz papiery wartościowe. Zarówno gotówka, jak i inne walory zostały wywiezione do Königsberga, będącego stolicą Prus Południowo-Wschodnich, do których wcielona została rejencja ciechanowska. W skład tej rejencji wchodził między innymi powiat płoński.

Jednocześnie zarządzone zostało ściąganie należności zaległych i bieżących od przedwojennych pożyczkobiorców. W 1940 r. wysłano do nich – nawet uprzejmie – pisma, których fragment w tłumaczeniu na język polski brzmiał: „Zadłużenie Pana w Banku Spółdzielczym zostało rozłożone na raty, które mimo upływu terminu płatności nie zostały zapłacone. Proszę Pana o bezzwłoczne wpłacenie zaległych rat". Podpis złożył pełnomocnik do likwidacji spółdzielni polskich w powiatach płońskim i sierpeckim. Do końca 1941 r. udało się Niemcom wyegzekwować od ludności polskiej kwotę 178 998,86 zł. Sumę tę wywieziono również do Königsberga.

Nazwa Banku została zmieniona na „Raiffeisen-Bank Plöhnen", a inne instytucje kredytowe w Płońsku, noszącym niemiecką nazwę Plöhnen, oraz powiecie stały się filiami banku o tej samej nazwie bądź zostały zamknięte[7].

W placówkach bankowych Generalnego Gubernatorstwa wprowadzono szereg obostrzeń, jednak tu dopuszczono działalność banków polskich. Ograniczono przede wszystkim możliwość wypłacenia przedwojennych wkładów, zwanych „starymi", do 20% ich wysokości, i to w kwocie nie większej niż 100 złotych tygodniowo. Za to bez limitów można było wypłacać wkłady „nowe", tj. ustanowione już podczas okupacji (nie dotyczyło to Żydów).

Ponadto w listopadzie i grudniu 1939 r. niemieccy urzędnicy wydali właścicielom zawierających depozyty kasetek bankowych nakaz ich otwarcia. W przypadku gdy właściciel się nie zgłosił, otwierano skrytkę po prostu siłą. Złoto i dewizy podlegały przymusowemu wykupowi po urzędowych cenach, niemających nic wspólnego z rzeczywistą wartością.

Należy również wspomnieć o grabieży mienia należącego do związków wyznaniowych i zrzeszeń religijnych. Dotyczyło to miejsc niebędących obiektami kultu religijnego ludności niemieckiej. W pierwszym okresie konfiskacie uległy majątek i nieruchomości żydowskich gmin wyznaniowych. Następnie przyszła kolej na dobra należące do Kościoła rzymskokatolickiego. Największe rozmiary miały te działania na terenach przyłączonych do

Akcja konfiskaty i palenia obiektów kultu religijnego przez Niemców miała podwójne znaczenie – nie oznaczała jedynie krzywdy materialnej.

III Rzeszy. W Kraju Warty spośród istniejących tam 1720 kościołów i kaplic 1200–1300 zostało zamkniętych, a około 200 zniszczonych bądź rozebranych. Z tego około 500 obiektów przeznaczono na magazyny, w których zgodnie z rabunkową gospodarką okupanta składowano zagrabione Polakom przedmioty. Podobnie, choć na mniejszą już skalę, sytuacja przedstawiała się na pozostałych terenach zaanektowanych. Natomiast w Generalnym Gubernatorstwie, poza początkowym okresem wkroczenia wojsk niemieckich, kiedy to dochodziło do rekwizycji i okradania kościołów, zamykanie ich i wykorzystywanie do innych celów było stosunkowo rzadkie.

IX / Rabunek na polskiej wsi

„Zarządzenie w sprawie kontyngentów stosowane było z całą bezwzględnością”

Polskie gospodarstwa rolne na ziemiach wcielonych do III Rzeszy podlegały rekwizycji na równi z przedsiębiorstwami przemysłowymi. Rejestracją, ewidencją i konfiskatą majątków prywatnych gospodarstw rolnych zajmował się początkowo wyłącznie urząd Reichsführera SS, a w jego obrębie – komisarz Rzeszy do spraw umacniania niemieckości (RKF). Nad mieniem państwowych przedsiębiorstw rolnych pieczę sprawował znany nam już Główny Urząd Powierniczy Wschód – HTO. Na przełomie 1939 i 1940 r. do struktur RKF włączony został Centralny Urząd Ziemski (ZBA), który odegrał główną rolę w przejmowaniu polskiego majątku rolnego. W lutym 1940 r. powstało natomiast Wschodnioniemieckie Towarzystwo Gospodarowania Ziemią (Ostland), w lipcu 1942 r. przekształcone w Towarzystwo Rzeszy dla Gospodarowania Ziemią (Reichsland), instytucjonalnie powiązane z osobą Reichsführera SS. Himmler uzyskał więc dominującą pozycję w procesie konfiskaty majątków rolniczych na ziemiach włączonych do Rzeszy.

Ostland dysponował oddziałami w stolicach poszczególnych rejencji, którym z kolei podporządkowane były filie powiatowe. Każda miała swojego agronoma, któremu podlegało pięciu agronomów gminnych. Ci ostatni nadzorowali 10–20 gospodarstw rolnych, gdzie podejmowali decyzje w zakresie struktury upraw i hodowli zwierząt, a także zastosowania nawozów chemicznych oraz kontrolowali sposób i jakość wykonywanych prac. Doradzali również w kwestiach technicznych.

Należy wiedzieć, że szykując się do uderzenia na Polskę, Niemcy skrupulatnie przeanalizowali stan polskiego rolnictwa – w końcu nasz kraj miał stać się zapleczem surowcowym i głównym spichlerzem Tysiącletniej Rzeszy. Przedmiotem badań niemieckich specjalistów były warunki upraw, wysokość zbiorów, powierzchnie poszczególnych upraw, pogłowie bydła i trzody chlewnej, odmiany roślin i rasy zwierząt. Nazistowskie władze zdawały sobie sprawę, że nasze rolnictwo w stosunku do niemieckiego jest zacofane. Polskie gospodarstwa rolne były rozdrobnione, przeważały w nich archaiczne metody upraw o niewielkim stopniu zmechanizowania, małym zużyciu nawozów sztucznych i co za tym idzie: niskich plonach. Samych polskich rolników zaś określano jako ludzi leniwych, skłonnych do pijaństwa, nieumiejących racjonalnie gospodarować. Ten niekorzystny stan miał oczywiście ulec zmianie wraz z objęciem ich niemieckim nadzorem, konfiskatą mienia i przekazaniem go przesiedleńcom bądź działającym na ich rzecz spółkom.

Przejęcie gospodarstw rolnych postępowało wolniej niż przejmowanie zakładów przemysłowych. Niemcy obawiali się zakłócenia produkcji rolnej. Zdarzało się, że po wysiedleniu polskich właścicieli pod nadzorem agronoma pracowała ich dotychczasowa służba. Były właściciel mógł stać się również robotnikiem najemnym w skonfiskowanym mu gospodarstwie. Tak się stało z rodziną Stefana Palucha z Wojkowic Kościelnych w Zagłębiu Dąbrowskim, który wspominał:

> *Bauerzy szybko poczuli się panami. Pozabierali cały inwentarz żywy, maszyny i narzędzia rolnicze, nam została para królików, bo ich nie znaleźli, ale słoma w stodółce okazała się także ich własnością. Drobne narzędzia rolnicze i gospodarskie pospisywali jako też już swoją własność.*
>
> *[...] Okazało się, że nasz dom, pole przy domu i my (rodzice ze mną) należymy do jednego bauera Seidel Friedricha osiedlonego na Kuźnicy Warężyńskiej 19, w domu Sobczyka Konstantego i Kunegundy Chmielewskiej. Nasz inwentarz przydzielono innemu bauerowi, Sturokos Michaelowi osiedlonemu na Kuźnicy Warężyńskiej 22, w domu Gwoździa Józefa. Pozostałe nasze kawałki ziemi, zgodnie z nowym podziałem, przypadły jeszcze innym bauerom. Średnio jednemu bauerowi przydzielono około 12,5 hektara ziemi*[1].

Duże, przeszło stuhektarowe majątki rolne zarządzane były przez odrębnych kierowników. Pozostali na nich Polacy traktowani byli jak gospodarze, choć ich grunty po wywłaszczeniu w świetle „prawa" już do nich nie należały. Być może utrzymywano ich nawet w nieświadomości co do takiego stanu rzeczy. Dawny polski właściciel mógł być w każdej chwili wyrzucony ze swojego majątku, gdy tylko agronom powziął co do niego podejrzenia, że sabotuje swoje obowiązki, a gospodarstwo nie jest dość wydajne. Wówczas na jego miejsce mógł przyjść inny Polak, z którym zawierano na poły fikcyjną umowę ustną, lub Niemiec, z którym z kolei zawierano umowę pisemną, nie na dłużej jednak niż na dwa lata.

Jednym z administrowanych przez władze okupacyjne majątków rolnych była państwowa instytucja Ognisko Kultury Rolnej i Zakład Doświadczalny w Poświętnem koło Płońska. Przed wojną pracowano w nim nad stworzeniem nowych odmian roślin dla polskiego rolnictwa. Obszar majątku liczył ponad 600 hektarów, z czego 500 stanowiły grunty orne. Stanisław Żochowski, syn jednego z pracowników ośrodka, tak wspominał jego funkcjonowanie i organizację pracy pod niemieckim zarządem:

Po paru tygodniach [...] przyszedł nowy dyrektor. Nazywał się Kral (imienia nie pamiętam). Był volksdeutschem [...]. Nowy dyrektor lubił trzy zajęcia: igraszki z kobietami, picie wódki i jazdę konną. Dotrzymywał mu

VERORDNUNG

betreffend die Verpflichtung zum landwirtschaftlichen Ernte- und Felddienst.

§ 1.

Jedermann ist verpflichtet auf Aufforderung der zuständigen deutschen Behörden landwirtschaftliche Ernte- und Feldarbeiten zu verrichten. Das eigenmächtige Verlassen landwirtschaftlicher Arbeiterstellen ist verboten.

§ 2.

Wer der in § 1 genannten Aufforderung nicht Folge leistet, oder dem in § 1 ausgesprochenen Verbot zuwiderhandelt, wird als Saboteur erachtet und dementsprechend mit Zuchthaus oder mit dem Tode bestraft.

§ 3.

Die erforderlichen Durchführungsbestimmungen erlassen die deutschen Land- und Stadtkommissäre.

§ 4.

Die Verordnung tritt sofort in Kraft.

O. U., den 30. September 1939.

Für den Oberbefehlshaber:
Der Chef der Zivilverwaltung.

ROZPORZĄDZENIE

dotyczące obowiązku służby rolnej, robót żniwnych i polnych.

§ 1.

Każdy jest zobowiązany na żądanie przynależnej władzy niemieckiej, roboty rolne wykonywać. Samowolne opuszczenie miejsc robót rolnych jest wzbronione.

§ 2.

Kto w § 1 wspomnianego żądania nie posłucha, albo działa wbrew zakazowi wspomnianemu w § 1, będzie winnym sabotażu i odpowiednio ukarany ciężkim więzieniem albo karą śmierci.

§ 3.

Potrzebne zarządzenia do przeprowadzenia tego, wydadzą niemieccy komisarze wiejscy i miejscy.

§ 4.

Powyższe rozporządzenie nabywa natychmiast prawo mocy.

M. P. dnia 30. września 1939.

Za Naczelnego Wodza:
Szef Zarządu Cywilnego

Przejęcie polskiego rolnictwa było dla Niemców kluczowe od samego początku wojny. Polscy rolnicy nie mieli wyboru: karą za niedostosowanie się do okupacyjnych rozporządzeń była śmierć.

w tym towarzystwa jego kolega. Moje mieszkanie znajdowało się sto metrów od jego dworku. Słychać było doskonale w nocy krzyki pijanego damsko-męskiego towarzystwa. Śpiewy, strzały z broni, czasem wyzwiska – schwein itp. (świnia) po polsku i niemiecku, ucieczki kobiet. Był oficerem kawalerii, jeździł konno, miał szpicrutę i gdy był jeszcze podpity, bali się go robotnicy, a szczególnie dzieci. Rządził około roku. Po nim przyjechał z żoną Artur Krüger z Prus Wschodnich. Niskiego wzrostu, grubawy, spokojny, powolny.

[...] Obaj niemieccy dyrektorzy mieli jedną wspólną cechę: wyznawali zasadę, że nic nie może się zmarnować, że każdy musi pracować (jeder muss arbeiten), by właśnie nic się nie zmarnowało. Im więcej rąk do pracy, tym szybciej zbierze się plony, ucieknie przed niepogodą. W gospodarstwie dla każdego, niezależnie od wieku i siły, znajdzie się odpowiednia praca.

[...] Majątkiem kierował dyrektor Niemiec, podlegał mu inspektor Feliks Malicki, a pracę ludzi w polu nadzorowali karbowi polowi. O 7.00 rozlegał się dzwonek [...]. Robotnicy przechodzili koło dzwonka i otrzymywali zadania do wykonania. Ten sam dzwonek wzywał nas do roboty po przerwie obiadowej o godz. 13.30. Robotę w polu wykonywaliśmy zazwyczaj w grupach pod nadzorem karbowego, natomiast zadania o zasadniczym znaczeniu, na przykład uprawa roli, siewy, żniwa, zwózka itp., wykonywali końmi fornale.

Pruskie władze [...] i dyrektor Zakładu w ciągu kilkunastu miesięcy zlikwidowali dział doświadczalny [...]. Cała ziemia została przeznaczona pod masową uprawę kartofli i zbóż. Zaniechano rozmnażania odmian polskich, wprowadzając na ich miejsce niemieckie, jako – zdaniem kierownictwa – plenniejsze i bardziej odporne na choroby. Kartofle wysyłano przede wszystkim do rolników pruskich, a zboża, szczególnie pszenicę, na teren całych Niemiec. Rocznie kilka tysięcy kwintali. W czasie okupacji Poświętne wzbogaciło się o kilka maszyn. Najistotniejszym zakupem był traktor Lanz Buldog „sagan"[2].

Niemcy sporo zainwestowali w celu zwiększenia produkcji roślinnej i zwierzęcej na terenach wcielonych do Rzeszy. Do końca 1942 r. rolnictwo otrzymało około 200 000 maszyn. Propagowano stosowanie nawozów i chemicznych środków ochrony roślin, a także uprawę bardziej wydajnych odmian. Sprowadzano zwierzęta gospodarskie, by odbudować hodowle, które poniosły uszczerbek podczas działań wojennych. Naciskano na zwiększenie oferty szkół i kursów rolniczych. Wszystko to była jednak rzecz jasna oferta dla Aryjczyków, a nie pozbawionych ojcowizn Polaków.

Do 1 lipca 1942 r. na ziemiach wcielonych do Rzeszy skonfiskowanych zostało prawie 9000 gospodarstw rolnych o łącznej powierzchni upraw przekraczającej 9 000 000 hektarów. W rękach Polaków pozostały gospodarstwa najmniejsze, na które nie było „popytu" wśród niemieckich osadników. Choć i w tym przypadku dokonywano komasacji i ustanawiano nowy podział gruntów dla zapewnienia nowym niemieckim gospodarzom jak najkorzystniejszych warunków osiedlenia. Wszystkie te działania miały na celu maksymalne wykorzystanie zdobytych terytoriów, przemodelowanie ich struktury gospodarczej i utworzenie zaplecza rolniczego dla potrzeb III Rzeszy. Wobec Polaków, których pozostawiono na gospodarstwach, stosowano różnorakie restrykcje, jak choćby te w rejencji ciechanowskiej:

Wydano kartki na mięso: głodowe racje zmuszały ludność do szukania środków zastępczych, rozwijał się nielegalny ubój zwierząt. Niemcy, obojętnie, w jakie uniformy byli ubrani, jako rządcy świata na każdym kroku nas, Polaków, kontrolowali. Na przykład sprawdzali, co gospodyni domu gotuje w garnkach. Jeżeli zobaczyli nieostemplowane mięso – spotykała rodzinę czy osobę pracującą w kuchni jedna kara – kara śmierci. Jeżeli znaleźli większą ilość mięsa lub całego świniaka, to stosowali tę samą karę, karę śmierci. Z tym że podawali te wyroki – dla zastraszenia ludności – w postaci obwieszczeń. Nazwiska i adresy skazanych drukowano czerwonymi czcionkami. Oj, ileż to tych plakatów trzeba było przeczytać.

Rolnik miał kartę przemiałową na mąkę. Na jedną osobę miał prawo wymienić co miesiąc 10 kilogramów mąki. Były to racje niewystarczające. Zdobywano więc mąkę różnymi drogami: poprzez podwójną wymianę w młynie tego samego dnia, przez mielenie zboża w żarnach i młynkach od kawy. Ze zbóż przygotowywano kawę zbożową. Za posiadanie żaren też była tylko jedna kara – kara śmierci.

Wolno było hodować kury, jednakże każda z kur musiała znieść 255 jaj rocznie, które trzeba było odstawić do punktu skupu. W okresie marzec–czerwiec ustawiały się kolejki przed urzędem gminnym z padłymi kurami. Komisarz podejrzewający właścicieli kur o ich nagminne zabijanie nakazał je pokazywać i grzebać w ogródku tuż przy zabudowaniach gminnych. Cierpliwi Polacy jednego dnia grzebali kury, a następnego odgrzebywali je i zabierali do użytku, bowiem nie chcieli wywiązywać się z kontyngentu.

Całe zboże należało odstawić. Wolno było pozostawić tylko to pod zasiew pól i wymianę na mąkę. [...] Według planów niemieckich, krowy również miały dawać określoną ilość mleka, które należało odstawić do mleczarni. Nie były jednak objęte cyfrowym wymiarem ilości mleka. Widocznie niemieccy urzędnicy nie wierzyli krowom polskim. Ustanowiony przez Niemców tak zwany gospodarz gminy – Józef Dawid miał kontrolować dostawców mleka, czy odstawiają całe pozyskane mleko. Niemiec jeździł nocami po obszarze gminy, kontrolował, bił, zsyłał do obozów koncentracyjnych, oddawał rolników w ręce gestapo lub pod doraźne sądy, które stosowały jeden wymiar kary – karę śmierci.

Liczył więc Dawid kury, szukał żaren w różnych zakamarkach zabudowań lub bagien nadrzecznych. Ponad trzymetrowej długości szpikulcem metalowym dźgał stogi słomy. Sprawdzał żłoby końskie, czy rolnicy nie żywią koni zbożem. Węszył wszędzie[3].

Przymusowe dostawy – kontyngenty – na ziemiach wcielonych, gdzie praktycznie wszystkie gospodarstwa rolne znalazły się w rękach niemieckich, były stosunkowo niewysokie. Ich rozmiar zależał od jakości gleby i panujących w danym roku warunków atmosferycznych. Jednak nawet takie obciążenia były i tak mocno dolegliwe dla maksymalnie eksploatowanej przymusową pracą i głodzonej ludności polskiej.

Niestety dane dotyczące zebranych świadczeń na rzecz niemieckiego okupanta są fragmentaryczne. Wynika z nich, że kontyngenty w roku 1943/44 miały obejmować: 55 000 ton jęczmienia, 63 000 ton owsa, 135 600 ton trzody chlewnej, a w roku 1944/45 łącznie 2485 ton zbóż. Tylko z rejencji ciechanowskiej w okresie od 26 września do 25 października 1944 r. wysłano 5950 ton produktów rolniczych. Ponadto w ciągu czterech miesięcy drugiego półrocza 1944 r. wywieziono stamtąd 37 057 koni, 38 570 sztuk bydła, 6056 sztuk trzody chlewnej i 26 659 owiec.

Na ziemiach wcielonych na polskich chłopów nakładano jeszcze szereg innych obowiązków. Zmuszano ich między innymi do świadczenia na rzecz niemieckich kolonistów szarwarku, czyli wykonywania prac polowych własnymi końmi i bez wynagrodzenia na należących do Niemców gruntach. Również kobiety zmuszone były służyć u Niemców i pomagać im w pracach domowych. Najbardziej chyba kuriozalnym przedsięwzięciem okupacyjnej administracji było koszenie trawy zimą 1942 r. na jednym z niemieckich poligonów koło Ciechanowa – autorem tego pomysłu był ciechanowski landrat (starosta). Niezależnie więc od panujących warunków atmosferycznych dziesiątki przemarzniętych mężczyzn, opatulonych kocami i chustami, kosiło wówczas wystające spod śniegu chwasty.

Mieszkańcy wsi zmuszeni byli również trzymać nocną straż. W zamyśle Niemców wartownicy mieli ostrzegać przed pożarami, umyślnymi podpaleniami bądź kradzieżą. Każdej więc nocy

Już w styczniu 1940 r. władze okupacyjne narzuciły polskiej wsi kontyngenty, czyli limity obowiązkowych dostaw żywności. Niewywiązanie się z nich mogło mieć tragczne skutki.

wskazani przez wójta lub sołtysa mężczyźni (wyznaczani najczęściej po kolei, dom po domu) „uzbrojeni" w kije patrolowali wieś lub, gdy ta była duża, poszczególne jej odcinki. W przypadku, gdy coś by się zdarzyło, a strażnik tego nie zauważył, Niemcy, rzecz jasna, nie musieli szukać winnego – pilnujący odpowiadał swoim życiem.

Franciszek Wiśniewski był pracownikiem rolnym zatrudnionym u miejscowych rolników w gromadzie Brzeście w rejencji ciechanowskiej. Dorabiał również jako stały nocny strażnik tejże gromady, a na jego wynagrodzenie składali się okoliczni mieszkańcy, których w tej funkcji zastępował. W nocy z 12 na 13 marca 1944 r. pełnił wartę w towarzystwie dwóch innych rolników. W pewnej chwili w pobliżu wartowników pojawiła się bryczka. Ujrzeli w niej znanego z okrucieństwa komendanta żandarmerii z posterunku w sąsiednim Baboszewie – niemieckiego kolonistę Martina Konopkę – w asyście dwóch innych żandarmów. Franciszek Wiśniewski podniósł wówczas w górę żerdź, do której przymocowana była tabliczka z napisem „Warta". Sygnalizował w ten sposób, że Polacy przebywają w tym miejscu legalnie. W odpowiedzi posypały się strzały z broni automatycznej. Strzelał komendant Martin Konopka. Prawdopodobnie był pod wpływem alkoholu. Jeden z towarzyszy Franciszka Wiśniewskiego zginął na miejscu, drugi został lekko ranny. On sam otrzymał postrzał w biodro, brzuch i krocze. W ciężkim stanie został przewieziony przez miejscowego gospodarza do szpitala w Płońsku. Niestety zmarł tam następnego dnia około godziny szesnastej. Pozostawił żonę i osierocił sześcioro małoletnich dzieci.

Franciszek Wiśniewski był moim pradziadkiem.

Za niedostarczenie mleka do zlewni lub bydła na skup

Tereny wiejskie w Generalnym Gubernatorstwie pod względem gospodarczym były jeszcze bardziej zacofane niż te znajdujące się na zachodzie okupowanej Polski. Najliczniej występowały tu gospodarstwa o powierzchni do 10 hektarów, w których skupiało się około 70% z całości ziemi uprawnej. Kolejne pod względem wielkości były gospodarstwa liczące ponad 50 hektarów (11% ziemi). Najmniej występowało majątków rolnych o areale od 20 do 50 hektarów – zajmowały one około 3% ziemi. Niemcy opracowali więc projekt gruntowanej przebudowy polskiego rolnictwa i utworzenia całkiem nowego systemu agrarnego. Według początkowych planów podstawą rolnictwa miały być gospodarstwa o areale liczącym około 100 hektarów ziemi, znajdujące się oczywiście w posiadaniu niemieckim. Na szczęście jednak koncepcja ta na terenach Generalnego Gubernatorstwa, w przeciwieństwie do ziem wcielonych, w krótkim czasie nie byłaby możliwa do zrealizowania, dlatego odłożono ją w latach.

Pomimo to do końca 1941 r. w Generalnym Gubernatorstwie władze okupacyjne skonfiskowały 746 prywatnych i państwowych majątków ziemskich. W 1943 r. we władaniu Głównej Administracji Nieruchomości znajdowało się 2367 gospodarstw rolnych o powierzchni ponad 700 000 hektarów, a nie była to jedyna instytucja, w posiadaniu której znajdowały się skonfiskowane majątki. W latach 1942–1944 zagarniętych zostało ogółem kilkanaście tysięcy polskich gospodarstw.

Władze Generalnego Gubernatorstwa przez cały okres okupacji dążyły do zwiększania produkcji rolnej, co na skutek różnych czynników się nie powiodło. Mimo to Rzesza, wraz z rozszerzaniem się działań wojennych, żądała coraz to większych kontyngentów. Aby zaspokoić to zapotrzebowanie, administracja okupacyjna podjęła decyzję o przesyłaniu na zachód 27–28% prognozowanych zbiorów.

Obraz sytuacji polskich chłopów pod okupacją w Generalnym Gubernatorstwie zachował się we wspomnieniach Kazimierza Barcikowskiego, którego rodzina prowadziła gospodarstwo rolne we wsi Zglechów niedaleko Mińska Mazowieckiego. Barcikowski wspominał:

> *W stosunku do rolnictwa zastosowano swoisty podatek żywnościowy w postaci obowiązujących kontyngentów – dostaw na rzecz okupanta. Niewywiązywanie się z tych dostaw było zagrożone więzieniem, a ubój zwierząt rzeźnych nawet karą śmierci. Nie były to tylko pogróżki. Z moich okolic za niewykonywanie kontyngentów lub nielegalny ubój świń wysyłano rolników do obozu w Majdanku koło Lublina lub do Treblinki.*
>
> *Powszechną formą stosowaną przez Niemców były konfiskaty zwierząt w toku prowadzonych w obejściu gospodarstw przeróżnych kontroli. Praktyka działalności gospodarczej w latach okupacji dowiodła, że najsurowsze przepisy i kary nie przerwą obrotu o żywotnym znaczeniu dla ludności. Naprawdę znajdowano wyjście z sytuacji prawie bez wyjścia. W swoim gospodarstwie ojciec dostosował produkcję i zbyt do warunków okupacji. Pilnował, aby formalnie być w porządku wobec kontrolerów, a jednocześnie dysponować produktami na użytek własny i na rozliczne świadczenia w naturze. Wymagało to przeróżnych kombinacji.*
>
> *Niemcy wprowadzili ewidencję zwierząt hodowlanych i kolczykowanie sztuk zapisanych w rejestrze. Sztuka bez kolczyka, a więc*

swoistego dowodu tożsamości, podlegała konfiskacie. Szybko okazało się, że nikt tego nie jest w stanie skontrolować i nagminnie kolczyki ze zwierząt ubitych przenoszono na młode zwierzęta, pilnując tylko, by liczba sztuk w zagrodzie się zgadzała. Kiedy Niemcy zaczęli konfiskować zwierzęta bez wnikania w ewidencję, ojciec w budynkach inwentarskich zbudował kryjówkę, do której przenosiło się młode świnie na okres tuczu. Rozwiązanie było zaskakująco proste i służyło bez wpadki

Niemcy konfiskowali również zwierzęta hodowlane – by zapobiec nielegalnemu ubojowi, zaczęli skrupulatnie ewidencjonować bydło.

do końca okupacji. Trzeba było tylko pilnować, aby w momencie pobytu kontrolera w gospodarstwie świnie były napasione, bo głodne mogłyby dopominać się od niego o paszę.

W rozliczaniu dostaw kontyngentowych wytworzył się przemyślny system fałszowania ewidencji. Wysoka skuteczność tego systemu wiązała się z niszczeniem przez partyzantkę dokumentów w urzędach gminnych lub takim zagmatwaniem tej ewidencji przez urzędników, by nikt z niej nie mógł skorzystać. W ostatnich latach okupacji z naszego gospodarstwa otrzymywali Niemcy symboliczne ilości produktów. Wykorzystując szerokie znajomości ojca, zamiast dostarczać produkty, zakupowaliśmy kwity o dostawie. Uczestniczyłem w przeprowadzaniu tych operacji. Kupowane pokwitowania były tak dobre, że realizowaliśmy premie w towarach przemysłowych za rzekomą dostawę produktów rolnych. Ryzyko było wielkie, ale przecież jakoś trzeba było żyć. Niemcy obciążyli rolników obowiązkiem uprawy buraka cukrowego i innych kultur rolniczych. Pod te uprawy przydzielali nasiona i nawozy mineralne, a za dostawę na przykład korzeni buraka premiowali cukrem. Nagminna była praktyka obsiewania kulturami przemysłowymi powierzchni mniejszej od nakazanej i stosowania przydzielonych nawozów pod zboża.

[...] Rozbudowane powiązania w nielegalnym obrocie gospodarczym opierały się na różnego rodzaju świadczeniach wzajemnych. Ukształtował się swego rodzaju cennik za świadczone usługi. Przebywający we wsi kontroler – Polak czy Niemiec – oczekiwał sutego poczęstunku i paczki żywnościowej dla rodziny. Dostawał swoje bez szemrania, bo w całej wsi nie było ani jednego gospodarza, który by nic nie miał na sumieniu. Jeśli na kontrolę przyjeżdżała ekipa urzędników niemieckich, przyjęcie organizował sołtys, a składała się na to cała wieś[4].

Należy pamiętać, że żywność była wówczas swego rodzaju walutą. Rozwinął się czarny rynek, na którym wymieniano ją na dobra niedostępne na wsi, kupowano usługi rzemieślnicze. Ponadto służyła wsparciu rodzimej konspiracji. Gospodarstwo rolne w tych trudnych i niebezpiecznych czasach stało się również podstawą egzystencji i naturalnym oparciem dla bliższej i dalszej rodziny chłopów, której byt na skutek różnych zawirowań wojennych uległ zagrożeniu. Dlatego niepokorni gospodarze chwytali się każdego sposobu, byle tylko nie wywiązać się z narzuconego przez okupanta obowiązkowego świadczenia.

Czarny rynek kwitnął na okupowanej wsi. Tak zwane „paskarstwo" było więc wyjątkowo potępiane przez Niemców. Na zdjęciu „paskarz" z Końskiego.

Nie wszyscy oczywiście wykazywali się taką przebiegłością i mieli tyle samozaparcia co ojciec Kazimierza Barcikowskiego. Postawa urzędników ściągających okupacyjny haracz również nie zawsze była im przychylna. Napiętą atmosferę panującą we wsiach powiatu kolbuszowskiego, aż gęstą od wszechobecnego strachu i podejrzliwości, przybliżył Marian Piórek:

Powołano komisje kontyngentowe, w których skład wchodzili zwykle: wójt, właściciel ziemski, kierownik szkoły, sołtys i inni przedstawiciele znani mieszkańcom wsi. W większości ludzie ci, jako bezpośredni organ ograbiania wsi, byli znienawidzeni przez ludność. [...] Zarządzenie w sprawie kontyngentów stosowane było z całą bezwzględnością. W wielu przypadkach chłopi nie mogli wywiązać się

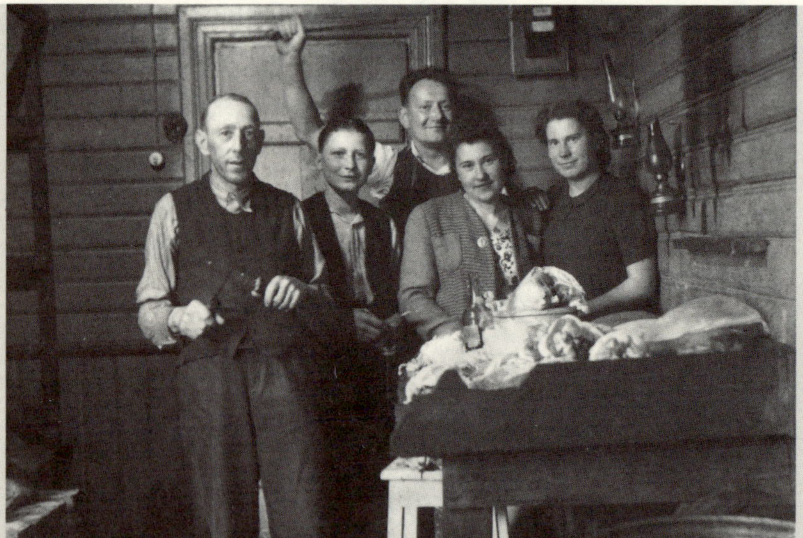

Nielegalny ubój mógł grozić nawet zesłaniem do obozu koncentracyjnego. Znaleźli się jednak śmiałkowie, którzy uwiecznili ten proceder na zdjęciach.

z narzuconego limitu. Często od kary śmierci ratowali ich sąsiedzi. Tak było w każdej gromadzie. Chłop nie próbował się nigdy usprawiedliwiać. Wymiatał ostatnie ziarno ze skrzyni w komorze, a gdy na kontyngent mu nie wystarczało, pożyczał od sąsiadów, aby uniknąć niebezpieczeństwa.

Żandarmeria i policja niemiecka nie wdawały się nigdy w pertraktacje z chłopami, zarówno gdy szło o kontyngent zbożowy, jak i mleczny czy mięsny. Za niedostarczenie mleka do zlewni lub bydła na skup – zabierano chłopom ostatnie krowy. Za zabicie cielęcia lub świni na swój użytek aresztowano lub rozstrzeliwano. Rodzaj wyroku zależał od żandarmów przeprowadzających rewizję. Każdorazowo za znalezioną nawet przypadkowo na terenie gospodarstwa skórę z cielaka, krowy, właściciel był natychmiast aresztowany lub zsyłany do obozu.

Od połowy października 1942 r., według ogłoszonych przez okupanta przepisów, za nielegalny ubój karano śmiercią. Na ten temat jest wiele zeznań od naocznych świadków, które wyraźnie dowodzą, w jakich warunkach chłopi zdołali wyżywić siebie i mieszkańców miast w czasie okupacji. Kilka kilogramów ziemniaków, mąki, słoniny, masła, a szczególnie mięsa okupione było długimi godzinami strachu i niepokoju. Ciągle trzeba było mieć się na baczności. Policja niemiecka, żandarmeria, granatowi policjanci raz po raz wpadali do chałupy, szukali i przetrząsali całe gospodarstwo, znajdując prawie zawsze ukryte, a zakazane do używania przedmioty jak: maselniczki, warsztaty tkackie, które po znalezieniu tłukli w kawałki. Mielenie ziarna, wyrób masła na własny użytek był surowo karany.

Zgodnie z rozporządzeniem gubernatorów poszczególnych dystryktów, przeprowadzono po gminach spędy bydła. [...] Kontrolerzy targownicy rekrutowali się najczęściej spośród zdemoralizowanych typów usługujących Niemcom. Często żądali od chłopów łapówek lub datków w naturze. Były sytuacje, że gdy administracja niemiecka otrzymała rozkaz dostarczenia kontyngentu mięsnego do Niemiec, brano na rzeź nawet maciory. Metody nieustannego dozoru i zastraszania, wprowadzone przez okupanta w życie z rozmysłem, powodowały często na wsi waśnie, spory, kłótnie, zazdrość. Były one często powodem donosicielstwa. Nielegalny ubój odbywał się nocą z obawy na grożące niebezpieczeństwo. Brakło tam na wsiach nie tylko mleka i tłuszczu, ale nawet mąki[5].

Kontrola i eksploatacja rolnictwa w Generalnym Gubernatorstwie znajdowała się w gestii Wydziału Głównego Wyżywienia i Rolnictwa. Gospodarstwa nadzorowane były przez agronomów powiatowych, którym podlegali agronomowie okręgowi. Dysponowali oni szerokimi prerogatywami, umożliwiającymi im w razie niewywiązania się danego rolnika z narzuconego kontyngentu konfiskatę należącego do niego majątku lub jego żywego inwentarza. Agronomowie mogli także przekazać chłopa w ręce gestapo, zarządzić chłostę, zsyłkę na roboty przymusowe lub nawet do obozu koncentracyjnego.

W niemieckim aparacie ściągania kontyngentów zatrudnionych było około 60 000 Polaków i Ukraińców. O tym, że wysługiwanie się Niemcom nie należy do rzeczy bezpiecznych, świadczy fakt, że tylko w ciągu dwóch letnich miesięcy 1943 r. 480 z nich zostało zlikwidowanych przez polski ruch oporu.

Początkowo ściągalność kontyngentów nie była najwyższa. W latach 1940–1941 Niemcom udało się ściągnąć zaledwie 13% przewidywanych zbiorów, czyli około połowy towarów określonych w założonych normach. Jednak z kolejnymi latami odnotowano progres i w latach 1943–1944 ściągalność wzrosła do 94%, i to przy nałożeniu na rolników jeszcze większych obciążeń z tytułu obowiązkowych dostaw. Zwiększeniu ściągalności służyły zarówno system nagród, jak i zaostrzenie kar. Chłopi, którzy wywiązywali się z dostaw, otrzymywali punkty premiowe, umożliwiające im zakup różnych produktów po cenach urzędowych, znacznie niższych niż te obowiązujące na wolnym (czarnym) rynku. Za punkty można było kupić tekstylia, artykuły żelazne, cukier, tytoń i, rzecz jasna, alkohol.

Metody ściągania kontyngentów stawały się coraz bardziej brutalne. Władze Generalnego Gubernatorstwa angażowały do tego szereg podległych sobie służb: policję, SS i Wehrmacht. W grudniu 1940 r. starosta powiatu Lublin raportował:

> *Aby uzyskać konieczny kontyngent zbóż chlebowych, przeprowadzono w jednej gminie akcję policyjną. Skonfiskowano 122 gospodarstwa rolne, a właścicieli ich skierowano do obozu pracy. Ponadto do obozu pracy wysłano dodatkowo 180 chłopów, którzy źle wywiązywali się z dostaw. Tym wszystkim chłopom w tej gminie, którzy nie wywiązali się z obowiązku dostaw mleka do mleczarni, skonfiskowano po jednej krowie mlecznej. Rezultaty tej akcji były nadzwyczaj dobre. Teraz gmina ta dostarcza w niektóre dni do 100 ton zboża. Także i na inne gminy powiatu akcja ta wywarła dobry skutek. Mimo to będzie konieczne po pewnym czasie ponowienie podobnej akcji policyjnej, aby nie występowały opóźnienia w dostawach*[6].

Chłopów skazanych za uchylanie się od kontyngentu często najpierw publicznie chłostano. Stosowano również inne środki represji: były to wysokie kontrybucje, zarówno pieniężne, jak i „w naturze", obejmujące wieś, gminę lub nawet kilkanaście gmin. Takie kary, szczególnie przymuszanie do przekazywania na rzecz okupanta bydła i trzody chlewnej, były dotkliwe zwłaszcza dla drobniejszych rolników i powodowały długotrwały niedostatek w rodzinach.

Łącznie władze okupacyjne w Generalnym Gubernatorstwie ściągnęły w ramach kontyngentów nie mniej niż przeszło 4 000 000 ton zboża, 4 500 000 ton ziemniaków, 2 800 000 ton buraków cukrowych, 698 000 000 litrów mleka. Do tego ponad 12 190 000 sztuk jajek i kilkaset tysięcy zwierząt rzeźnych. Są to dane niedoszacowane, ponieważ nie obejmują wszystkich podlegających przymusowym świadczeniom produktów rolnych. Ponadto nie uwzględniono tu prywatnych grabieży dokonywanych przez przedstawicieli sił okupacyjnych. W grudniu 1939 r. niemieckie władze potwierdziły, że do samego tylko Berlina napływało codziennie około 10 000 paczek z żywnością z okupowanej Polski. A proceder ten trwał przez całą wojnę. Oczywiście nie sposób ustalić, ile z tych paczek zawierało produkty skonfiskowane Polakom, a ile zakupione legalnie lub choćby na czarnym rynku. Jednak z uwagi na uprzywilejowaną pozycję, jaką posiadali niemieccy „nadludzie" w podbitym kraju, przesyłek wypełnionych kradzioną żywnością było z pewnością niemało.

Również w Generalnym Gubernatorstwie polscy chłopi musieli odrobić „pańszczyznę" na rzecz okupanta. Istniał przymus podwody, czyli dostarczenia zaprzęgu z wozem na każde wezwanie niemieckiego urzędnika, na przykład do wywózki drewna, transportu materiałów do budowy dróg, na potrzeby akcji policyjnych. W czasie zimy zmuszano gospodarzy do odśnieżania dróg.

Konfiskata produktów rolnych odbywała się również na Kresach Wschodnich. Choć, co prawda, i tu początkowo skala akcji była mniejsza, niż zakładały plany. Za przykład mogą posłużyć działania w przyłączonej do Generalnego Gubernatorstwa Galicji Wschodniej, gdzie z przewidywanych 415 000 ton zboża udało się uzyskać zaledwie 110 000 ton. Jednak sprawność niemieckiej administracji w ściąganiu kontyngentów rosła: w 1943 r. dostarczono do Rzeszy już 460 000 ton zboża.

Z kolei w północno-wschodniej Polsce ogromny wpływ na produkcję rolną – a co za tym idzie: na wielkość ściągniętych kontyngentów – miała wojna partyzancka, jaka rozgorzała między Niemcami a Sowietami. Ofiarami tej wojny byli często cywile. Tereny położone po naszej stronie przedwojennej granicy, mimo że przez dwa lata znajdowały się pod władzą radziecką, były znacznie zamożniejsze niż ziemie leżące po stronie przeciwnej. Dlatego wkrótce stały się miejscem regularnych wypraw łupieskich sowieckich oddziałów partyzanckich. Joanna Kuśnierz, mieszkanka wsi Łosiacz w województwie tarnopolskim, wspominała:

> *W tych ciężkich czasach jakoś trzeba było żyć, wszystka ludność musiała obowiązkowo oddawać kontyngent żywności dla Niemców, pojawiła się też radziecka partyzantka, która też zabierała jedzenie i ciepłe ubrania*[7].

Partyzanci nie tylko grabili żywność i utrudniali zbiórkę kontyngentu, ale również niszczyli przechowywane przez chłopów zbiory. Z tego właśnie powodu w Generalnym

Komisariacie Białoruś, w którym znalazła się również część naszych ziem wschodnich, w ramach akcji ściągania dostaw dla Rzeszy udało się uzyskać tylko 5% tego, co zbierano przed wojną. Niemcom nie sprzyjała również sytuacja na Wołyniu. W polskich wsiach, dotkniętych czystkami etnicznymi organizowanymi przez ukraińskich nacjonalistów, praktycznie zamarło życie gospodarcze.

Sami niemieccy okupanci także dokonywali krwawych ekspedycji karnych ze względu na to, że chłopi nie wywiązywali się z narzuconych kontyngentów. Najbardziej jaskrawym tego przykładem była akcja w majątku rolnym w Bydniowie, gdzie w nocy z 24 na 25 czerwca 1943 r. zamordowanych zostało 20 osób.

Bilans okupacji w jednej z polskich wsi – Szyc koło Krakowa – będzie chyba najlepszym podsumowaniem tego rozdziału. Jeden z jej mieszkańców pisał:

> *W okresie wojny Szyce straciły około 10 ludzi, 30 sztuk koni i co najmniej 60 ton mięsa. Zaistniała masa antagonizmów i niesnasek wśród ludzi, nawet nienawiści jednych do drugich. Na przełomie 1944/45 roku wieś znajdowała się w skrajnej nędzy. […] A nade wszystko ludzie zostali okaleczeni przez pędzenie i picie bimbru i wzajemne odgrywanie się za dawne krzywdy. Zaczęło się rozliczanie*[8].

X / Niewolnicy Hitlera – polscy robotnicy przymusowi

„Wolno pracować gorliwie i wykonywać każde polecenie bauera”

Projekt zatrudnienia jako siły roboczej w gospodarce III Rzeszy przedstawicieli podbitych narodów zrodził się w umysłach nazistowskich prominentów jeszcze przed agresją na Polskę. Sam Führer kilkakrotnie wspominał o potrzebie włączenia do pracy w Rzeszy ludności pochodzącej z obcych terytoriów. Zamierzenia te szybko zaczęto realizować w praktyce. Po Anschlussie Austrii zobowiązano do pracy w Rzeszy prawie 100 000 jej obywateli. W następstwie rozbioru Czechosłowacji (i jeszcze przed wybuchem wojny) zatrudniono w Niemczech 70 000 mieszkańców Protektoratu Czech i Moraw. Następni w kolejce mieli być Polacy, tym bardziej że zapotrzebowanie na siłę roboczą rosło wraz z przeciągającym się konfliktem i wzrostem produkcji zbrojeniowej.

Doborem pracowników i ich rozmieszczeniem na terenie Rzeszy zajmował się lokalny urząd pracy – Arbeitsamt. Pierwsi przedstawiciele tej instytucji pojawili się w Polsce już na początku wojny, w ślad za zwycięskimi oddziałami Wehrmachtu. Od 3 września 1939 r. placówki Arbeitsamtu powstawały na Śląsku i w województwie poznańskim. Sieć urzędów wkrótce objęła cały okupowany przez Niemców obszar Polski. Obowiązkowi pracy podlegały osoby w wieku 14–60 lat (w Generalnym Gubernatorstwie) lub w wieku 14–65 lat (na ziemiach wcielonych). Tam jednak zdarzało się, że powoływano do przymusowych robót również osoby starsze, a i dolna granica wieku nie zawsze była respektowana i bez oporu zapędzano do pracy dzieci.

Pierwszymi Polakami, którzy zostali przymusowo zatrudnieni w przedsiębiorstwach III Rzeszy, byli jeńcy wojenni. Międzynarodowe konwencje dopuszczały możliwość angażowania jeńców (poza oficerami) w tych działach gospodarki, które nie miały związku z produkcją zbrojeniową i operacjami wojennymi. W efekcie obozy jenieckie – stalagi – stały się rezerwuarami niemal darmowej siły roboczej. W samych tylko Prusach Wschodnich w rolnictwie, zakładach przemysłowych, transporcie i przy pracach porządkowych według stanu z 5 października 1939 r. zatrudnionych było 46 000 polskich jeńców. Znajdowali się w niemal każdej z tamtejszych wsi, pracowali też w większych przedsiębiorstwach.

Ponieważ polskich żołnierzy chroniła konwencja genewska, która zapewniała im humanitarne traktowanie i regulowała kwestie zatrudnienia, władze niemieckie w podstępny sposób ogłosiły w maju 1940 r. „zwolnienie" ich z niewoli. Każdy „zwolniony" zobowiązany był jednak podpisać deklarację, w której zgadzał się na pozostanie w Rzeszy do końca wojny jako „wolny robotnik" cywilny. Tym samym tracił swój status jeńca wojennego i wszystkie wynikające z tego przywileje. Takich „zwolnionych" z niewoli jeńców polskich było około 300 000.

Leon Budny, uczestnik między innymi walk nad Bzurą, dostał się do niemieckiej niewoli 18 września 1939 r. Po pobycie w kilku różnych obozach znalazł się ostatecznie w Stalagu XI B Fallingbostel w Dolnej Saksonii, skąd wraz z dużą grupą polskich żołnierzy trafił do miasteczka Uelzen. Tak opisywał sposób, w jaki traktowani byli przymusowi robotnicy:

Po wyładowaniu na stacji towarowej zaprowadzono nas na targowisko, gdzie już czekali na nas bauerzy, władze wojskowe i cywilne. Zaczęło się przydzielanie jeńców poszczególnym bauerom. Ci chodzili między nami: oglądali, przebierali, badali muskuły, pytali, co kto robił przedtem w cywilu, czy się zna na roli – a w ogóle zachowywali się tak, jakby to była licytacja bydła, jak byśmy nie byli ludźmi. Pytali, kto rozumie po niemiecku itp. W końcu zostałem przydzielony do małego bauera w kapelusiku z pędzelkiem, któremu wachman powiedział, że znam język niemiecki. Mój przyszły „chlebodawca" okazał z tego powodu zadowolenie. [...]

Na drugi dzień pouczono nas, co nam wolno, a czego nie wolno (prawie niczego nie było wolno). Nie wolno było patrzeć na kobiety niemieckie, a już pod karą śmierci zbliżać się do nich. Nie wolno jeść razem z Niemcami. Nie wolno wchodzić do mieszkania bauera. Nie wolno ubierać się w cywilną odzież. Nie wolno oddalać się z wyznaczonego miejsca pracy. Wolno natomiast pracować gorliwie i wykonywać każde polecenie bauera i członków jego rodziny[1].

Budny i jego towarzysze w lecie 1940 r. otrzymali od urzędników Arbeitsamtu propozycję „przejścia do cywila". Polacy zrozumieli, że oto nadszedł kres ich niewoli i będą mogli wrócić do domów. Tymczasem, jak wspomniano wcześniej, okazało się, że to jest fortel. Po podpisaniu deklaracji mieli nadal pozostać u swoich „pracodawców", lecz już jako robotnicy, a nie jeńcy. Tych, którzy się zbuntowali przeciwko takiemu potraktowaniu, niemiłosiernie pobiła niemiecka żandarmeria. Polacy zostali również w specjalny sposób oznakowani. Do swoich ubrań musieli przyszyć kawałki materiału z fioletową literą „P" i takąż obwódką w kształcie rombu na żółtym tle. Leon Budny niewolniczo pracował przez trzy lata. Zbiegł we wrześniu 1942 r. do Generalnego Gubernatorstwa, gdzie znajdowała się jego żona.

Polscy „ochotnicy" na roboty do Niemiec

Pierwszych polskich cywilów wywieziono na roboty przymusowe również we wrześniu 1939 r. Łapanki organizowały oddziały Wehrmachtu i niemieckie służby bezpieczeństwa. Zatrzymały one na Śląsku i Pomorzu co najmniej kilka tysięcy Polaków. Jednym z nich był Karol Nowak, polski inspektor celny w Wolnym Mieście Gdańsku. Został aresztowany 1 września 1939 r. rano i przez obozy Stutthof i Hohenbruch znalazł się w Stalagu I A Stablack (obecnie Stabławki), gdzie przetrzymywana była między innymi załoga Westerplatte. Pod koniec października Nowak, jako cywil, już odpowiednio oznakowany literą „P", został przewieziony na „targ niewolników" w Goldap (obecnie Gołdap), skąd zabrano go do dużego, 400-hektarowego majątku. Potem jeszcze kilkukrotnie zmieniał miejsce „pracy". Wojna – i co za tym idzie: praca przymusowa – skończyły się dla niego dopiero w kwietniu 1945 r. w okolicach Hamburga. Do kraju powrócił w maju następnego roku.

W trzeciej dekadzie października 1939 r. ustalone zostały zasady „rekrutacji" pracowników cywilnych na ziemiach wcielonych

Oficjalnie Polacy jeździli na roboty do Rzeszy dobrowolnie, realia wyglądały jednak inaczej: na zdjęciu rolnicy aresztowani przez niemiecką policję w 1941 r.

do Rzeszy i w Generalnym Gubernatorstwie. Normą postępowania na zaanektowanych przez Niemcy terenach miał być przymus. Urzędy pracy wysyłały po prostu do mieszkańców imienne wezwania do stawienia się w określonym miejscu i czasie w celu wyjazdu w głąb Rzeszy. Było to o tyle proste, że już we wrześniu i październiku dokonano ewidencji ludności polskiej na tamtych ziemiach. Wykluczone było, aby Polak, jako obywatel drugiej kategorii, mógł odmówić. Czekałyby go w takiej sytuacji surowe sankcje: kara pieniężna, wstrzymanie przydziału żywności, konfiskata majątku oraz wysyłka do obozu koncentracyjnego. W przypadku gdy taka osoba ukrywała się, areszt groził jej bliskim.

Na ziemiach wcielonych stosunkowo rzadko jako formę pozyskiwania pracowników przymusowych stosowano łapanki. Za to niepracujących Polaków nagminnie denuncjowali ich niemieccy sąsiedzi. Z tego właśnie powodu na robotach znalazła się Halina Dengler, 15-letnia mieszkanka Środy Wielkopolskiej, która wspominała:

Mieszkaliśmy wtedy przy ulicy Sokoła. W tym samym budynku mieszkała rodzina niemiecka, zajmując mieszkanie po Polakach wysiedlonych do „Generalnego Gubernatorstwa". Niemcy ci przyczynili się bezpośrednio do wysłania mnie do Rzeszy, zgłaszając w Arbeitsamcie mój pobyt w domu. Dostałam więc wezwanie do stawienia się w urzędzie. Siedziało tam kilka osób w niemieckich mundurach. Jeden z Niemców odebrał mi wezwanie, nie pytając o nic, dał jakieś pismo w języku niemieckim, zaznaczając, że jestem załatwiona i mogę wyjść. Nie znałam niemieckiego, a na wezwaniu było zaznaczone, aby dziecko stawiło się samo, bez rodziców. Dlatego matka moja pełna niepokoju czekała na mnie na ulicy. Po wyjściu dowiedziałam się dopiero od niej, że pismo jest skierowaniem do lekarza na dzień 14 maja 1941 roku.

W wyznaczonym dniu stawiłam się u lekarza, który urzędował w siedzibie byłego Starostwa. Na dziedzińcu i w pobliżu czekało już wiele osób, przeważnie dzieci z matkami. Byłam również z matką. Wchodząc do gabinetu (sama, bez matki), płakałam ze strachu, podobnie jak inne dzieci. Tam dostałam znowu jakieś pismo w języku niemieckim i kazano mi wyjść zaraz drugimi drzwiami. Nie badano nikogo, rzekomy lekarz, Niemiec w mundurze Wehrmachtu, wręczał każdemu pismo, które było nakazem wyjazdu na przymusowe roboty do Rzeszy. W piśmie w ostrej formie zaznaczono, że w razie niestawienia się danej osoby wywieziona zostanie cała rodzina. Był to najstraszniejszy dzień w moim dotychczasowym życiu – poniedziałek 19 maja 1941 roku.

Zebrali nas o godzinie ósmej przed siedzibą Arbeitsamtu, a następnie prowadzili przez ulice miasta z transparentem, który głosił, że są to polscy ochotnicy na roboty do Niemiec. Nazywano nas ochotnikami i robiono zdjęcia do różnych gazet. Nie szłam w tej dużej grupie, ojciec bowiem zabronił mi uczestniczyć w tej obłudnej manifestacji. Matka, słaniając się ze zmartwienia i lęku o moją przyszłość, zaprowadziła mnie bocznymi uliczkami na dworzec. Nie było żadnej możliwości odwołania od tej decyzji okupanta; nie chcąc narazić na represje całej rodziny – musiałam jechać[2].

W skrajnych sytuacjach „rekrutacja" wyglądała zupełnie inaczej. Późnym wieczorem lub nocą niemieccy żandarmi wchodzili do mieszkań i dawali osobom wytypowanym do pracy zaledwie kilkanaście minut na spakowanie się, potem zaś doprowadzali je do punktów zbiorczych. Los ten spotkał w styczniu 1942 r. Mieczysławę Kowalińską z Kalisza, która opisała kulisy przygotowań do wywozu:

Doszliśmy do szkoły, najpierw przekształconej na obóz dla wywożonych Żydów, teraz dla nas. Znalazłam się w dużej sali wśród nieznanych mi osób, w tłumie towarzyszek niedoli. Po godzinie kazano nam się rozebrać do naga i przejść do łaźni. Nasze protesty wywoływały tylko śmiech Niemców, którzy obstawiali wkoło to kobiece kłębowisko. „Wy wszyscy Polacy, jesteście brudasy, macie wszy, trzeba was wykąpać". To mnie oburzyło, nie wytrzymałam, odezwałam się w obronie tak bliskiego mi w tej chwili słowa „Polacy" – i dostałam pięścią w twarz. Znalazłam się więc naga wśród tłumu nagich kobiet w łaźni, gdzie z pryszniców puszczano najpierw gorącą, potem zimną jak lód wodę. Wywoływało to ogólny śmiech pilnującej nas eskorty. Potem ścinano wszystkim długie włosy. [...]

Następnie wpędzono nas znowu do sali, gdzie szybko miałyśmy się ubrać. Spisano dane personalne, podzielono na grupy i wyprowadzono na dziedziniec[3].

Polacy chwytali się różnych sposobów, aby uchronić się przed wywózką na roboty przymusowe w głąb Rzeszy. Najprostszym sposobem było znalezienie pracy u niemieckiego przedsiębiorcy w okolicach miejsca zamieszkania. Tak uczyniła wspominana już Krystyna Wojciechowska, która podjęła pracę w niemieckich delikatesach w rodzinnym Śremie. Dobrze było mieć także znajomych Niemców, posiadających choćby gospodarstwo rolne. Zatrudniając się u nich, można było spełnić obowiązek pracy.

Polacy postawieni przed faktem przymusowego wyjazdu na roboty chwytali się iście radykalnych rozwiązań, aby go uniknąć. W takich przypadkach często dochodziło do prawdziwych rodzinnych dramatów.

We wsi Młodochowo w rejencji ciechanowskiej mieszkała rodzina Borowskich – starsze małżeństwo i dwóch dorosłych synów: Czesław i Janek. Wiosną 1943 r. Czesław Borowski otrzymał przez sołtysa wezwanie do pracy z Arbeitsamtu. Chłopak, były żołnierz Września i członek Batalionów Chłopskich, nie chciał się stawić, argumentując, że wystarczająco dużo jest pracy w rodzinnym gospodarstwie. Po kilku dniach, rankiem, sołtys ponownie zawitał do Borowskich, tym razem w towarzystwie dwóch żandarmów. Czesław miał zostać doprowadzony siłą. Został zakuty w kajdanki. W pewnym momencie padły strzały – to Janek strzelał w obronie brata, Borowscy bowiem przechowywali u siebie kilka sztuk broni. Jeden z żandarmów padł trupem. Sołtys i drugi żandarm, ranni, uciekli.

Borowscy początkowo planowali się ukryć. Po namyśle jednak zrezygnowali. Postanowili bronić się do końca na swej ziemi.

Wybrali sobie między budynkami dogodne stanowiska strzeleckie. Amunicji mieli pod dostatkiem.

Tymczasem w większej liczbie pojawili się zaalarmowani przez zbiegłego kompana żandarmi z okolicznych posterunków, którzy otoczyli posesję. Rozpoczęła się ostra wymiana ognia. Uporczywe zabiegi napastników nie przynosiły jednak spodziewanego efektu. Kilku Niemców zostało zabitych i rannych. Zdesperowana polska rodzina trwała niezłomnie na swoim posterunku. W końcu żandarmi zapędzili do pomocy nawet sąsiadów Borowskich, rozkazując im czołgać się i rzucać ze wszystkich stron zapalone łuczywa. Ci jednak albo rzucali je zgaszone, albo udawali rannych i się wycofywali.

Impas został przełamany dopiero późnym popołudniem, gdy pojawiły się posiłki w postaci regularnego wojska niemieckiego z cięższą bronią, ściągnięte z odległego o 60 kilometrów Modlina. Zabudowania gospodarstwa zajęły się wówczas ogniem. Stary Borowski, wielokrotnie ranny, skonał. Jego żona zmarła na skutek zawału serca. Obaj bracia, nie chcąc dać schwytać się żywcem Niemcom, popełnili samobójstwo.

Gdybym nie chciał jechać, to przykre następstwa spadną na ojca lub starsze rodzeństwo

W Generalnym Gubernatorstwie niemieckie władze okupacyjne planowały początkowo pozyskiwać pracowników do robót na terenie Rzeszy poprzez dobrowolne zgłoszenia. Miały temu sprzyjać zarówno trudne warunki materialne, w których żyli mieszkańcy Generalnego Gubernatorstwa, spowodowane zniszczeniami wojennymi, jak również napływ ogromnej masy przesiedleńców z ziem inkorporowanych do Rzeszy. Nachalna niemiecka propaganda wabiła potencjalnych ochotników informacjami o wysokich zarobkach, możliwościami podniesienia kwalifikacji i stosunkowo krótkim, najczęściej półrocznym, okresie pracy. Pojawili się tu również werbownicy przysłani przez niemieckie przedsiębiorstwa i majątki ziemskie, poszukujący fachowców z określonych dziedzin. Efekty tych działań dalekie były jednak od odgórnych oczekiwań. Polacy coraz bardziej świadomi byli eksterminacyjnej polityki okupanta. Ponadto na terenie Generalnego Gubernatorstwa dużo lepsza była sytuacja na wsi, ponieważ polscy chłopi czerpali korzyści z pokątnego handlu wymiennego z mieszkańcami miast. W związku z tym nie kwapili się do wyjazdu w nieznane.

Władze okupacyjne podjęły więc bardziej radykalne kroki w celu pozyskania większej liczby Polaków do pracy. Odwołano się, podobnie jak na ziemiach zaanektowanych, do przymusu. W styczniu 1940 r. Generalny Gubernator Hans Frank nałożył na poszczególne dystrykty obowiązek zapewnienia kontyngentów robotników, którzy mieli być skierowani na wyjazd do Rzeszy. W dalszym ciągu zachęcano również do dobrowolnego wyjazdu, mamiąc informacjami o możliwości uzyskania dodatkowych przydziałów żywności dla rodzin oraz talonów na artykuły deficytowe. Niemcy, licząc na wysoki autorytet społeczny polskich duchownych, zwrócili się do nich z nakazem, aby podczas mszy świętych z ambon zachęcali rodaków do wyjazdów. Większość księży jednak odmówiła.

Niemieckie urzędy wysyłały imienne wezwania do pracy na podstawie list sporządzanych przez wójtów i sołtysów, którzy otrzymywali za to specjalne nagrody. Niekiedy lokalni włodarze musieli wezwania dostarczyć osobiście, w asyście niemieckiej żandarmerii bądź policji. Mieczysław Rumin ze wsi Sułków na Kielecczyźnie został wyznaczony do wyjazdu w maju 1940 r. Tak wspominał ów dzień:

Nachalna akcja propagandowa namawiająca do wyjazdu do pracy w Rzeszy wabiła Polaków przede wszystkim poprawą warunków życia. Niewielu ludzi udało się jednak na to nabrać.

Do wioski przyjechało kilku umundurowanych Niemców; zażądali oni od sołtysa, aby obszedł z nimi gospodarstwa i wskazał wszystkich zdolnych do pracy młodych ludzi. Towarzyszący im jako tłumacz volksdeutsch wyjaśnił, że rejestracja ma na celu zorganizowanie wyjazdu do Niemiec na roboty. Istotnie, w kilka dni później wszyscy zapisani, a wśród nich i ja, otrzymali wezwanie do stawienia się na dworcu w miasteczku powiatowym Włoszczowa. Wioska nasza była nieduża, liczyła około sześćdziesięciu domów, wezwań zaś doręczono około pięćdziesięciu. Z każdej więc prawie rodziny ktoś został wyznaczony. Ja byłem najmłodszy w domu i wiedziałem, że gdybym nie chciał jechać, to przykre następstwa spadną na ojca lub starsze rodzeństwo[4].

Oczywiście nie wszyscy Polacy biernie poddawali się niemieckim zarządzeniom. Część ukrywała się w miejscowościach innych niż oficjalne miejsce zamieszkania, a także w niedostępnych dla okupanta, specjalnie przygotowanych kryjówkach. Niemieckie służby nie ustawały w ich wyłapywaniu, niekiedy podejmowały krwawe akcje pacyfikacyjne.

Polakom uchylającym się od stawienia na roboty przymusowe palono zabudowania i grabiono dobytek. Im samym groziło więzienie; mogli nawet zostać skierowani do obozów koncentracyjnych. Praktykowano również zsyłanie w zamian członków najbliższej rodziny. Na wioski, które nie dostarczyły żądanego kontyngentu robotników, nakładano kontrybucje. I tak na przykład Dzierzby Włościańskie niedaleko Sokołowa Podlaskiego w marcu 1942 r. zostały obciążone trybutem określonym na 60 sztuk bydła i 20 sztuk trzody chlewnej. Władysław Kuć ze wsi Cyganka na Mazowszu wspominał, jak Niemcy potraktowali jego sąsiada:

W listopadzie, może grudniu 1942 roku, kilkanaście osób z Cyganki dostało karty na roboty, lecz nikt się nie zgłosił. Było zimno, leżał śnieg. Przyjechało kilku Niemców wraz z kilkudziesięcioma Żydami. Zajechali do Piotrkiewicza, który między innymi również dostał kartę. Do dwóch traktorów zaczepili liny, drugie końce zaś zawiązali za węgły od domu. Traktory ciągnęły, a z drugiej strony kilkudziesięciu Żydów pchało dom. Rozwalili go. Niemcy ponadto zabrali żywność i zboże. Była to kara za nieposłuszeństwo[5].

W miarę kolejnych niepowodzeń na froncie Niemcy w sposób coraz bardziej bezwzględny realizowali założenia swojej polityki pozyskiwania robotników przymusowych. Nasiliły się brutalne łapanki i nocne obławy. Mieszkanka Legionowa Alicja Strojnowska została zatrzymana podczas jednej z takich nocnych akcji w listopadzie 1943 r. i trafiła do obozu przejściowego na ulicy Skaryszewskiej w Warszawie, skąd wywożono Polaków do Rzeszy. Wspominała:

Widok Niemców stojących na torze kolejowym utwierdził nas w przekonaniu, że to obława. O ucieczce nie było mowy. W pół godziny później przyszli i wyciągnęli nas z domu. Nie pomógł płacz brata ani prośby Mamy. Zabrano Ojca i mnie. Kiedy wychodziłam, spojrzałam na Wiesia – nie pozwolono nam się pożegnać. Do dziś tkwi mi w oczach scena, jak stał w łóżeczku w koszulce i płacząc, prosił, żeby nas nie zabierano. Nic nie pomogło. Zabrano nas i dołączono do olbrzymiej grupy osób wyciągniętych prosto z łóżek. Niektóre kobiety były tylko w szlafrokach, bo nie pozwolono im się ubrać. Na pustym placu u zbiegu ulic Kolejowej i Sosnowej trzymano nas ze dwie godziny. Później poprowadzono do stacji kolejowej

Legionowo Przystanek i ustawiono na placu w pobliżu skrzyżowania Kolejowej z Targową. Tam znów postój i oczekiwanie na kierownika Urzędu Pracy oraz jeszcze jakieś „fisze". Wreszcie raczyli przyjechać. Nastąpiło legitymowanie. Byłam dziwnie spokojna, a właściwie jakaś odrętwiała na to wszystko. Jednakże widok Mamy, którą przyprowadzono z następną partią ludzi, poruszył mną do głębi. W jednej minucie przemknęło mi przez głowę tysiące myśli. Przede wszystkim zaś ta, że mój mały braciszek został sam jeden wśród w większości pijanego żołdactwa. Jakże on się musiał bać... A co się działo w sercu mojej biednej Matki? [...].

Po paru godzinach poprowadzono nas dalej, a potem umieszczono w towarowych wagonach i zawieziono na Skaryszewską. Otworzyła się

„Rekrutacja" na roboty w Rzeszy nie zawsze wyglądała tak samo. Zawsze jednak wiązała się z ludzką tragedią. Na zdjęciu młody chłopak czyta rozporządzenie gubernatora Hansa Franka w sprawie wysyłania Polaków na roboty przymusowe do Rzeszy.

ciężka, żelazna brama, potem druga... Obie zatrzasnęły się za nami, by wypuścić tylko bardzo chorych lub grubo opłaconych. Takich osób jednak było niewiele.

Nasz pobyt na Skaryszewskiej zaczął się od „mykwy", czyli kąpieli w pomieszczeniu o wielu wspólnych prysznicach. Następnie zaprowadzono nas do przygotowanych pomieszczeń, które dawniej były klasami szkolnymi. Teraz zapełnione były piętrowymi pryczami, na których nie było nawet sienników – tylko gołe, żelazne kratki. Pomyślano również o naszym zdrowiu, a ściślej o dostępie świeżego powietrza – okna nie miały szyb. W takich warunkach przedrzemałyśmy noc, budząc się co chwila z zimna i niewygody. Wreszcie nadszedł ranek. Zbliżała się komisja lekarska. Na badania szłyśmy bez żadnego okrycia. Podchodziłyśmy po kolei do lekarzy, a ci nas badali[6].

Nawet z tak trudnej, zdawałoby się, pozbawionej wyjścia sytuacji co sprytniejsi Polacy potrafili wybrnąć. Pani Alicja uniknęła wywózki, symulując jaglicę – wirusową chorobę zakaźną spojówek i rogówek. Po prostu w odpowiednim momencie, tuż przed badaniem, pod powiekami umieściła sobie odrobiny tytoniu, co spowodowało ich zaczerwienienie oraz obfite łzawienie. Kiedy później stanęła powtórnie przed komisją lekarską, dla odmiany zażyła kilkanaście tak zwanych kogutków, popularnych przed wojną leków przeciwbólowych Migreno-Nervosin. Wykryto wówczas u niej „kołatanie" serca, co uchroniło ją ponownie przed wywózką.

Pod tym względem kreatywność naszych rodaków nie miała granic. Przed wyjazdem do Rzeszy osadzeni w obozie na Skaryszewskiej musieli przejść obowiązkowe prześwietlenie płuc w przychodni na ulicy Juliana Smulikowskiego. Tam, za niewielką opłatą, w zamian za przywiezionego osobnika przed aparat rentgenowski można było podstawić osobę chorą na gruźlicę, co dyskwalifikowało tego pierwszego jako zdolnego do pracy. Na nie mniej genialny pomysł wpadł ojciec Ignacego Saramaka:

> *Staje tata i lekarz przykłada słuchawkę to tu, to tam, ogląda gardło, każe zakasłać raz i drugi, znów osłuchuje i zwraca się do sekretarza, który wypisuje jakieś formularze – astma! Jak się potem okazało, przed wywózką na roboty do Niemiec uratowały nas… wiśniowe liście. W jaki sposób? Już wyjaśniam. Otóż tata zawsze był namiętnym palaczem. A w tym czasie nie było żadnych papierosów ani machorki. Chłopi kroili więc podsuszone wiśniowe liście i palili z nich „skręty". Po takim „nasztachaniu się" palacz kasłał jak najęty, a w piersiach rzęziło mu rzeczywiście jak w zaawansowanej astmie. A tata napalił się przed tym badaniem, jak parowóz. No i zmylił niemieckiego medyka[7].*

Zatrzymanym podczas łapanki Polakom udawało się czasem przekupić niemieckich żandarmów. Wiosną 1942 r. Ludwik Gdak, sołtys ze wsi Borów na Lubelszczyźnie, za cenę kilkunastu litrów wódki uratował przed przymusowymi robotami młodych mieszkańców swojej miejscowości. Z pomocą Polakom przychodzili również „granatowi policjanci", którzy ostrzegali przed planowanymi zatrzymaniami, oraz zatrudnieni w komisjach na terenie Arbeitsamtów polscy lekarze. Kierowali oni do Rzeszy osoby chore, o których wiadomo było, że szybko zostaną odesłane z powrotem.

Należy również wspomnieć o polskim podziemiu, które podejmowało różnego rodzaju akcje prewencyjne obliczone na sparaliżowanie działań niemieckich urzędów pracy. Do takich z pewnością należy zaliczyć „skok" na Arbeitsamt przeprowadzony w Mińsku Mazowieckim 9 czerwca 1943 r. przez żołnierzy Armii Krajowej. W jego wyniku spalone zostały wszystkie akta zawierające rejestr Polaków z tego rejonu zakwalifikowanych na roboty przymusowe.

Niczym murzyńscy niewolnicy

Znaczna część polskich robotników przymusowych pracowała w niemieckim rolnictwie. Początkowo było to około 90% ogółu wywiezionych. Później wskaźnik ten stopniowo spadał i ustabilizował się na poziomie około 70%. Polacy mieszkali i pracowali w różnych warunkach u niemieckich bauerów. Wszystko zależało od zasobności niemieckich gospodarzy, organizacji pracy, jak również cech charakteru samych pracodawców. Trafiali się ludzie stosunkowo uczciwi, zapewniający zatrudnionym zupełnie przyzwoity wikt i opierunek. Jednak przeważali tacy, którzy byli zainteresowani wyłącznie maksymalnym ich wyzyskiem, i to możliwie najmniejszym kosztem. Sam stosunek pracy był niejasno określony. Niemieckiego „pracodawcy" z polskim „pracownikiem" nie wiązała żadna umowa. Jedynym oficjalnym dokumentem było skierowanie do pracy wystawione przez lokalny Arbeitsamt. Z tego też względu niemiecki „przełożony" mógł dosyć swobodnie dysponować czasem, a co za tym idzie: siłą i zdrowiem przymuszonego do pracy na jego rzecz Polaka. Nic przy tym nie zobowiązywało go do zapewnienia mu jakiegokolwiek minimum socjalnego.

Również w kwestii wynagrodzenia panowała swoboda. Co prawda Polacy mieli otrzymywać o 30% niższe wynagrodzenie od Niemców na analogicznych stanowiskach (czyli i tak tych najgorzej opłacanych), pracodawcy jednak mogli dowolnie pomniejszać wypłaty, argumentując to niską wydajnością pracy. Ponadto wynagrodzenie objęte było wszelkimi obciążeniami na rzecz państwa niemieckiego. Polak pozbawiony był też prawa do jakichkolwiek dodatkowych świadczeń pieniężnych, wynikających z pracy poza miejscem zamieszkania i rozłąki z rodziną.

Polaków, gwałtownie wyrwanych z rodzinnych pieleszy, często szokował już sam sposób przydziału robotników do poszczególnych gospodarstw, wyglądający niczym opisywane w literaturze sceny z okresu niewolnictwa w Stanach Zjednoczonych. Wspominała o tym choćby wywieziona do Prus Wschodnich Natalia Jadwiga Szymańska:

> *Przypomniałam sobie wtedy identyczną scenę targu niewolników, zapamiętaną z czytanej w dzieciństwie „Chaty wuja Toma". Wszystko z nami działo się tak samo jak tam!... Jedyna różnica, że nam nie oglądali zębów, jak murzyńskim niewolnikom z tamtej opowieści. Ale też nas kupowali!... Jak już wybrali tych, którzy im odpowiadali, to szli do kasy i płacili! Za mnie zapłacili 10 marek*[8].

Dla Polaków ustanowiono szereg ograniczeń, głównie o charakterze rasistowskim. Szczegółowo przedstawia je Zygmunt

Większość robotników przymusowych w Rzeszy pracowała w rolnictwie. Najcięższa praca związana była jednak z przemysłem i budownictwem. Na zdjęciu Polacy podczas robót ziemnych w pobliżu dworca kolejowego w Salzgitter.

Chełstowski, wywieziony w lutym 1942 r. do Prus Wschodnich z okolic Mińska Mazowieckiego:

Zabronione było [...] zbieranie się w grupy większe niż 3 osoby – mężczyźni, a 5 osób kobiety. Wchodzenie, przebywanie w sklepach czy restauracjach dozwolone było tylko w wyznaczonych. Do kościoła wstęp wspólnie z Niemcami wzbroniony, dozwolone było tylko raz na trzy tygodnie w oznaczonej godzinie, na nabożeństwo dla robotników przymusowych. Po wyjściu z kościoła nie wolno było zbierać się, a każdy musiał natychmiast udawać się w swoją stronę. Spożywanie posiłków, przebywanie w jednym pokoju ze swoimi gospodarzami jest zabronione. To było szczególnie mocno podkreślane, za bliższe kontakty z kobietami niemieckimi groziła kara śmierci. [...] Dalej, słuchanie radia grozi obozem koncentracyjnym. Podróżowanie pociągiem dozwolone jest po uzyskaniu przepustki i tylko w przedziałach wyłączonych dla Polaków. Jazda rowerem jest zabroniona[9].

Polacy podlegali stałemu dozorowi policyjnemu ze strony funkcjonariuszy miejscowej placówki. Wszelkie odstępstwa od opisywanych wyżej ograniczeń skutkowały grzywną, aresztem bądź karą cielesną. Poważniejsze uchybienia w rodzaju odmowy wykonywania pracy, ucieczki z miejsca pracy, sabotażu lub zabronionych kontaktów z ludnością niemiecką karane były obozem koncentracyjnym lub śmiercią. Często sami pracodawcy nie stronili od przemocy fizycznej. Janina Suchowa ze wsi Pawłówka w powiecie suwalskim została ukarana za to, że zapomniała ugotować mleko dla gospodarza: „tak mnie uderzył w twarz, że na miejscu zemdlałam, zbił mnie, bardzo wyklinając, że wszystkich psów Polaków pozabija[10]".

Genowefa Maria Kabata z Łasku, pracująca przymusowo w Warlinie koło Neubrandenburga, była świadkiem egzekucji polskiego robotnika oskarżonego o sabotaż:

Rzekomo miał wrzucić podkowę do młockarni. Skazano go na karę śmierci przez powieszenie. Nas wszystkich spędzono na przypatrywanie się egzekucji, aby to było dla reszty ostrzeżeniem. Kata przywieziono z majątku. Kiedy skazany wszedł na stół stojący pod sosną na polu pana Szwarca, zapytano go, jakie ma ostatnie życzenie. Odpowiedział, że chciałby się zobaczyć z rodziną i najeść do syta. Kat odpowiedział mu, że jest możliwym tylko najeść się, i rzucił mu kiełbasę, stół kopnął nogą i skończyło się. Widok był wstrząsający. Ciągle widzę tę sosnę i to miejsce. Potem kazali zdjąć mu buty i ubranie, aby było dla drugich. Prawdopodobnie ciało zakopali w polu przy drodze. Wszyscy płakaliśmy[11].

Równie bezlitośnie egzekwowano zakaz kontaktów seksualnych Polaków z Niemkami. Wystarczył choć cień podejrzenia, aby polski robotnik skończył na stryczku. Wacława Dobrzyńska z Chojnowa koło Mławy była świadkiem dwóch takich przypadków:

Represje za współżycie z Niemką spadały nie tylko na Polaka. Na zdjęciu Niemka, która dopuściła się związku z polskim robotnikiem, linczowana przez własnych sąsiadów.

Tragicznym przeżyciem było powieszenie jednego z Polaków za współżycie z niemiecką kobietą. On pracował na takim folwarczku, Miłuki koło wsi Tylkowa, gospodarz nazywał się Müller [...]. Jego nie było. Ta żona była bardzo przystojna kobieta, widziałam ją. [...] Tam podobno był taki stróż wioskowy, który nosił im różne rzeczy, i on ich podejrzewał. Kiedyś ten stróż wszedł, a on ją czesał, podobno ten chłopiec był fryzjerem, tak opowiadano, i stróż ich oskarżył. Jego wzięli, ją aresztowali i siedziała do jego egzekucji. Wszystkich nas z okolic przymusowo zebrali, na drzewie został powieszony, to było w 1941 roku. [...] Taka druga egzekucja była w Purdzie. Córka gospodarza Polakowskiego... Jemu powiesili na piersiach tabliczkę, za co został powieszony – za kontakt z niemieckimi kobietami. Po polsku dużymi literami napisano. Bardzo spokojnie się zachowywał, odczytali wyrok, zarzucili pętlę, on stał na samochodzie, samochód pojechał, a on zawisł. Długo wisiał, jako przestroga dla Polaków[12].

Z drugiej strony Polki narażone były na przemoc seksualną ze strony niemieckich gospodarzy, choć skala tego zjawiska jest nieznana. Jedną z ofiar była pochodząca z Rytra koło Nowego Sącza Anna Lekawska. Bauer, u którego pracowała, nałogowy alkoholik, dopuszczał się na niej gwałtów. Kiedy w wyniku tego kobieta zaszła w ciążę, Niemiec pewnego dnia po prostu zepchnął ją z wysokiej drabiny. Anna Lekawska poniosła śmierć na miejscu. Brutal w ten obmierzły sposób pozbył się kłopotu.

Należałoby poświęcić nieco miejsca przedstawieniu warunków zakwaterowania i pracy polskich robotników przymusowych. A te były skrajnie różne. Irena Kończak tak zapamiętała miejsce, w którym pracowała:

Niedokarmiana, zmuszana byłam do szczególnie ciężkiej pracy o różnorodnym charakterze. Nakazano mi między innymi codzienne kilkakrotne dokarmianie trzody chlewnej, do której udawałam się z dwoma ciężkimi wiadrami, wypełnionymi po brzegi świńską karmą. Należy stwierdzić, że Niemcy nie przywiązywali większej wagi do warunków stwarzanych Polakom. Miejscem do snu był dla mnie wtedy strych przepełniony myszami. W ogóle nie miałam możliwości umycia się. W nocy natomiast nakazywano mi spać w rzeczach używanych do codziennej pracy, przesiąkniętych potem. Wskutek karygodnych warunków, w jakich się znalazłam, zaczęłam chorować. Odczuwałam częste boleści żołądkowe[13].

W równie urągających warunkach mieszkała początkowo rodzina kilkuletniego Mariana Wieczorka. Jego tata, na skutek trudnej sytuacji materialnej, był jednym z nielicznych Polaków, którzy zgłosili się ochotniczo na wyjazd do Rzeszy:

Dostaliśmy przydział do bauera nazwiskiem Borckhaus. Zastaliśmy już tam Polaków. Jan i Witka jak mogli, tak nam pomagali. Umieszczono nas w stodole. Za posłanie służyły worki napełnione słomą. Na posiłki nie mogliśmy nawet wejść do kuchni. Całe dnie rodzice pracowali, a my z bratem mogliśmy poruszać się tylko po podwórku, z którego nie wolno nam było nigdzie wyjść. Przyszły żniwa i stodoła stała się potrzebna. Wtedy przeniesiono nas do garażu, z którego samochód odjechał na wojnę. Nie było tam okna ani ogrzewania, a posłanie niewiele się zmieniło[14].

Tu należy jednak dodać, że na skutek interwencji w miejscowym Arbeitsamcie niemieccy urzędnicy przydzielili Wieczorków do innego gospodarstwa, gdzie warunki były zdecydowanie lepsze.

Ciężka praca od świtu do nocy była normą, która obowiązywała nawet najmłodszych polskich robotników. Wacław Gil wspominał:

Mój przydział pracy nie został dokładnie sprecyzowany, ale tym gorzej dla mnie. Musiałem spełniać dziesiątki różnych posług. Wstawałem bardzo wcześnie, gdyż pracę rozpoczynałem odwiezieniem mleka do mleczarni. Łatwo to powiedzieć, ale codziennie dźwigać po dwadzieścia konew dwudziestolitrowych to naprawdę było ponad moje siły. Jakich sposobów musiałem używać, aby ciężkie banie załadować na wóz, a później rozładować. Po powrocie z mleczarni kolejne zadania to zaopatrzenie kuchni w opał i wodę, pomoc w oporządzaniu bydła, sprzątanie podwórza, które bez przerwy tonęło w brudzie i błocie, oraz oczywiście praca w polu. Najwięcej we znaki dały mi się jednakże dwie rzeczy. Pierwsza z nich to wspomniane wożenie mleka do mleczarni. Praca zdawałoby się stosunkowo łatwa, ale tylko na pozór. Mając 13 lat, nie byłem wyrośniętym chłopcem i każdorazowe windowanie na wysoki wóz z ziemi ciężkich konew po prostu przerastało moje siły. Poza tym klimat tu surowy, zimy bardzo mroźne, deszcze, szarugi, a ja przyodziewek miałem wiatrem podszyty.

Drugim obowiązkiem, który musiałem wykonywać niemal codziennie, było przynoszenie zakupów z odległego o 3 kilometry Żabinka. Wyładowany artykułami kosz od ziemniaków ważył 10–15, a nierzadko i więcej kilogramów. Z tym ciężarem przebywałem drogę pieszo, najczęściej biegiem, gdyż normalnym chodem byłem zdolny przejść zaledwie 4–5 kroków bez odpoczynku. A tak biegiem kilkanaście kroków i odpoczywałem, znów kilkanaście kroków biegłem i odpoczynek, i tak całą drogę. Na ramionach potworzyły się od tego noszenia odciski, które noszę do dzisiaj w postaci zgrubionych kości, jak gdyby z naroślami. To pamiątka tamtych dni[15].

Polscy robotnicy przymusowi zatrudnieni w niemieckich zakładach przemysłowych mieli nawet gorsze warunki bytowe, przypominające wręcz te z obozów koncentracyjnych. Taki też obowiązywał tu rygor i porządek. Robotnicy mieszkali zazwyczaj zbiorowo w barakach, natomiast pożywienie otrzymywali w stołówkach, za co musieli oddać swoje kartki żywnościowe. Warunki były lepsze, o ile przedsiębiorcom zależało na wydajności. Niemniej i tu dawały o sobie znać wszechobecny głód, marne zaplecze sanitarne czy dotkliwy chłód w zimowych miesiącach.

Janina Hawryłkiewicz miała 6 lat, gdy z mamą i dwa lata młodszą siostrą zostały wywiezione do Schmalkalden w Turyngii. Tam matka pani Janiny została pracownicą przymusową zakładów zbrojeniowych Metallwarenfabrik H. A. Erbe AG. Warunki, jakie tam panowały, były straszliwe:

Zakwaterowano nas w olbrzymich halach fabrycznych. W zależności od liczby osób dana rodzina miała przydzieloną jedną lub dwie piętrowe prycze. Wzdłuż prycz stały długie stoły, a przy nich ławy. Tak wyglądał nasz dom na najbliższe miesiące. Wszystkie kobiety pracowały w fabryce przy aparatach do spawania metalu. Od tej roboty miały popalone ubrania i czerwone oczy. Wyżywienie było mniej niż skromne. Kobieta pracująca otrzymywała dwukilogramowy bochenek czarnego, gliniastego chleba, a dziecko jednokilogramowy. Była to norma na cały tydzień. Dwa razy dziennie dostawaliśmy po kubku czarnej, gorzkiej kawy zbożowej i odrobinę margaryny. Po otrzymaniu tego prowiantu mama dzieliła wszystko na 7 części i widząc, jak my patrzymy na ten chleb, oddawała nam swoją porcję. My z siostrą zjadałyśmy ten chleb w ciągu 2 dni. Potem do końca tygodnia nawet go nie widziałyśmy.

Zimą dawano nam zupę z brukwi lub cuchnącej, zepsutej kapusty. Była niezwykle postna, śmierdząca, a zamiast skwarków gdzieniegdzie pływały kawałki kartofli. Od wczesnej wiosny do jesieni była zupa z pokrzywy. Głód cierpieliśmy okropny. Aby jakoś oszukać żołądki, śliniłyśmy palec i maczałyśmy go w soli, która stała w beczce w kącie hali, a potem piłyśmy duże ilości wody. Jesienią wchodziłyśmy do płynącej w pobliżu rzeki i wyławiałyśmy niesione przez nurt jabłka, które choć nadpsute, smakowały jak najlepsze delicje. Proceder ten był zakazany, bo nie wolno było wychodzić poza teren obozu. Robiliśmy to bardzo ostrożnie. Jedna grupa wychodziła przez dziurę w ogrodzeniu na połów, a druga grupa stała na czatach.

Wielokrotnie gdy byłyśmy głodne nie do wytrzymania, chodziłyśmy z siostrą do kuchni, do niemieckich kucharek. Tańcząc i śpiewając przed nimi, prosiłyśmy o jedzenie. Ale one miały twarde serca – nieraz dostawałyśmy po sucharku albo po jednym gotowanym kartoflu, a najczęściej wypędzano nas bez niczego. Przerażająca była śmiertelność wśród dzieci. Codziennie rano prawie przed każdą pryczą leżały na ławie zmarłe w nocy dzieci[16].

Podczas okupacji z ziem wcielonych na roboty wywieziono łącznie około 730 000 Polaków. Najwięcej, bo aż 450 000, pochodziło z Kraju Warty. Do końca 1944 r. z Generalnego Gubernatorstwa wywieziono na roboty przymusowe 1 297 000 Polaków. Również ludność naszych Kresów Wschodnich po ich zajęciu przez wojska niemieckie podlegała deportacjom jako przymusowa siła robocza. Z wyjątkiem mieszkańców republik nadbałtyckich, okręgu białostockiego i dystryktu galicyjskiego stosowano wobec nich pojęcie *Ostarbeiter* – robotnik ze Wschodu, bez względu na narodowość. Z tego też względu niezwykle trudne jest precyzyjne ustalenie liczby Polaków wywiezionych do Rzeszy z tamtych terenów. Według szacunków mogło ich być nawet 500 000. Łączna liczba polskich robotników przymusowych, doliczając wspomnianych na samym początku jeńców wojennych, którzy ochotniczo przeszli „do cywila", wyniosła więc ponad 2 827 000 osób.

W czasie II wojny światowej na rzecz III Rzeszy pracowało około 14 000 000 przymusowych robotników. Polacy byli pod tym względem drugą, po mieszkańcach Związku Radzieckiego (4 800 000), najliczniejszą grupą narodowościową. Choć kto wie, czy gdyby podzielić obywateli sowieckich na poszczególne nacje, to właśnie Polaków nie byłoby najwięcej? Lżeni i poniewierani niewolnicy jednego z najbardziej cywilizowanych i rozwiniętych krajów ówczesnego świata wnieśli niebagatelny wkład w podtrzymywanie jego potencjału wojennego oraz zaspokajanie podstawowych potrzeb ludności. Gdyby Niemcy nie wykorzystali tych zasobów, nazistowska III Rzesza upadłaby znacznie wcześniej.

XI / Grabież dóbr kultury

„Szczególnie zależało im na rysunkach Dürera”

Profesor Dagobert Frey, dyrektor Instytutu Historii Sztuki Śląskiego Uniwersytetu Fryderyka Wilhelma we Wrocławiu, wyruszył po raz pierwszy w podróż badawczą do Polski w połowie sierpnia 1934 r. Wyprawa podyktowana była jakoby troską o niemieckie dziedzictwo kulturowe nad Wisłą. Niewykluczone, że początkowo uczony istotnie kierował się szczytnymi pobudkami. Po kilku latach podróż okazała się jednak niezmiernie przydatna z zupełnie innego powodu, niemającego nic wspólnego z nauką.

Frey wraz z trójką kolegów, poruszając się autem, najpierw spenetrował polską część Śląska. Następnie badacze ruszyli trasą przez Kraków, Sandomierz, Kielce, Lwów, Tarnopol, Wołyń, Lublin, Warszawę, Płock, Łódź i Poznań, poznając ich zabytki. Niemiecka ekipa wszędzie spotykała się z niezmiernie życzliwym przyjęciem ze strony polskich historyków sztuki, muzealników, dostojników kościelnych i prywatnych kolekcjonerów, którzy, często nie szczędząc czasu i wysiłku, oprowadzali przybyszów po swoich obiektach i pokazywali zgromadzone tam zbiory. Wszystko, co zobaczyli czterej naukowcy, zostało dokładnie opisane bądź sfotografowane, a także oznaczone pod względem topograficznym. Podróż okazała się więc niezwykle owocna, ale nie wyczerpywała potrzeb badawczych profesora.

W kolejną wyprawę do Polski Dagobert Frey udał się po czterech latach, tym razem tylko w towarzystwie Gerharda Sappoka, dosyć znanego już historyka, pełniącego podczas pierwszej misji badawczej funkcję asystenta, sekretarza i tłumacza. Większą część trasy panowie pokonali koleją. Liczba miejsc, które odwiedzili, była imponująca: Poznań, Chełmno, Chełmża, Toruń, Warszawa, Grodno, Wilno, Troki, Głębokie, Berezwecz, Żułów, Nowogródek, Lida, Słonim, Nieśwież, Stołpce, Krewo, Małomożejków, Szynkowicze, Białystok, Supraśl, Siedlce, Radzyń, Węgrów, Kryłos pod Haliczem, Lwów, Łańcut, Leżajsk, Kraków, Częstochowa i Kalisz. Zebrana podczas wyprawy dokumentacja dotycząca zabytków była równie obfita, a przyjęcie naukowców przez ludzi z kręgu polskiej kultury i sztuki – jak zawsze serdeczne. Niemcy wykonali tytaniczną wręcz pracę, a wszelkie informacje, jakie zdobyli, miały się okazać już niedługo niezwykle im pomocne.

Wiosną 1939 r., w atmosferze wojennego zagrożenia, naczelnik Wydziału Sztuki Ministerstwa Wyznań Religijnych i Oświecenia Publicznego dr Władysław Zawistowski przekazał wytyczne odnośnie do zabezpieczenia dóbr kultury polskiej w przypadku wybuchu konfliktu zbrojnego. Ochronie na miejscu miały podlegać:

Zabytki ruchome: archiwa, biblioteki, muzea, zbiory publiczne i prywatne, skarbce kościelne oraz cenniejsze zabytki należące do korporacji publicznoprawnych i osób prywatnych. Natomiast ewakuacją mają być objęte wyłącznie wyjątkowej wartości dzieła sztuki przede wszystkim polskiej, rękopisy, stare druki oraz archiwalia dotyczące historii państwowości polskiej[1].

Niestety ministerstwo ograniczyło się wyłącznie do wydania zaleceń, licząc na samodzielną inicjatywę dyrektorów i prywatnych właścicieli muzeów, bibliotek czy archiwów. Stanisław Lorentz, dyrektor Muzeum Narodowego w Warszawie, wspominał o krokach, jakie podjął w celu ochrony zbiorów w kierowanej przez siebie placówce:

Po namyśle postanowiłem nic nie wywozić – bo i nie było dokąd – i w miarę możności zabezpieczyć zbiory na miejscu. Sądziłem, że nie można zbiorów rozpraszać i lokować gdzieś w pałacach lub dworach wiejskich czy na przykład w klasztorach oddalonych od wielkich ośrodków, bo grozi im wtedy w czasie wypadków wojennych spalenie czy rozgrabienie, a nie będziemy w stanie zapewnić tym zbiorom dostatecznej opieki personelu muzealnego. Okazało się później, że moje rozumowanie było słuszne. W kwietniu rozpoczęliśmy w stolarni muzealnej przygotowanie okutych drewnianych skrzyń, wewnątrz wybitych cynkową blachą. Wykonano ich kilkaset. Równocześnie kustosze przygotowywać zaczęli jak najpoufniej wykazy zbiorów, które w kolejności należało pakować.

W czerwcu zgłosił się do mnie Roger Raczyński z zapytaniem, czy zgodzę się na zdeponowanie w Muzeum galerii obrazów z Rogalina. Przywieziono ją w tajemnicy, fałszywie sygnując skrzynie. W lipcu i sierpniu napływać poczęły dalsze depozyty. 25 sierpnia rozpoczęliśmy pakowanie zbiorów według ustalonych list i znosiliśmy skrzynie do podziemi muzealnych[2].

Wiele dzieł z wiejskich i miejskich pałaców trafiło wówczas pod opiekę dyrektora Lorentza i jego zespołu. Wydawało się, że Warszawa i miejscowości położone bardziej na wschód będą bezpieczne i uda się je uchronić przed działaniami najeźdźcy.

Przygotowania na wypadek wojny czyniono również w kierowanym przez profesora Feliksa Koperę Muzeum Narodowym w Krakowie. W połowie sierpnia 1939 r. rozpoczęto tam pakowanie zbiorów i przewożenie ich z Sukiennic do schronu przeciwlotniczego, usytuowanego w nowo wybudowanym gmachu Muzeum przy alei 3 Maja. Numizmaty umieszczono w beczkach, które zakopano. Wspaniały *Hołd pruski* Jana Matejki został wywieziony po pierwszych nalotach na miasto 1 września 1939 r. i ukryty w Zamościu, w podziemiach kościoła św. Katarzyny. Na jego

Muzeum Narodowe w Krakowie przygotowywało się do ewentualnej grabieży ze strony niemieckiej jeszcze przed rozpoczęciem wojny. Niestety, nie wszystkie dzieła sztuki udało się skutecznie ukryć.

trop wpadło jednak gestapo. Ponieważ zgodnie z porzekadłem najciemniej jest pod latarnią, Polacy już 17 listopada przetransportowali obraz z powrotem do Krakowa i ukryli go w Muzeum im. Emeryka Hutten-Czapskiego, będącym oddziałem Muzeum Narodowego, gdzie spokojnie doczekał końca wojny.

Sławny ołtarz Wita Stwosza z kościoła Mariackiego został zdemontowany w drugiej połowie sierpnia 1939 r. pod kierownictwem doktora Karola Estreichera juniora przez krakowskich strażaków. Jego główne elementy zapakowano do drewnianych skrzyń i spławiono Wisłą do Sandomierza. Tam w dniu wybuchu wojny ukryto je w gotyckiej, XIV-wiecznej katedrze Narodzenia Najświętszej Maryi Panny i w diecezjalnym seminarium duchownym.

Prywatne zbiory dzieł sztuki ewakuowano głównie z terenów graniczących z III Rzeszą. Wspomniano już o zbiorach Raczyńskich z Rogalina. Czartoryscy najcenniejsze eksponaty ze swojej słynnej kolekcji przenieśli z Gołuchowa koło Poznania i Krakowa do oficyny pałacu w Sieniawie. Znalazły się tam: *Dama z gronostajem* Leonarda da Vinci, *Portret młodzieńca* pędzla Rafaela Santi oraz *Krajobraz z miłosiernym Samarytaninem* Rembrandta, a także arcydzieła sztuki złotniczej i pamiątki historyczne po królach Polski. W piwnicach należącej do rodu kamienicy przy ulicy Kredytowej w Warszawie zamurowano 28 skrzyń i blaszanych rur wypełnionych pochodzącymi z Gołuchowa drogocennymi przedmiotami antycznymi, starożytnymi brązami, wyrobami z kości słoniowej, emaliami limuzyjskimi, szkłami grecko-rzymskimi, obrazami XVI-wiecznych mistrzów francuskich i niemieckich czy pamiątkami osobistymi.

Najcenniejsze dzieła z kolekcji rodziny Tarnowskich, eksponowane na zamku w Dzikowie koło Tarnobrzega, zostały wywiezione do lwowskiego Muzeum Książąt Lubomirskich. Zbiory archiwum i biblioteki zamurowano w piwnicach zamku oraz krypcie grobowej pod klasztorem Dominikanów.

Hrabia Alfred Potocki część swojej kolekcji ukrył zręcznie w rozmaitych kryjówkach w pałacu w Łańcucie, natomiast reszta zbiorów pozostała na dotychczasowych miejscach.

Już po wybuchu wojny Polacy kontynuowali ewakuację najcenniejszych zabytków. Najbardziej dramatyczny przebieg miała akcja wywiezienia 250 obiektów, w tym 138 XVI-wiecznych tak zwanych arrasów wawelskich zakupionych przez króla Zygmunta II Augusta, ze zbiorów Zamku Królewskiego na Wawelu. Ewakuowano je, ze względu na brak odpowiednich środków transportu, wiślaną barką węglową późnym wieczorem 3 września 1939 r., pod opieką pracowników zamku. Po wielu perypetiach spowodowanych szybkimi postępami wojsk niemieckich, panowaniem Luftwaffe w powietrzu i trudnościami ze zdobyciem paliwa ten niezwykły środek transportu z równie niezwykłym ładunkiem, pokonawszy około 250 kilometrów, przybił do brzegu w miejscowości Męćmierz koło Kazimierza Dolnego. Stamtąd, dzięki zaangażowaniu wielu miejscowych ludzi dobrej woli i pomocy wojska, wawelskie skarby udało się wywieźć – już 18 września 1939 r. przekroczyły rumuńską granicę. Następnie przez port w Constancie, a potem Konstantynopol, Pireus, Maltę, Palermo i Genuę drogą morską dotarły do Marsylii we Francji. Po jej upadku polskie skarby znalazły się w Londynie, skąd ostatecznie, z uwagi na groźbę inwazji, polskim transatlantykiem

„Batory" wyekspediowano je do Kanady. Do Polski powróciły dopiero w 1961 r.

Równie dramatyczne okoliczności towarzyszyły ewakuacji słynnej *Bitwy pod Grunwaldem* Jana Matejki. Eksponowane w warszawskiej Zachęcie dzieło sztuki malarskiej, obrazujące zwycięstwo Polaków nad niemieckim zakonem krzyżackim, działało na nazistów głoszących teorie o wyższości rasy teutońskiej nad Słowianami niczym czerwona płachta na byka. Obraz zapakowano w skrzynię i wywieziono z bombardowanej stolicy 7 września 1939 r. na konnej platformie. Transportowi asystowali dyrektor administracyjny Zachęty Stanisław Mikulicz-Radecki z żoną, wiceprezes Zachęty artysta malarz Stanisław Ejsmond oraz artysta malarz Bolesław Surałło. W czasie trwającej dwa dni podróży dwukrotnie zmieniano ostrzelane przez niemieckie samoloty konie. Ostatecznie obraz został ukryty w specjalnie skonstruowanej ladzie bibliotecznej na zamku lubelskim, będącym siedzibą lokalnego muzeum. Na ulicach Lublina, podczas intensywnego bombardowania miasta, zginęli pod gruzami Ejsmond i Surałło.

Z Zamku Królewskiego w Warszawie, siedziby Prezydenta Rzeczypospolitej Polskiej, w ramach ewakuacji kancelarii wywieziono na wschód również szereg cennych rzeczy. Jak pisze Stanisław Lorentz, były tam: „dwa obrazy Matejki »Batory pod Pskowem« i »Rejtan na sejmie warszawskim« […], 2 arrasy z herbem Chaleckiego oraz 17 paczek z zastawą stołową[3]". Wśród wywożonych rzeczy znajdował się również niezwykle cenny jedwabny perski kobierzec, tak zwany dywan wilanowski z XVI wieku, o którym krążyła legenda, że został zdobyty przez wojska króla Jana III Sobieskiego pod Wiedniem.

Transport wszystkich dóbr wraz z prezydentem Ignacym Mościckim znalazł się wkrótce na zamku Radziwiłłów w Ołyce na Wołyniu. Mościcki pozostawił tam ów cenny depozyt, który został później zagarnięty przez wojska sowieckie. Obrazy Matejki znalazły się w efekcie w muzeum w Łucku. Potem zostały przejęte przez Niemców, natomiast po perskim dywanie wszelki ślad zaginął.

Przetransportowanie rzeźb Wita Stwosza okazuje się dość trudne

Początkowo główną instytucją III Rzeszy zaangażowaną w grabież polskich dzieł sztuki była wspólnota naukowo-badawcza „Das Ahnenerbe" – „Dziedzictwo przodków", działająca pod egidą Reichsführera SS Heinricha Himmlera. Członkowie tej organizacji prezentowali kontrowersyjne poglądy, zgodnie z którymi Polska była właściwie krajem niemieckim:

> *Niemal każda murowana fara, ruina warownego niegdyś zamku, wieloskrzydłowa nastawa ołtarzowa, inkrustowana szkatułka, złocony kielich z rytowanym monogramem, rękopis iluminowany czy rysunek piórkiem gdzieś tam „nie tak daleko" w Polsce, w Toruniu, Bieczu, Wilnie, Tarnowie czy Krakowie były przede wszystkim świadectwem historii, głównie dziejów niemieckiego narodu, naocznym dowodem jego kulturotwórczej roli i dziejowej misji niemieckich osadników, „zasłużonych krzewicieli cywilizacji zachodniej" na zaniedbanych ponoć obszarach, germańskich niegdyś, obecnie „zajętych przez Słowian"*[4].

Już 4 września 1939 r. kierownictwo Das Ahnenerbe skierowało do Heinricha Himmlera pismo, w którym proponowano grabież zbiorów muzeów z Bydgoszczy, Poznania, Gniezna, Torunia, Krakowa i Lwowa. Oczywiście pod pozorem zabezpieczenia i ochrony dowodów „germańskości" tych ziem. Lista zabytków znajdujących się w sferze zainteresowania instytucji została sporządzona sześć dni później. Obejmowała ona zamki, kościoły, muzea, zbiory, galerie, archiwa, wykopaliska, a także wszelkie dokumenty stojące w sprzeczności z teorią panslawizmu w tych rejonach.

Akcją „zabezpieczania" zabytków miał się zająć specjalnie do tego powołany oddział pod dowództwem profesora prehistorii uniwersytetu berlińskiego SS-Untersturmführera Petera Paulsena, nazwany od jego nazwiska Einsatzkommando Paulsen. Ponadto w terenie to komando „szabrowników" miało być wspierane przez niesławne formacje Einsatzgruppen. Formalnie oddział podlegał szefowi Głównego Urzędu Bezpieczeństwa Rzeszy Reinhardowi Heydrichowi.

Najważniejszą akcją przeprowadzoną przez Einsatzkommando Paulsen było odnalezienie i wywiezienie do Rzeszy ołtarza Wita Stwosza. Na trop tego arcydzieła sztuki rzeźbiarskiej o „ewidentnie niemieckim charakterze" Niemcy trafili bardzo szybko. Już 1 października Paulsen wysłał po niego do Sandomierza trzy meblowozy. Jak później relacjonował:

Przetransportowanie rzeźb Wita Stwosza okazuje się dość trudne. Ruchy wojsk poważnie to utrudniają [...]. Skrzynie z katedry w Sandomierzu są duże. Cztery z nich ważą osiemset kilogramów każda. Ze względu na złe warunki na drogach musieliśmy jechać bez przyczepy, a ze względów bezpieczeństwa tylko za dnia[5].

Elementy ołtarza odnalezione w Sandomierzu trafiły początkowo do Berlina, skąd na mocy decyzji Adolfa Hitlera przewieziono je do Norymbergi, miejsca urodzin i śmierci Wita Stwosza. Wkrótce też przetransportowano tam pozostałe części dzieła. Kompletny ołtarz miał być umieszczony w specjalnym schronie przeciwlotniczym. Spotkało się to z wielkim niezadowoleniem Hansa Franka, przeciwnego wywozowi jakichkolwiek dzieł sztuki z zarządzanego przez siebie obszaru. Ponadto prawo do ołtarza mariackiego rościło sobie również SS. Führer jednak nie zamierzał zmieniać swojej decyzji.

Działanie na większą skalę pokrzyżowało Paulsenowi przybycie z Wiednia SS-Sturmbannführera doktora Kajetana Mühlmanna, który 9 października 1939 r. otrzymał od Hermanna Göringa pełnomocnictwo do zabezpieczania dzieł sztuki na okupowanym terytorium Polski. Ponieważ działały dwa konkurujące ze sobą zespoły „grabieżców", dochodziło do sporów kompetencyjnych. Problem udało się rozwiązać na konferencji w Krakowie 28 października 1939 r. Grupa Paulsena miała się od tego dnia zająć „zabezpieczaniem" obiektów prehistorycznych i dóbr o charakterze naukowym.

Einsatzkommando Paulsen do końca października operowało w Krakowie. W tym czasie dokonano przeglądu zbiorów instytutów Uniwersytetu Jagiellońskiego i Akademii Górniczej pod kątem ich dalszego wykorzystywania. Część księgozbioru biblioteki Wydziału Prawa Uniwersytetu Jagiellońskiego została przekazana do Berlina.

Jednym z najcenniejszych dzieł polskej sztuki sakralnej, zagrabionym w czasie wojny był Ołtarz Mariacki Wita Stwosza. Ołtarz został wywieziony m.in. do Berlina, gdzie był prezentowany w Muzeum Cesarza Fryderyka.

30 października grupa Paulsena wyjechała do Warszawy. Stamtąd część zbiorów Biblioteki Sejmowej wyekspediowano do stolicy III Rzeszy. Najcenniejsze pozycje z zasobów Biblioteki Ordynacji Zamoyskiej zostały spakowane do skrzyń i przekazane miejscowej placówce SD (Sicherheitsdienst – Służba Bezpieczeństwa SS). Kilka tysięcy eksponatów i sporą część literatury naukowej straciło również Państwowe Muzeum Archeologiczne. Część zbiorów zwierząt, specjalistyczne książki i przyrządy optyczne zostały wywiezione do Salzburga z Państwowego Muzeum Zoologicznego.

Ekipa Paulsena spenetrowała również warszawskie wyższe uczelnie. Aż 100 wagonów kolejowych i pewna liczba ciężarówek potrzebne były według Niemców do wywiezienia samych tylko urządzeń i zbiorów Politechniki Warszawskiej. Duże zainteresowanie wzbudziła też biblioteka Uniwersytetu Warszawskiego. Aby wywieźć jej zbiory, jak szacowano, trzeba było 450–500 samochodów ciężarowych. Do Berlina wyjechały na pewno zbiory Seminarium Filologii Germańskiej. Ponadto lustracją zostały objęte: Szkoła Główna Gospodarstwa Wiejskiego, Szkoła Główna Handlowa i Wolna Wszechnica Polska.

Misja Einsatzkommando Paulsen została uznana za zakończoną po tym, jak zgodnie z zarządzeniem z 22 listopada 1939 r. sygnowanym przez Hansa Franka zabroniono wywozu dóbr sztuki i kultury poza Generalne Gubernatorstwo. Powyższy fakt jest jednym ze świadectw ostrej rywalizacji o prawo do zdobyczy w Polsce, jaka miała miejsce między Himmlerem i Frankiem. Do następnej konfrontacji doszło 16 grudnia 1939 r. Wówczas to Heinrich Himmler wydał zarządzenie o konfiskacie dóbr kulturalnych na terenach przyłączonych do Rzeszy i w Generalnym Gubernatorstwie. Miała ona obejmować:

> 1. *Historyczne i przedhistoryczne przedmioty, akta, księgi i dokumenty, które mają znaczenie dla badania życia kulturalno-historycznego i publicznego, a w szczególności dotyczące udziału Niemiec w historycznym, kulturalnym i gospodarczym rozwoju kraju, oraz dokumenty posiadające znaczenie dla dziejów współczesnych.*
> 2. *Dzieła sztuki albo wartościowe przedmioty o znaczeniu kulturalno-historycznym, jak obrazy, rzeźby, meble, dywany, kryształy, książki itp.*
> 3. *Przedmioty, urządzenia i kosztowności ze szlachetnych metali*[6].

Tego samego dnia w Krakowie Gubernator Generalny Hans Frank wydał rozporządzenie o konfiskacie dzieł sztuki w Generalnym Gubernatorstwie, głównie tych z kolekcji prywatnych i kościelnych (15 listopada Frank wydał rozporządzenie o konfiskacie majątku państwowego). Polacy posiadający takowe zbiory zostali zobowiązani do zgłoszenia tego faktu, określenia rodzaju, stanu oraz liczby dzieł sztuki. Niezastosowanie się do powyższego nakazu groziło postawieniem przed sądem specjalnym i karą więzienia.

Grabiła ona z wszystkich oddziałów Muzeum

Zaufany człowiek feldmarszałka Hermanna Göringa SS-Sturmbannführer doktor Kajetan Mühlmann okazał się typem niezwykle inteligentnym i obrotnym. Szybko wkupił się w łaski

Hansa Franka i stał się jedną z czołowych postaci zaangażowanych w akcję grabieży dzieł sztuki w Polsce. Zarządzeniem Generalnego Gubernatora z 19 grudnia 1939 r. otrzymał nawet tytuł Pełnomocnika Specjalnego dla Sporządzenia Spisu i Zabezpieczenia Dzieł Sztuki i Zabytków Kultury w Generalnym Gubernatorstwie. To w jego gestii znalazło się decydowanie o losach obiektów podlegających rozporządzeniu o konfiskacie dzieł sztuki. W rzeczywistości ich „spisywanie i zabezpieczanie" polegało na wyselekcjonowaniu co cenniejszych eksponatów i zarezerwowaniu ich na potrzeby zwierzchników, w tym oczywiście samego Adolfa Hitlera. Führer, niespełniony artysta malarz, zastrzegł sobie prawo dysponowania najcenniejszymi przedmiotami pochodzącymi z okupowanych terytoriów. Miały one trafić do muzeum w Linzu, w jego rodzinnych stronach, które Führer zamierzał uczynić największą tego typu placówką na świecie. Do końca wojny na potrzeby muzeum zgromadzono 8000 obrazów.

Ekspozycję muzeum w Linzu miała zasilić słynna „Wielka Trójka" Czartoryskich: *Dama z gronostajem*, *Portret młodzieńca* i *Krajobraz z miłosiernym Samarytaninem*. Po wejściu wojsk niemieckich do Sieniawy skrytka z ukrytymi tam zabytkami została splądrowana. Zaginęła antyczna biżuteria, zniknęły drogocenne pamiątki po polskich królach. Pozostałości kolekcji zostały przejęte przez gestapo i złożone w Jarosławiu. Tam odnalazł je Kajetan Mühlmann. Obrazy Rafaela, Rembrandta i da Vinci już w listopadzie 1939 r. znalazły się w Berlinie.

Wymiernym efektem pracy Mühlmanna i podległego mu zespołu historyków oraz fotografów był okazały pięciotomowy katalog najcenniejszych dzieł sztuki znajdujących się w Polsce.

Katalog ten został prawdopodobnie wręczony przez Hansa Franka Hitlerowi w dosyć uroczystych okolicznościach – 8 lipca 1940 r., a więc tuż po tym, jak Führer po zwycięstwie nad Francją z wielką pompą powrócił do Berlina.

Kajetan Mühlmann miał tyle pracy, że w akcję „zabezpieczania" dzieł sztuki zmuszony był włączyć swego przyrodniego brata Josefa. Kierowana przez niego grupa w listopadzie i grudniu dokonywała konfiskat na terenie Warszawy. W drugiej połowie listopada Niemcy pojawili się w Bibliotece Uniwersytetu Warszawskiego.

Na podstawie pełnomocnictwa otrzymanego od Generalnego Gubernatora z 14 XI 1939 zażądali oni wydania zbioru oryginalnych rysunków. Szczególnie zależało im na rysunkach Dürera, które były im znane z publikacji. [...] W trzech kolejnych wizytach 21, 22 listopada oraz 14 grudnia komisarze niemieccy zabrali oprócz trzech rysunków Dürera, wyobrażających Śpiącą lwicę, Matkę Boską z Dzieciątkiem i ekslibris Pirckheimera, 275 rysunków różnych szkół, królewski zbiór rycin w 162 zabytkowych tekach, 8 pudeł i tek z rysunkami architektonicznymi, 11 wol. ze sztychami Piranesiego, 6 wol. rękopisów ze zbioru Toločanova [...]. Przy pakowaniu tych zbiorów okazało się, że przywiezione przez Niemców skrzynie były za małe na zabytkowe teki królewskiego zbioru rycin. Obecny wraz z dr Sawicką dyr. Lewak pozwolił sobie na kostyczną uwagę, że zbiory polskie przetrwały już niejedną wywózkę i że przy wywożeniu Biblioteki Załuskich kozacy szablami przecinali cenne oprawy większych książek, chcąc je pomieścić w zbyt małych skrzynkach. Niemcy poznali się na złośliwej aluzji. Na ostre żądanie Krausa firma Schenker dostarczyła skrzyń większych rozmiarów i w nich zapakowano wybrane zbiory[7].

Warszawska Zachęta była „ogałacana" przez Niemców przez cały okres okupacji. Na zdjęciu widoczny załadunek dzieł sztuki na ciężarówkę i przyczepy pod budynkiem Zachęty.

Niemcy ogołocili również budynek Zachęty. Usilnie poszukiwali zwłaszcza *Bitwy pod Grunwaldem*. Za udzielenie informacji o niej wyznaczona została nawet nagroda w wysokości 2 000 000 marek. Szerszych poszukiwań dzieła Matejki zaprzestano dopiero po tym, jak polskie radio w Londynie podało fałszywą informację o ściągnięciu obrazu do Wielkiej Brytanii.

W Muzeum Narodowym u profesora Lorentza w asyście Josefa Mühlmanna pojawił się niespodziewanie stary znajomy, którego przed wojną dyrektor tak chętnie oprowadzał po zabytkach Wilna i Warszawy – Dagobert Frey. Wrocławski profesor służył również jako ekspert podczas ograbiania ruin Zamku Królewskiego; wskazywał wówczas, które rzeczy należałoby wywieźć. W siedzibie polskiego prezydenta 18 października pojawił się sam Hans Frank. Generalny Gubernator, niczym pospolity złodziejaszek, zerwał srebrne orły zdobiące baldachim nad tronem królewskim i schował je sobie do kieszeni.

Najcenniejsze rzeczy zrabowane z wyposażenia Łazienek Królewskich znalazły się między innymi w rezydencji Hansa Franka w Krzeszowicach, w będącym siedzibą gubernatora dystryktu warszawskiego Ludwiga Fischera pałacu Brühla oraz w prywatnych apartamentach innych nazistowskich dygnitarzy, w tym Josefa Mühlmanna. Część pozostałych rzeczy została zmagazynowana w Muzeum Narodowym w Warszawie, wiele jednak pozostało na swoich pierwotnych miejscach i było systematycznie rozgrabianych przez niemieckie służby i urzędy.

W Muzeum Narodowym w Krakowie Niemcy pojawili się już w kilka dni po zajęciu miasta 6 września 1939 r. Najpierw zrabowane zostały dokumenty inwentarzowe muzeum oraz katalogi dzieł sztuki. Po pewnym czasie wróciły na miejsce, ale mocno zdekompletowane. Niemcy polecili przewieźć zabezpieczone w schronie przeciwlotniczym dzieła sztuki z powrotem do Sukiennic. Najcenniejsze obiekty zarekwirowano na polecenie Kajetana Mühlmanna i złożono je w gmachu Biblioteki Jagiellońskiej, skąd niektóre zostały skradzione i trafiły na czarny rynek. Sam pełnomocnik przywłaszczył sobie obraz Maksymiliana Gierymskiego *Zima w małym miasteczku*. Dzieło zaginęło na blisko 80 lat. Odnaleziono je dopiero pod koniec 2017 r.

Wiele zabytków zostało rozgrabionych przez innych niemieckich urzędników, rzekomo rekwirujących je z polecenia Gubernatora, często jednak bez stosownych zaświadczeń. Wielkim wzięciem cieszyły się zwłaszcza zabytkowe meble i dywany, ale również obrazy, którymi dekorowano ściany prywatnych gabinetów. Ogłoszenie przez Franka dekretu o konfiskacie spowodowało, że umundurowani funkcjonariusze niemieckich służb zaczęli odwiedzać prywatne domy i dokonywali „rekwizycji" na własną rękę. Zjawisko to w największym stopniu występowało w Warszawie.

Nazistowscy dygnitarze z upodobaniem obdarowywali się obrazami pochodzącymi z polskich kolekcji. Kiedy starosta miasta Krakowa Ernst Zörner został mianowany przez Franka szefem administracji cywilnej w dystrykcie lubelskim, niemieccy urzędnicy wyprawili ucztę pożegnalną w kasynie urządzonym w pałacu Larischa. W czasie tej uczty były starosta tak wzruszył się, patrząc na wiszącą na ścianie akwarelę Leona Wyczółkowskiego *Brama Krakowska w Lublinie o zmierzchu pod śniegiem*, będącą własnością Muzeum Narodowego, że uczestnicy libacji pospiesznie zdjęli ją i wśród gromkich braw wręczyli odchodzącemu koledze.

Kraków miał to nieszczęście, że jego okupacyjni zarządcy byli ludźmi nadzwyczaj hojnymi. Josef Krämer, ostatni Niemiec na stanowisku starosty miasta, jeszcze na kilka tygodni przed wkroczeniem Armii Czerwonej wspaniałomyślnie obdarował generała Josefa Harpego, dowódcę Grupy Armii „Północna Ukraina", XVII-wiecznym obrazem Tomasza Dolabelli *Poddanie Smoleńska*, oczywiście ze zbiorów Muzeum Narodowego.

Wielkiego spustoszenia wśród zbiorów Muzeum Narodowego w Krakowie i Państwowych Zbiorów Sztuki na Wawelu dokonała Lora Wächter, żona gubernatora dystryktu krakowskiego Ottona Wächtera:

> *Grabiła ona z wszystkich oddziałów Muzeum dla dekoracji Pałacu pod Baranami, siedziby dystryktu, najprzedniejsze arcydzieła malarstwa*

i najpiękniejsze obiekty z meblarstwa zabytkowego, militariów itd., mimo że Dyrektor Muzeum ostrzegał ją przed braniem arcydzieł do dekoracji. Z tych rzeczy zaginęły takie obrazy jak: Breughela „Walka karnawału z postem", Fałata „Zaloty myśliwca" i „Widok Krakowa" oraz inne, wiele zaś wróciło w stanie wielkiego zniszczenia[8].

Wspomniane obrazy do dziś figurują na liście polskich strat wojennych. Podobnie jak 257 książek „wypożyczonych" na przełomie lat 1939/1940 z Biblioteki Uniwersytetu Warszawskiego dla Gubernatora Generalnego.

Warto nadmienić, że łupem niemieckich urzędników padały nie tylko obrazy klasycznych mistrzów, ale również cenne

Dama z gronostajem Leonarda da Vinci była jednym z wywiezionych z Polski obrazów. Po wojnie odnaleźli ją amerykańscy żołnierze. Procesem sprowadzenia obrazu do Polski zajmował się historyk sztuki Karol Estreicher.

eksponaty techniczne. Z Muzeum Komunikacji w Warszawie jesienią 1940 r. niemiecka komisja złożona z ekspertów w zakresie nauki i techniki zrabowała 160 eksponatów związanych z historią polskiej komunikacji, które przeznaczono dla placówek w III Rzeszy. W późniejszym czasie niemiecki urzędnik kolejowy zrabował zbiory wielkiej składnicy muzealnej, gdzie przechowywano eksponaty wystawiane na krajowych i międzynarodowych wystawach. Oprócz przedmiotów wystawowych były tam meble, bibeloty, dywany, rzeźby, ceramiczne i kryształowe wazony i tkaniny dekoracyjne. Tuż po wojnie ich wartość oceniono na 10 000 000 przedwojennych złotych. Do tego niemieccy urzędnicy różnych szczebli ustawicznie przywłaszczali sobie różne atrakcyjne dla siebie przedmioty ze zbiorów Muzeum Komunikacji, traktując je jako pamiątki z czasów służby w Polsce.

Niepowetowane straty

Grabież dzieł sztuki odbywała się na wszystkich okupowanych przez Niemców terenach Polski. Na ziemiach wcielonych niemieckim organem odpowiedzialnym za konfiskatę mienia był HTO, czyli Główny Urząd Powierniczy Wschód. 1 grudnia 1939 r. utworzono przy nim urząd Generalnego Powiernika ds. Zabezpieczenia Niemieckich Dóbr Kulturalnych na Ziemiach Wcielonych. Na to stanowisko powołany został współpracownik Das Ahnenerbe, profesor uniwersytetu we Frankfurcie nad Menem Heinrich Harmjanz. Dla usprawnienia konfiskaty przy poszczególnych oddziałach HTO utworzono placówki podległe bezpośrednio Generalnemu Powiernikowi, których funkcjonariusze ograbiali polskie instytucje kulturalne: państwowe, prywatne i kościelne.

Muzeum Wielkopolskie w Poznaniu zostało przemianowane na Kaiser Friedrich Museum. Dzieła polskich twórców, jako przykład sztuki „zdegenerowanej", zostały usunięte z ekspozycji i przeniesione do kościoła św. Marcina. Tam też urządzono składnicę zrabowanych dzieł sztuki. Znajdujące się wśród zagrabionych rzeczy kosztowności ze srebra i złota, niezależnie od ich walorów artystycznych i zabytkowych, wywożono do Berlina, do siedziby Generalnego Powiernika. Tam były sprzedawane, a uzyskane tą drogą pieniądze przekazywano do budżetu III Rzeszy. 7 listopada 1941 r. z Kraju Warty wyjechało kilkanaście wagonów wypełnionych kosztownościami.

Po uderzeniu Niemców na Związek Radziecki w 1941 r. tamtejsze polskie tereny, zajęte już przez Wehrmacht, w poszukiwaniu dzieł sztuki wizytował Kajetan Mühlmann. We Lwowie znalazł się tuż po zdobyciu miasta i odnalazł 27 rysunków Albrechta Dürera z upaństwowionego przez Sowietów Muzeum Książąt Lubomirskich. Bezpośrednio ze Lwowa udał się więc do rezydencji Göringa w Carinhall i przekazał rysunki marszałkowi Rzeszy, a ten bezzwłocznie podarował je Führerowi.

W grabież dóbr kultury na polskich Kresach zaangażowane były również inne okupacyjne instytucje: tak zwany sztab Rosenberga, powołany zarządzeniem Hitlera z 1 marca 1942 r. i podległy ministrowi ds. okupowanych obszarów wschodnich Alfredowi Rosenbergowi, oraz urzędy podporządkowane Komisariatowi Rzeszy Ukraina i Komisariatowi Rzeszy Wschód.

W czasie II wojny światowej Polska poniosła za sprawą Niemców ogromne, niepowetowane straty w dziedzinie kultury i sztuki. Wybitne dzieła nie tylko kradziono, ale też, czasem bezmyślnie, a najczęściej celowo, niszczono. Nieznana jest też skala prywatnej grabieży, której dopuszczali się żołnierze niemieccy. A była ona znaczna – akcje okradania polskich domów trwały do ostatnich dni niemieckiej okupacji. Masowych grabieży i plądrowania zakrojonego na szeroką skalę doświadczyła zwłaszcza Warszawa podczas Powstania Warszawskiego i po nim. Według ostrożnych obliczeń Niemcy ze zburzonego miasta wywieźli nie mniej niż 50 000 wagonów kolejowych zrabowanego Polakom dobytku. Wśród tego dobra było z pewnością wiele cennych, zabytkowych przedmiotów.

Nie sposób jest dziś nawet ustalić, ile przed wojną było w Polsce muzeów, nie mówiąc już o wielkości ich zbiorów. Dzieła sztuki nigdy nie zostały dokładnie zinwentaryzowane, brakuje dokumentacji fotograficznej poszczególnych przedmiotów, często znanych tylko z rysunków lub niejasnych opisów. Co prawda w czasach II Rzeczypospolitej Ministerstwo Wyznań Religijnych i Oświecenia Publicznego rozesłało ankietę do wszystkich muzeów, aby sprawdzić liczbę eksponatów, jednak działania strukturyzujące polskie muzealnictwo przerwał wybuch wojny. Należy jeszcze uwzględnić fakt, że pewna część placówek muzealnych znalazła się we władaniu Sowietów.

Przyjmuje się, że podczas II wojny światowej Polska utraciła około 500 000 zabytkowych obiektów ruchomych. W zestawieniu publikowanym przez Ministerstwo Kultury i Sztuki prezentowanych jest zaledwie około 60 000 przedmiotów. Z tego 13 000 to obrazy, 8700 stanowią ryciny i rysunki, 4000 – przedmioty ze złota, 3500 – rzeźby, a 4500 – meble. Wielkie straty poniosły polskie biblioteki, które utraciły ponad 50 000 000 tomów książek, z tego około 1 200 000 unikatowych zabytków piśmienniczych. Równie ogromne i nieodwracalne są straty polskich archiwów, z których straty Archiwum Akt Nowych wyniosły 97%, a straty Archiwum Głównego Akt Dawnych – około 80% posiadanych zasobów. Archiwum Oświecenia Publicznego i Archiwum Skarbowe zostały zniszczone doszczętnie.

Obecnie wartość strat ruchomych dóbr kultury w Polsce powstałych w następstwie II wojny światowej określona jest na około 20 000 000 000 dolarów – i jest to tylko wartość strat udokumentowanych. Rzeczywistych przypuszczalnie nie poznamy nigdy.

XII / Obozy niemieckie, o których się milczy

„Szczuto ich psami i bito bykowcami”

Gdyby zapytać przeciętnego Polaka o niemieckie obozy w naszym kraju, zapewne bez wahania wymieniłby takie miejsca jak Auschwitz czy Majdanek. Tymczasem w Polsce podczas niemieckiej okupacji istniały nie tylko wątpliwej sławy obozy śmierci. Były jeszcze tysiące innych, często już dziś zapomnianych miejsc, gdzie naszych rodaków przymuszano do morderczej, niewolniczej pracy, głodzono, bestialsko torturowano i zabijano. Ogółem podczas okupacji Niemcy utworzyli na polskich ziemiach ponad 6000 obozów o różnorodnym charakterze. Jeśli pokusilibyśmy się o naniesienie ich lokalizacji na mapę, okazałoby się, że w Polsce nie ma wolnego od nich zakątka.

Pierwsze niemieckie obozy powstały już w najwcześniejszych dniach kampanii wrześniowej. Były to przejściowe obozy podległe Einsatzgruppen der Sicherheitspolizei, czyli specjalnym grupom operacyjnym policji bezpieczeństwa. Utworzono je w ramach opisywanej w jednym z poprzednich rozdziałów akcji „Tannenberg" w celu odizolowania „najbardziej fanatycznych obrońców polskości" przed ich późniejszą eksterminacją bądź wywiezieniem do obozów koncentracyjnych na terenie Rzeszy.

Obóz Stutthof miał odegrać szczególną rolę w realizacji rozwiązania kwestii polskiej na terenie Pomorza Gdańskiego – był jednym z pierwszych obozów założonych na ziemiach okupowanych, już 2 września 1939 r.

Już 2 września 1939 r. został założony niedaleko wsi Stutthof na Mierzei Wiślanej obóz dla jeńców cywilnych ocalałych z pogromów urządzanych przez formacje Einsatzgruppen na terenie Pomorza Gdańskiego. W samym Wolnym Mieście Gdańsku między 1 a 15 września w budynku szkoły średniej dla dziewcząt Victoriaschule funkcjonował obóz przejściowy niemieckiej policji. Przewinęło się przez niego około 3000 Polaków. Innym miejscem odosobnienia naszych obywateli były koszary na terenie gdańskiej dzielnicy Nowy Port.

Najbardziej znanym przejściowym obozem policji był ten zorganizowany w Forcie VII w Poznaniu, zwany początkowo Konzentrationslager-Posen, podlegający Einsatzgruppe VI. Powstał 10 października 1939 r. W następnym miesiącu zmieniono jego nazwę z obozu koncentracyjnego na przejściowy obóz gestapo i podporządkowano szefowi poznańskich struktur tej tajnej nazistowskiej policji. Warunki, jakie panowały w Forcie VII, były katastrofalne. Aresztantów przetrzymywano w niskich, zawilgoconych, pozbawionych okien pomieszczeniach – w większości nieogrzewanych i kiepsko oświetlonych. Panował tam okropny zaduch spowodowany stłoczeniem dużej liczby ludzi na małej powierzchni. We znaki dawał się również odrażający smród pochodzący z wiader, do których więźniowie załatwiali swoje potrzeby fizjologiczne. W celach nie było żadnych sprzętów. Do spania służyła rzadko wymieniana słoma, którą rozściełano na betonowej posadzce.

W obozie więźniowie byli konsekwentnie głodzeni. Śniadanie składało się z kubka kawy i kawałka suchego chleba. Obiad stanowiło pół litra zupy, w której od czasu do czasu znaleźć można było odrobinę kaszy czy brukwi. Na kolację podawano już tylko kawę. W późniejszych latach nawet i te skromne porcje zostały ograniczone i więźniowie karmieni byli tylko dwa razy dziennie.

Brud, niedożywienie i wszechobecne robactwo powodowały choroby. Więźniowie cierpieli głównie na świerzb i ropowicę – ostre ropne zapalenie śródtkankowe, objawiające się wysoką gorączką, silnymi bólami i obrzękiem. Było to schorzenie masowo nękające osoby osadzone we wszystkich niemieckich obozach. Przy ogólnym wyczerpaniu i awitaminozie organizm człowieka wykazywał brak zdolności do zwalczania infekcji bakteryjnych spowodowanych skaleczeniami czy nawet małymi obtarciami. Nieleczona ropowica mogła spowodować ogólne zakażenie organizmu i w konsekwencji śmierć. Kuracja wymagała nacięcia ropienia, oczyszczenia rany i założenia sterylnego opatrunku, co w warunkach panujących w Forcie VII było absolutnie niemożliwe. Obozowa służba zdrowia bowiem nie istniała. Jeśli byli wśród więźniów polscy lekarze, na miarę swoich skromnych możliwości starali się pomóc zagłodzonym i zmaltretowanym rodakom, nie posiadali jednak żadnego wyposażenia, opatrunków ani środków dezynfekujących.

Niemieccy strażnicy stale stosowali wobec więźniów Fortu VII przemoc fizyczną. Wachmanów rekrutowano początkowo spośród wielkopolskich volksdeutschów. Byli to okrutni i brutalni sadyści lubujący się w katowaniu więźniów, ich poniżaniu, lżeniu i mordowaniu:

> *Zgaszono światła i w celi zapanowała głucha cisza. Coraz wyraźniej słychać było ryki i śpiewy pijanych gestapowców, ucztujących w kantynie [...], ryki zdawały się coraz bardziej zbliżać. [...] Tumult, skrzypienie otwieranych drzwi do cel, słowa komendy, wyzwiska, przekleństwa, głuche trzaski i bicia, jęki katowanych, śmiechy gestapowców, strzały rewolwerowe [...]. Czuliśmy, że noc dzisiejsza będzie okropna. W chwilę potem światło zabłysło w celi. [...] Porwaliśmy się z legowisk i jak szaleni, zderzając się ze sobą i potrącając nawzajem, stawaliśmy w dwuszeregu. [...] Wywoływano z szeregu od razu pierwszego z brzegu. [...] Zaczęto go bić trzcinową laską. Kazano mu głośno liczyć uderzenia. Gdy się pomylił lub jęknął, zaczynano od nowa. Brano jednego po drugim. Gdy jeden z oprawców się zmęczył biciem, zastępował go następny. Zresztą inni, widocznie zniecierpliwieni długim trwaniem egzekucji, sami zaczęli nas grzmocić, gdzie popadło. W rezultacie jednemu z nas złamano szczękę. Nie mógł biedak później ani mówić, ani jeść. Gdy przy katowaniu przewrócił się, zaczęto go kopać [...]. A 60-letni ksiądz dziekan M. dwukrotnie zemdlał i dostał 45 kijów*[1].

Po zakończeniu akcji „Tannenberg", co miało miejsce wiosną 1940 r., do kazamat Fortu VII zaczęli trafiać członkowie polskiej konspiracji. To tutaj przeprowadzano też eksperymenty z zastosowaniem pierwszych komór gazowych na ziemiach polskich. Obóz został zlikwidowany wiosną 1944 r. W jego murach bądź podczas masowych egzekucji dokonywanych w pobliskich lasach zginęło kilkanaście tysięcy Polaków. Inne tego typu obozy po wojnie zostały zamknięte lub przekształcone w placówki odosobnienia o innym charakterze.

Wstrętny odór potu, kału i zgnilizny dusił

Równocześnie z przejściowymi obozami policji bezpieczeństwa powstawały przejściowe obozy przesiedleńcze związane z planowaną germanizacją ziem wcielonych do III Rzeszy i masowymi wysiedleniami ludności polskiej. W pewnej części dotyczyło to również terenów Generalnego Gubernatorstwa. Warunki zazwyczaj w nich panujące opisano już w jednym z poprzednich rozdziałów na przykładzie obozu dla przesiedleńców w Zamościu. Nieco uwagi warto jednak poświęcić innemu miejscu, które pełniło podobną funkcję jak obozy dla przesiedleńców. Tym miejscem był Dulag 121 – obóz przejściowy w Pruszkowie dla wypędzonych po Powstaniu mieszkańców Warszawy.

Dulag 121 powstał na terenie warsztatów kolejowych. Obszar o powierzchni 50 hektarów ze znajdującymi się na nim 9 halami fabrycznymi okolony był wysokim murem ze strażniczymi wieżyczkami. Według ocen Rady Głównej Opiekuńczej (RGO) przez obóz w Pruszkowie przeszło 550 000 warszawiaków i około 100 000 osób zamieszkujących najbliższe okolice. Ponad 165 000 z nich wywieziono na roboty przymusowe do Rzeszy. Około 65 000 trafiło do niemieckich obozów koncentracyjnych. Pozostali aresztanci znaleźli się po wojnie w różnych miejscowościach w Generalnym Gubernatorstwie. Nieznana liczba osób została zamordowana przez gestapo w tak zwanym zielonym wagonie służącym jako obozowe więzienie, inni zmarli z ran i wycieńczenia, zbiegli lub zostali przeniesieni do szpitali. Liczba ofiar obozu, według mocno rozbieżnych szacunków, może wynosić od kilkuset do kilku tysięcy osób.

W kulminacyjnym momencie w obozie przebywało około 75 000 osób. Wypędzeni mieszkali tam od dwóch dni do tygodnia. Pierwsza grupa dotarła do Dulagu pieszo 7 sierpnia 1944 r. Byli to wyłącznie starcy, kobiety i małe dzieci, mieszkańcy Woli. Mężczyzn po drodze zabijano z powodu ich rzekomego uczestnictwa w walkach po stronie powstańców. Po kilku dniach, aby przyspieszyć wypędzanie Polaków z Warszawy, ludzi zaczęto transportować do Pruszkowa pociągami z Dworca Zachodniego.

Przez pierwsze pięć dni istnienia obozu władzę w nim sprawowali funkcjonariusze SS:

> *Bramy obozu były pilnie strzeżone przez żandarmerię. W tym czasie wysiedlonych przeprowadzali esesmani w asyście pracowników Arbeitsamtu w atmosferze krzyków, bicia, kopania i płaczu. Jedno krótkie spojrzenie wystarczało do podjęcia decyzji: zdolny do pracy na lewo, niezdolny – na prawo. Odwołania nie było. Z tłumów pojedynczo wybierano tych, którzy mieli zostać wysłani do obozów koncentracyjnych.*

Obóz przejściowy Dulag 121 przeznaczony był dla ludności cywilnej wygnanej z Warszawy podczas i po Powstaniu Warszawskim. Przez obóz przeszło ok. 650 tys. osób – ogromna liczba ludzi sprawiła, że w obozie panowały wyjątkowo złe warunki życia.

Rozdzieleni nie mieli czasu ani na pożegnanie, ani na podział mienia wspólnie zapakowanego w walizce lub paczce[2].

Niezdolni do pracy umieszczani byli w osobnej hali. Danuta Sławińska zjawiła się tam, poszukując swoich bliskich. Wspominała:

Barak wypełniali starcy, kobiety ciężarne, matki obarczone małymi dziećmi, kaleki, chorzy i ranni w stanie nienadającym się, sądząc na oko, do transportu. Tu więc powinni byli znaleźć się ci, których szukam. Nigdzie jednak na nich nie natrafiłam. Prawdopodobnie już odjechali. Otarłam pot z czoła i z trudem przełknęłam ślinę. Gardło miałam wyschnięte od krzyku, wdychany gwałtownie kurz łaskotał w krtani, serce biło mocno, a wstrętny odór potu, kału i zgnilizny dusił. Betonowa podłoga olbrzymiej hali była straszliwie zanieczyszczona. Zgromadzeni tu ludzie brodzili w błocie wśród szmat, papierów, zużytych opatrunków i ekskrementów[3].

Sytuacja w obozie znacznie poprawiła się wraz z przejęciem kierownictwa nad nim przez Wehrmacht. Nowy zwierzchnik, pułkownik Kurt Sieber, zakazał stosowania przemocy wobec więźniów. Pojawili się również radzieccy jeńcy lekarze, do których z czasem dołączyli Polacy i Niemcy. Dzięki staraniom pruszkowskiej delegatury RGO w Dulagu uruchomiono kuchnię. W połowie września dotarł do obozu pierwszy transport darów zebranych przez Międzynarodowy Czerwony Krzyż. Również miejscowe władze konspiracyjne Armii Krajowej zaangażowały się w pomoc wysiedlonym znajdującym w obozie: dostarczano im żywność i pieniądze. Pomagali okoliczni mieszkańcy. Obóz został ostatecznie opuszczony przez Niemców 16 stycznia 1945 r. Do tego momentu przebywała tam jeszcze grupa około 700 więźniów.

Przez obóz w Pruszkowie przewinęło się wielu znanych oraz zasłużonych wówczas i później Polaków. Byli to między innymi były Prezydent RP Stanisław Wojciechowski, pisarka Maria Rodziewiczówna, słynny prozaik, satyryk, publicysta i dziennikarz w jednym Stefan Wiechecki „Wiech", satyryk i karykaturzysta Eryk Lipiński oraz przyszły reżyser (wówczas zaledwie 5-letni) Krzysztof Zanussi.

Konaliśmy w glinie i wodzie

Najliczniejszą grupę niemieckich obozów w Polsce stanowiły obozy pracy. Było ich prawie 1800. Jako pierwsze powstały obozy pracy przymusowej dla Żydów, których najwięcej było w Generalnym Gubernatorstwie. Polacy umieszczani byli w odrębnych obozach pracy, które miały bardzo różnoraki charakter.

Służba Budowlana – Baudienst – była organizacją pracy przymusowej w Generalnym Gubernatorstwie powołaną na podstawie rozporządzenia z 6 maja 1940 r. Rekrutacja do niej odbywała się na zasadzie poboru obowiązkowego, który obejmował młodych mężczyzn w wieku od 18 do 23 lat, lub poprzez zgłoszenia dobrowolne w placówkach Arbeitsamtu. Czas pracy początkowo wynosił trzy miesiące, później przedłużono go do siedmiu miesięcy. Pracowano nieodpłatnie, ewentualnie na zaspokojenie własnych potrzeb robotnicy otrzymywali niewielkie kwoty. Oddziały liczyły 120–180 ludzi, a początkowo junacy nie byli nawet skoszarowani. Dopiero na przełomie lat 1942 i 1943 umieszczono ich w strzeżonych obozach. Jedynie dystrykt warszawski takowych nie posiadał. Z uwagi na konspiracyjny żywioł Niemcy obawiali się tam bowiem tworzenia skupisk młodych Polaków. Reżim w obozach był surowy, przypominający wojskowy. Junacy nie mogli samowolnie oddalać się z obozu lub miejsca pracy. Złapany uciekinier otrzymywał karę kilkudziesięciu pałek. Ponadto obowiązywał system zbiorowej odpowiedzialności – katowany był co dziesiąty junak z oddziału pechowca.

Czesław Popek został zabrany do jednego z obozów Baudienstu 1 września 1943 r. Tak wspominał miejsce, w którym spędził kilka miesięcy:

Mieszkaliśmy w Wólce Pełkińskiej, w barakach ciasnych i nieogrzewanych. Do pracy codziennie chodziliśmy około 4 kilometrów do Pełkini i tam pracowaliśmy przy rozszerzaniu torów kolejowych na trasie

Przeworsk–Jarosław. [...] Bito nas za najmniejsze przewinienie. Wyżywienie było wprost nieludzkie, a porcje bardzo małe. [...] Pracowaliśmy cały dzień, na noc wracaliśmy do baraków. Nie było się gdzie ogrzać, bo w salach się nie paliło, a szpary w ścianach pomiędzy deskami były tak duże, że kiedy wstawałem do pracy, musiałem po każdej zawiei najpierw śnieg z koca strzepnąć, ponieważ spałem przy samej ścianie. Następnie braliśmy zamarznięte obuwie, by iść kilka kilometrów do pracy o czarnej kawie i maleńkim kawałku chleba. Na obiad dawali nam to, co nazywało się zupą, bo były w niej dwa, trzy kawałki ziemniaka i kilka ziarenek peluszki. Na wieczór dostawaliśmy czarną kawę i kawałeczek chleba ze smalcem na koniec łyżki lub margaryny. Było to za mało, ale co można było robić?[4]

Ogółem powstało około 200 obozów Baudienstu. Natomiast dla uchylających się od pracy utworzono karne obozy pracy Służby Budowlanej, po jednym na każdy dystrykt. Rygor był tam jeszcze bardziej zaostrzony. Zwiększono normy pracy oraz obniżono i tak już nędzne racje żywnościowe. W stosunku do osadzonych stosowano również represje w postaci bicia i zakuwania w kajdany.

W obozach karnych Baudienstu skazani przebywali od miesiąca do dwóch lat. Pierwszy z takich obozów, dla dystryktu krakowskiego, powstał w październiku 1940 r. w Dębie. Dwa lata później przeniesiono go do Krakowa. Zlokalizowany przy ulicy Za Torem 22, w kamieniołomach wapiennika, potocznie nazwany był „Libanem". Z uwagi na straszliwe warunki, jakie tam panowały, zyskał złowrogą opinię obozu koncentracyjnego Baudienstu.

W dystrykcie radomskim obóz karny założono w Solcu nad Wisłą. Dystrykt Galicja miał swój obóz karny w Świętosławiu koło Stryja, w tamtejszym kamieniołomie.

Rolnicy uchylający się od obowiązkowych kontyngentów osadzani byli w etapowych obozach pracy, gdzie zmuszano ich do robót przy melioracjach, remontach dróg oraz do prac rolnych w zarządzanych przez Niemców dużych majątkach ziemskich. Przenoszeni byli w coraz to nowsze miejsca, gdzie warunki socjalne były zazwyczaj marne: zwykle za mieszkania służyły doraźnie zaadaptowane obory lub stodoły. Początkowo pobyt w takich obozach trwał góra 6 miesięcy. Od 1942 r. chłopi byli więzieni tak długo, dopóki ich rodzina nie okazała odpowiedniego kwitu dowodzącego wywiązania się z obowiązkowych świadczeń na rzecz okupanta.

Niemieckie obozy pracy stanowiły najliczniejszą grupę obozów w Polsce – przymusowa rekrutacja do Służby Budowlanej Baudienst doprowadziła do fizycznego wyniszczenia wielu młodych Polaków.

Jeszcze innym rodzajem obozów pracy były obozy robót fortyfikacyjnych powstałe w 1944 r. w związku z potężną ofensywą Armii Czerwonej. Liczba takich obozów założonych na ziemiach polskich szacowana jest na około 100. Przetrzymywano tam ponad 30 000 robotników przymusowych zaangażowanych w budowanie umocnień polowych, głównie na linii Bugu i Sanu. Do pracy wyznaczali ich miejscowi włodarze: sołtysi, wójtowie, burmistrzowie. Często wśród mieszkańców obozów były też osoby zatrzymane w łapankach. Ludzie spali w barakach lub różnych miejscach doraźnych. W jednym z takich obozów, w rejonie Makowa Mazowieckiego, w listopadzie 1944 r. znalazł się Marian Piłkowski, który wspominał:

Warunki były tu straszne. Na 3500 ludzi była jedna kuchnia, która wydawała od 5 rano pół litra gorącej wody i 200 g chleba. Obiadu nie było. Wieczorem znowu woda zabarwiona resztkami marchwi i 300 g chleba. Kto zdążył, to otrzymał racje lury, nazywanej przez Niemców zupą. Jeżeli ktoś nie zdążył czy dla kogo nie starczyło i stał w kolejce przy pustym kotle, to obrywał kijem. Na sypialnię wyznaczono nam strych szopy majątku w Sarębach. Szopa była niemal całkowicie bez pokrycia. Dach odarty był z podszycia słomy. Deszcze, śniegi przysypywały nas, chociaż jak mogliśmy, tak próbowaliśmy nakrywać się resztkami barłogu. Rano śnieg solidnie nas przysypywał. Gorzej było z deszczem. Nie wolno było palić ognisk, aby wysuszyć ubrania. W butach chodziliśmy tygodniami. Raz ściągnięte nie chciały ponownie pomieścić nóg właściciela. Bieżącej wody nie było. Nie mieliśmy gdzie się umyć. Z trzytysięcznej rzeszy ludzi uciekło 2000. Konaliśmy w glinie i wodzie, w rowach przeciwpancernych, głębokich na trzy metry i takich u wierzchołka szerokich[5].

Kopał go tak długo, dopóki nie powychodziły z niego wnętrzności

Obozy pracy wychowawczej były karnymi obozami utworzonymi przez Niemców w 1941 r. dla dyscyplinowania zbiegłych robotników przymusowych. Czas pobytu tam wynosił do kilku tygodni. Po minięciu wyznaczonego terminu więzień wracał do dotychczasowego miejsca pracy. W przypadku powtórnej ucieczki czekał go obóz koncentracyjny. W rejencji ciechanowskiej istniało aż 17 takich placówek, między innymi w Ciechanowie, Drobinie, Działdowie, Makowie Mazowieckim, Mławie, Nasielsku, Ostrołęce, Przasnyszu, Serocku. Na terenie Kraju Warty obozy znajdowały się między innymi w Inowrocławiu, Łodzi, Ostrowie Wielkopolskim i Poznaniu.

Jednym z najgorszych obozów pracy wychowawczej – pełniącym dodatkowo funkcję więzienia policji bezpieczeństwa – był powstały na początku 1943 r. obóz w Żabikowie koło Lubonia. Ogrodzony gęstymi zasiekami z drutu kolczastego z wieżyczkami strażniczymi, zajmował powierzchnię około 7–8 hektarów. W obrębie obozu znajdowały się budynki administracyjne, składnice, warsztaty ślusarskie, stolarnia, kuchnia, budynek dezynfekcyjny, umywalnia, pralnia, baraki mieszkalne i barak dla zwalnianych więźniów. Dwa niskie, żelazne bunkry pełniły rolę karcerów. W pozycji skulonej mogło tam przebywać maksymalnie 5 osób. Placówka podzielona była na oddziały: męski i kobiecy oraz więźniów politycznych i niepolitycznych. Pierwszym komendantem obozu był sadystyczny SS-Obersturmführer i inspektor policji Reinhold Hans Walter.

Jednorazowo więźniów, głównie Polaków, mogło być w obozie prawdopodobnie do 2000. Strzegło ich około 80 wachmanów. Osadzeni oprócz tego, że wykonywali wyczerpującą pracę fizyczną, poddawani byli przez obozowy personel straszliwym torturom. Jedna z więźniarek, Joanna Skrzypińska, tak wspominała te upiorne praktyki:

Na wstępie kazano mi się umyć w łaźni. Gdy szłyśmy tam, Niemcy bili nas batami. Przez pierwsze trzy tygodnie przenosiłam z Ireną Jagodzińską z Poznania węgiel z placu do stodoły. Potem cerowałam i prasowałam bieliznę SS-manów. Było nas dziewięć zatrudnionych przy tej pracy. Niemka, która nas dozorowała, kazała nam też naprawiać swoją bieliznę. Zauważył to pewnego dnia komendant obozu Walter i wyznaczył nam za to karę albo dwudziestu uderzeń bykowcem, albo uwięzienia w piwnicy zalanej po kostki wodą – do wyboru. Zdecydowałyśmy się na umieszczenie nas w piwnicy. Przez sześć nocy stałyśmy w piwnicy, podpierając się wzajemnie i drzemiąc na zmianę. [...]

Kiedyś zachowywałyśmy się zbyt głośno podczas mycia i za to pobito nas bykowcami tak silnie, że do dziś choruję z tego powodu. Innym razem kazano nam stać przed barakiem podczas silnych mrozów przez całą noc od godziny siedemnastej do siódmej za to, że rozmawiałyśmy wieczorem już po zamknięciu celi. Przez całą noc nie wolno nam było ruszać się z miejsca. Nogi poprzymarzały nam do ziemi. Rano kazano nam iść bez śniadania do pracy. Sypiałam w jednej celi razem z około czterdziestoma kobietami. Było nam bardzo ciasno, a gdy pewnego dnia przywieziono większą liczbę aresztowanych z Mosiny, spałyśmy nawet na podłodze. Normalnie spałyśmy po dwie na jednym posłaniu, na sienniku – wypchanym trocinami, na takim samym podgłówku i pod jednym kocem. Cela była nieopalana, mimo że stał tam piec.

Komendant przychodził nieraz do naszej celi, kazał zalewać podłogę wodą i spać na mokrej podłodze. Nad mężczyznami znęcał się jeszcze bardziej. Kazał im nieraz powynosić na kilka dni łóżka na dziedziniec i spać na gołej podłodze. Odżywienie było w obozie mniej więcej takie: rano otrzymywałyśmy tylko kawę i jedną suchą kromkę chleba, w południe przeważnie zupę z kaszą. Najczęściej gotowano zupę z chleba, który przysyłały nam rodziny w paczkach. Żadnemu więźniowi nie dostarczano paczek. Ja przez okres dziewięciu miesięcy nie otrzymałam żadnej, mimo że rodzina przesyłała mi co tydzień paczki żywnościowe. Wieczorem dawano nam znowu kawę i kromkę chleba. [...] Widziałam kiedyś z okna, jak pewien więzień, klęcząc, tłukł kamienie na chodniku. W pewnej chwili, gdy ktoś za nim stanął, więzień odwrócił się. Wówczas dopadł do niego Walter i kopał go tak długo, dopóki nie powychodziły z niego wnętrzności. Pewnego mężczyznę, dopiero co przyprowadzonego do obozu, SS-mani obrzucali kamieniami pod moim oknem. Człowiek ten leżał przez cały czas, a SS-mani zabawiali się, konkurując między sobą, który celniej trafi kamieniem w jego głowę. Przypuszczam, że gdy go stamtąd zabrali, na pewno już nie żył. Kiedyś podczas apelu Walter, przechodząc wzdłuż szeregu więźniów, zastrzelił jednego z nich bez przyczyny. Potem kazał mu ogolić włosy i brwi i nagiego położyć w przejściu między barakiem mieszkalnym a tym, w którym pracowałyśmy. Zwłoki leżały tam trzy dni, a my musiałyśmy codziennie przez nie przechodzić, ponieważ przejście było wąskie[6].

Swoje spostrzeżenia z pobytu w Żabikowie opisała również Halina Pichelówna, która trafiła tam w lutym 1944 r. na oddział dla więźniów politycznych:

W pierwszych miesiącach dokuczało nam przejmujące zimno, a stale głód. [...] Straż obozowa traktowała nas różnie. Na ogół odnoszono się do nas brutalnie. [...] Jedną z naszych współtowarzyszek niedoli – 18-letnią dziewczynę – rozstrzelano za rzekome posiadanie broni. Było to dla nas ciężkie przeżycie. [...] W opisanych przeze mnie warunkach żyły tak zwane polityczne więźniarki. Poza tym przebywali w obozie tak zwani niepolityczni. Ich warunki życia były wręcz straszne. W okresie, kiedy chodziłyśmy do szwalni, miałyśmy nieraz okazję przypatrzeć się bliżej całemu życiu obozowemu. Wrzaski jęki, odgłosy bicia, wyzwiska dochodziły do nas bez przerwy.

W soboty i niedziele przebywali w Żabikowie tak zwani Sonntagsjagrzy. Byli to Polacy z Poznania, karani dwudniową pracą przymusową za uchylanie się od obowiązków w swych miejscach zatrudnienia. Pastwiono się nad nimi w straszliwy sposób. Przez cały dzień zmuszano ich do ciężkich prac – oczyszczania dołów kloacznych i wożenia piasku z jednego miejsca na drugie. Kobiety pracowały prócz tego przez całą noc w kuchni i obierały ziemniaki. [...] Do kar szczególnie okrutnych należało tak zwane stawianie w druty. [...] Więźnia wstawiano do klatki z drutu stojącej na placu apelowym, w której nie mógł się ani oprzeć, ani poruszyć. Stał w niej przez dzień i noc bez względu na pogodę i był pozbawiony pożywienia. [...] Widziałyśmy też, jak pewną kobietę zepchnięto do lodowatej wody w sadzawce. Gdy próbowała z niej wyjść, gestapowiec spychał ją ponownie. [...] Mężczyzn dręczono różnymi sposobami. Strzyżono ich w pasy, malowano w kolorowe plamy i pasy, ubrania znaczono krzyżami z farby[7].

SS-Obersturmführer Reinhold Walter stracił swoje stanowisko po tym, jak zostało przeprowadzone przeciwko niemu dochodzenie w sprawie ujawnionych w Żabikowie nadużyć, związanych między innymi z samowolnym mordowaniem więźniów bez wyroku sądowego. Brutal został aresztowany 4 października 1944 r. Kilka dni później powiesił się w swojej celi. Nowy komendant, SS-Obersturmführer Hugo Alfred Dietze, rozkazał zamordować 160 chorych lub niezdolnych do ewakuacji więźniów obozu podczas jego likwidacji w styczniu 1945 r. Około 80 chorych wachmani spalili w jednym z baraków. Resztę poprowadzili do KL Sachsenhausen. Szacuje się, że przez obóz w Żabikowie przeszło ponad 21 000 więźniów.

Dozorczyni Bayer biła nas bardzo często i dotkliwie

Dla najmłodszych Polaków okupanci niemieccy utworzyli w Łodzi specjalny Prewencyjny Obóz Policji Bezpieczeństwa dla Młodzieży Polskiej. Placówka ta spełniała rolę obozu pracy, obozu karnego i przejściowego, pomagała też w selekcji rasowej. Utworzono ją w grudniu 1942 r. zarządzeniem Heinricha Himmlera. O istnieniu obozu wiedzieli nieliczni mieszkańcy miasta, ponieważ znajdował się on na terenie wydzielonym z getta, z trzech stron otoczony jego murem. Z czwartej strony znajdował się żydowski cmentarz.

Więziono w nim dzieci do lat 16. Obóz został podzielony na sektory dla dziewcząt i dla chłopców. W części dla dziewcząt przetrzymywane były również najmłodsze dzieci obu płci. Na część chłopięcą obozu składało się 35 budynków i baraków, z których 10 pełniło funkcję mieszkalną. Podobóz dla dziewcząt i najmniejszych dzieci zajmował resztę terenu, a dziewczęta mieszkały w ceglanym baraku.

Do łódzkiego obozu kierowano przede wszystkim dzieci z rejencji inowrocławskiej, łódzkiej, poznańskiej i katowickiej. Podstawą umożliwiającą umieszczenie ich w obozie mogły być na przykład słaby rozwój fizyczny, upośledzenie umysłowe, uchylanie się od pracy przymusowej, „trudny" charakter, skłonności do kradzieży, włóczęgostwo czy ogólne zaniedbanie. W pierwszej kolejności trafiały tu dzieci z sierocińców. Następne były pozbawione opieki dzieci „bandytów", których rodzice zaangażowani w działalność polskiego ruchu oporu zostali przez okupanta zamordowani lub zesłani do obozów koncentracyjnych.

Obóz w Łodzi miał swoją filię we wsi Dzierżązna koło Zgierza. Był to majątek ziemski liczący 148 hektarów ziemi. W lipcu 1944 r. w obu placówkach znajdowało się 1200 młodocianych więźniów.

Komendantowi obozu, SS-Sturmbannführerowi Karlowi Ehrlichowi, podlegało kilkudziesięciu strażników. Byli wśród nich również tak zwani polscy „wychowawcy" oraz kobiety. W obozie panowały nad wyraz prymitywne warunki. Dzieci przetrzymywano w słabo ogrzewanych lub nieogrzewanych zimą salach, w których stały dwu- i trzypiętrowe łóżka. Na jednej pryczy spało po dwoje lub troje dzieci. O zapewnieniu im elementarnej higieny nawet nie myślano. Do mycia musiała wystarczyć jedna pompa na zewnątrz, z której korzystano niezależnie od panującej pogody. W obozie było brudno i szerzyły się choroby zakaźne: tyfus, dur brzuszny, szkarlatyna, świerzb, jaglica. Sytuację pogarszał brak stałego lekarza. Zachodził czasem jeden lekarz żydowski z getta, ale jego możliwości ratowania małych pacjentów ze względu na brak medykamentów były mocno ograniczone.

Dzień w obozie zaczynał się o godzinie piątej trzydzieści. O godzinie siódmej dzieci otrzymywały śniadanie w postaci kromki suchego chleba i kubka kawy. Po porannym myciu, gimnastyce i porządkowaniu pomieszczeń mieszkalnych od godziny ósmej następowała praca, która była obowiązkowa dla dzieci powyżej ósmego roku życia. Chłopcy wytwarzali

Przez Prewencyjny Obóz Policji Bezpieczeństwa dla Młodzieży Polskiej w Łodzi mogło przejść nawet 15 tysięcy dzieci – 1/3 z nich nie przeżyła tragicznych warunków bytowych i przemocy stosowanej przez Niemców.

słomiane osłony na buty dla strażników obozowych, wyplatali koszyki i naprawiali elementy ekwipunku żołnierzy niemieckich. Dziewczęta zajmowały się pracą w pralni, kuchni, szyciem, utrzymywaniem czystości na terenie obiektów obozowych. Z kolei młodsze dzieci pracowały przy klejeniu kopert czy wyrabianiu sztucznych kwiatów. Praca trwała do dziewiętnastej, z godzinną przerwą na obiad.

W Dzierżąznej podczas żniw praca zaczynała się nawet o czwartej i kończyła o dwudziestej. Chłopcy zazwyczaj wykonywali ciężkie prace polowe, dziewczynki zaś doiły krowy i pomagały w kuchni oraz zajmowały się krawiectwem. Z Łodzi kierowano tam dzieci w wieku 10–16 lat. Nowo przybyłych umieszczano w tak zwanej szkole, gdzie zaznajamiano ich z podstawami pracy w rolnictwie.

W obu tych fatalnych miejscach przebywała Helena Haładaj:

Przed wysłaniem mnie do Dzierżąźni spędziłam 3 miesiące w obozie w Łodzi na terenie getta. Używano nas tam do pomocy w kuchni oraz do opiekowania się grupą małych dzieci, które były w obozie. Dzieci te miały od roku do czterech. Dzieci nie miały pielęgnacji, lekarstw, chorowały na tyfus, szkarlatynę, umierały często. Skąd te dzieci były, tego nie wiem. Słyszałam, że są to dzieci, których rodziców zabrano do obozów. W obozie tym wymierzano za drobne wykroczenia różne kary, na przykład za złe trzymanie się na baczność przy mijaniu dozorczyni bito w twarz, kopano. Były też specjalne egzekucje: wymierzano porcje kijów od 5 do 20 i więcej na przykład za kradzież chleba, 8-, 10-letnim dzieciom za moczenie sienników itp. Kary wyznaczali i wymierzali dozorcy. Ten sam zarząd obozu był w Dzierżąźni co i w lagrze w getcie. Nazwiska komendanta obozu nie znam. Dozorczyni Bayer biła nas bardzo często i dotkliwie. Biła albo sama, albo innym bić kazała. Pomocnica jej, Pohl, też biła, ale tylko na rozkaz Bayer. W samej Dzierżąźni było nieco lepiej, w każdym razie dobrze żywili. Praca tylko była bardzo ciężka. Bicia systematycznego nie było. Nauki żadnej w obozie nie było[8].

Każdy ze strażników miał swój ulubiony repertuar kar, ale najgorsi byli łódzcy volksdeutsche. Wspomniana Sydomia Bayer lubowała się w wyciąganiu dzieci na śnieg i polewaniu ich zimną wodą. Nawet najmłodsze z nich kazała chłostać, bić, kopać i pozbawiała posiłków. Równie bezwzględna była Eugenia Pohl, która biła dzieci bykowcem i wkręcała im jego rękojeść w brzuch, powodując w ten sposób rozrywanie ledwo co zasklepionych ran. Ofiarom, nad którymi się znęcała, zaklejała usta, aby nie było słychać ich krzyku.

Najbardziej krwawym nadzorcą okazał się Edward August. Był on tak okrutny, że przerażał nawet swoich kamratów. Bił dzieci w najczulsze miejsca, wpychał je do skrzyń z piaskiem i podtapiał w beczce z wodą. Uwielbiał również wieszać je za nogi na łańcuchu i opuszczać głową w dół do kanału wypełnionego zużytym olejem samochodowym. Inny strażnik, Teodor Busch, posługiwał się batem podobnym do tych, których używają treserzy dzikich zwierząt. Doszedł do takiej biegłości, że upatrzoną ofiarę potrafił sięgnąć końcem bicza nawet w biegu, z pewnej odległości.

Uwięzionym dzieciom stale towarzyszyły tęsknota za rodziną, strach przed przemocą fizyczną ze strony strażników i głód. Esesmani, aby jeszcze bardziej udręczyć małe ofiary, podczas niedzielnego apelu wynosili na plac tacę wypełnioną pajdami chleba. Biada była temu dziecku, które odważyło się sięgnąć po taką kromkę! Karą była chłosta. Zdarzało się, że dla zabawy esesmani podrzucali ten chleb do góry, naigrawając się później z walczących o pożywienie maluchów i robiąc im zdjęcia.

W obozie dokonywano również selekcji dzieci pod kątem ich możliwej germanizacji. Głównym kryterium wyboru był, rzecz jasna, aryjski wygląd. Dzieci o ponoć niemieckiej aparycji przenoszono do budynku po byłym klasztorze bernardynów, gdzie dokonywano dalszych obserwacji i badań przed ostatecznym werdyktem co do ich rasowej „przydatności".

Dla malców, którzy poważyli się na ucieczkę, utworzono blok karny. Piętnowano ich również namalowanym na plecach czerwonym krzyżem i przydzielano im najcięższe prace. Dzieci zachęcano także do donoszenia na współtowarzyszy niedoli – nagradzano za to dodatkową porcją jedzenia.

Nieznana jest dokładna liczba nieletnich więźniów, którzy przeszli przez obóz w Łodzi. Prawdopodobnie było ich kilka tysięcy, choć istnieją szacunki określające ich liczbę nawet na 15 000. Nie wiadomo też, ile dzieci zostało tam zakatowanych. Śmiertelność w obozie określono nawet na 30%.

Kiedy większość niemieckich nadzorców uciekła w przeddzień zdobycia miasta przez Armię Czerwoną 19 stycznia 1945 r., w obozie znajdowało się jeszcze około tysiąca dzieci.

Po wojnie polskie władze zatrzymały tylko czterech oprawców z obozu. Wyrokami Specjalnego Sądu Karnego w Łodzi w 1945 r. na karę śmierci zostali skazani Sydonia Beyer i Edward August. Teodor Busch w pewnym sensie wymknął się sprawiedliwości – zmarł przed rozprawą sądową w więzieniu w Łęczycy. Eugenia Pohl, która spolszczyła sobie nazwisko na „Pol", pozostała w Łodzi i nawet specjalnie się nie ukrywała. Została aresztowana dopiero 11 grudnia 1970 r. pod zarzutem zamordowania w obozie 6 dzieci. Wyrok w sprawie zapadł po czterech latach. Orzeczono wobec niej karę 25 lat pozbawienia wolności oraz pozbawienie praw obywatelskich i konfiskatę mienia. Na wolność wyszła jednak już w 1986 r. i powróciła do Łodzi, gdzie zmarła 17 lat później. Nigdy nie przyznała się do zarzucanych czynów.

W powyższym zestawieniu brakuje charakterystyki niemieckich obozów masowej zagłady. Uznałem jednak, z racji istnienia obszernej literatury na ten temat, za bezzasadne powielanie zawartych w niej informacji. Należy tym bardziej pamiętać o rzeczy fundamentalnej. Kiedy w kwietniu 1940 r. zapadła decyzja o utworzeniu w Oświęcimiu pierwszego na okupowanych ziemiach polskich niemieckiego obozu koncentracyjnego, to podjęto ją wyłącznie z myślą o Polakach. I choć Auschwitz ostatecznie stał się symbolem Holokaustu, został zbudowany po to, aby umocnić niemiecką dominację nad zniewoloną Polską.

Epilog

Prześledziliśmy setki przykładów bestialstwa i bezwzględności, jakie cechowały niemiecką okupację Polski. Jaki jest zatem ostateczny bilans hitlerowskich zbrodni na Polakach z lat 1939–1945? Wydawałoby się, że po ponad siedemdziesięciu latach, jakie minęły od zakończenia wojny, odpowiedź na to pytanie nie powinna nastręczać żadnych trudności. Zwłaszcza w dobie otwartych granic, praktycznie nieskrępowanego dostępu do archiwów (przynajmniej tych na Zachodzie) i internetu. Tymczasem dostępne dane oparte są jedynie na szacunkach poczynionych tuż po wojnie, zwłaszcza przez Biuro Odszkodowań Wojennych przy Prezydium Rady Ministrów.

Ogromny problem stanowi nawet kwestia podstawowa: a więc określenie dokładnej liczby zabitych obywateli Rzeczypospolitej. Do dziś liczba ta pozostaje nieznana, podobnie jak nazwiska wszystkich ofiar. W zależności od źródeł łączna strata ludności Polski podczas wojny wynosi między 6 000 000 a 7 500 000 osób. Z rąk Niemców miało zginąć 5 100 000 polskich obywateli, z czego około od 1 500 000 do 1 700 000 Polaków, resztę stanowili Żydzi (od 2 900 000 do 3 300 000) oraz nieustalona dokładnie liczba przedstawicieli mniejszości narodowych.

W bezpośrednich działaniach wojennych poległo około 450 000 polskich obywateli, a więc straty ludności powstałe w wyniku eksterminacji pośredniej i bezpośredniej były ponad dziesięciokrotnie większe. Świadczy to dobitnie o ludobójczym charakterze niemieckiej okupacji.

Po ofiarach niemieckich represji pozostała kilkumilionowa rzesza wdów i sierot. Chyba nie ma w Polsce rodziny, która by nie straciła kogoś bliskiego w tamtym okresie. Nędzne warunki bytowe i wszechobecny stres negatywnie odbijały się na zdrowiu podbitej ludności. Ponad 1 000 000 osób zachorowało na gruźlicę. Powszechne były zaburzenia psychiczne. Około 590 000 ludzi zostało inwalidami na skutek różnego rodzaju uszczerbków fizycznych. Ogółem, w taki czy inny sposób, na skutek niemieckiej okupacji poszkodowanych było ponad 13 000 000 obywateli Rzeczypospolitej. W 1990 r. kwotę z tytułu należnych odszkodowań dla tych ludzi obliczono na 285 000 000 000 dolarów.

W gruzach legła stolica naszego kraju. Wartość zniszczeń Warszawy, według przygotowanego w 2004 r. „Raportu o stratach wojennych Warszawy", wyniosła przeszło 45 000 000 000 dolarów.

Gigantyczne były straty Polski w wymiarze gospodarczym. Prowadzona przez Niemców rabunkowa gospodarka prowadziła do bezwzględnego wyzysku zasobów podbitego państwa polskiego. Według danych Komisji dla Ostatecznego Ustalenia Szkód i Strat Wojennych Polski w Drugiej Wojnie Światowej z 1951 r. szkody naszej gospodarki, licząc tylko ziemie II Rzeczypospolitej w obrębie dzisiejszych granic, wyniosły ponad 201 000 000 000 przedwojennych złotych, czyli przeszło 2 000 000 000 000 dzisiejszych złotych. Jest to kwota niewyobrażalna. Dla porównania wszystkie wydatki budżetowe Polski w 2017 r. wyniosły prawie 385 000 000 złotych, a więc przeszło pięć razy mniej!

Takich strat w wyniku niemieckiej okupacji, być może z wyjątkiem Związku Radzieckiego, nie poniosło żadne państwo w tej wojnie. I choć od jej zakończenia minęło już ponad siedemdziesiąt lat, pamięć o nazistowskich zbrodniach wciąż jest bardzo żywa w polskim społeczeństwie. Dzieje się tak, ponieważ ogrom bestialstwa i nikczemności z rąk najeźdźców, z jakim stykali się niemal na każdym kroku nasi ojcowie, dziadkowie i pradziadkowie, nie miał żadnego precedensu w historii Polski.

Jak z pewnością Państwo zauważyli, niektóre aspekty związane z niemiecką okupacją pominąłem. Mam tu na myśli los polskich Żydów, problematykę niemieckich obozów masowej zagłady i Powstania Warszawskiego. Oczywiście nie stało się tak przez brak szacunku dla ofiar Holokaustu czy heroizmu Powstańców. Zagadnienia te zasługują na osobne potraktowanie i wiele poświęconych im, obszernych i wartościowych prac bazujących na bieżącym stanie wiedzy już się ukazało. W tekście zawarte są do nich jedynie konieczne odniesienia, aby można było przedstawić poszczególne wątki w szerszym kontekście.

Zależało mi głównie na przedstawieniu obrazu niemieckiej okupacji poprzez pryzmat osobistych doświadczeń zwykłych Polaków, pochodzących zazwyczaj z małych wsi i miasteczek różnych części ówczesnej Rzeczypospolitej. Mam nadzieję, że uzmysłowi to Czytelnikom, zwłaszcza młodszym, że ten tragiczny okres w dziejach Polski to nie tylko bohaterskie i spektakularne akcje polskiego ruchu oporu, ale przede wszystkim tragedia milionów zwykłych Polaków, próbujących na co dzień żyć i przetrwać w piekle, jakie zgotował im nazistowski reżim.

Przypisy

I. Zbrodnie Wehrmachtu we wrześniu 1939 roku i pierwsze dni okupacji

1 W. Anders, *Bez ostatniego rozdziału. Wspomnienia z lat 1939–1946*, Lublin 1992, s. 10.

2 S. Sławiński, *Od Borów Tucholskich do Kampinosu*, wyd. 3, Warszawa 1977, s. 156.

3 *Okupacja i ruch oporu w dzienniku Hansa Franka 1939–1945*, wyb. i oprac. pod nauk. kier. S. Płoskiego L. Dobroszyckiego i in., t. 1: *1939–1942*, wyd. 2, Warszawa 1972, s. 98.

4 J. Böhler, *Najazd 1939. Niemcy przeciw Polsce*, Kraków 2011, s. 52.

5 Tenże, *Zbrodnie Wehrmachtu w Polsce. Wrzesień 1939. Wojna totalna*, Kraków 2011, s. 83.

6 S. Datner, *Zbrodnie Wehrmachtu na jeńcach wojennych armii regularnych w II wojnie światowej*, Warszawa 1961, s. 57–58.

7 M. Chudzyński, *Powiat gostyniński we wrześniu 1939 roku*, „Notatki Płockie" tom 35, 3(144)/1990, s. 36.

8 W. Kulesza, *Zbrodnie Wehrmachtu w Polsce - wrzesień 1939*, „Biuletyn Instytutu Pamięci Narodowej" 8–9/2004, s. 22–23.

9 Tamże, s. 19.

10 A. Karlikowski, *Wrzesień 1939 r. w powiecie mińskim i gminie Jakubów*, „Rocznik Mińskomazowiecki" 12/2004, s. 88–89.

11 W. Porczek, *216 mogił w Skłobach*, [relacja w:] *Zbrodnie hitlerowskie na wsi polskiej w latach 1939–1945*, red. S. Durlej, J. Gmitruk, Kielce–Warszawa 2008, s. 270.

12 A. Stąpor, *Wspomnienia Marii Gródeckiej, z domu Serwańskiej*, „Rocznik Kolbuszowski" 5/2001, s. 55.

13 S. Zawisza, *Wojna oczami dziecka*, „Moje wojenne dzieciństwo", t. 18, Warszawa 2011, s. 1.

14 K. Wojciechowska, *Doświadczenia nastolatki*, „Moje wojenne dzieciństwo", t. 9, Warszawa 2002, s. 2.

15 A. Kuć, *Z życia mojego dziadka*, „Rocznik Mińskomazowiecki" 13/2005, s. 224.

16 K. Moczydłowski, *Rozbity dom*, „Moje wojenne dzieciństwo", t. 15, Warszawa 2005, s. 3.

17 T. Gierzyński, *Rok 1939*, „Notatki Płockie" t. 9, 3(29)/1964, s. 6.

18 J. Bartkiewicz, *Podróż w czasie*, red. M. Krysiak, „Zeszyty Pracowni Dokumentacji Dziejów Miasta MCK w Płońsku", seria: „Wspomnienia", z. VII, Płońsk 2008, s. 14.

19 Z. Celejewski, *Wspomnienia z pacyfikacji Szydłowa*, [relacja w:] *Zbrodnie hitlerowskie na wsi polskiej w latach 1939–1945*, red. S. Durlej, J. Gmitruk, Kielce–Warszawa 2008, s. 69.

20 H. Krzyczkowski, *Wrzesień 1939 r. w Pruszkowie*, „Przegląd Pruszkowski" 1/1983, s. 14–15.

21 S. Nowak, *Powrót do gniazda*, „Moje wojenne dzieciństwo", t. 18, Warszawa 2011, s. 2.

22 Z. Boczkowski, *Czy tak było naprawdę?*, „Przegląd Pruszkowski" 2/1993, s. 66.

23 *Okupacja i ruch oporu w dzienniku Hansa Franka...*, dz. cyt., s. 108–109.

24 Z. Malec, *Zagrabione dzieciństwo*, „Moje wojenne dzieciństwo", t. 15, Warszawa 2005, s. 2.

25 Alina z Czeremańskich Michalak, *Zrozumienie przychodzi z wiekiem*, red. M. Krysiak, „Zeszyty Pracowni Dokumentacji Dziejów Miasta MCK w Płońsku", seria: „Wspomnienia", z. XXVIII, Płońsk 2016, s. 7.

II / Podział ziem okupowanych i eksterminacja polskiej inteligencji

1 J. Goebbels, *Dzienniki*, cyt. za: T. Ceran, *Restpolen 1939*, „Pamięć.pl" 9/2016, s. 23.

2 *Okupacja i ruch oporu w dzienniku Hansa Franka 1939–1945*, wyb. i oprac. pod nauk. kier. S. Płoskiego L. Dobroszycki i in., t. 1, wyd. 2, Warszawa 1972, s. 24.

3 K. Radziwończyk, *„Akcja Tannenberg" grup operacyjnych SIPO i SD w Polsce jesienią 1939 r.*, „Przegląd Zachodni" 5/1966, s. 96–97.

4 M. Wardzyńska, *Był rok 1939. Operacja niemieckiej policji bezpieczeństwa w Polsce. Intelligenzaktion*, Instytut Pamięci Narodowej, Warszawa 2009, s. 77.

5 M. Podgóreczny, *Albert Forster. Gauleiter i oskarżony*, Gdańsk 1977, s. 338–339.

6 Tamże, s. 301.

7 Tamże, s. 302.

8 K. Banaś, *Za Polskę, za Niemcy...*, „Biuletyn Instytutu Pamięci Narodowej" 8–9/2002, s. 118.

[9] K. Wojciechowska, *Doświadczenia nastolatki*, „Moje wojenne dzieciństwo", t. 9, Warszawa 2002, s. 3.

[10] *Pamiętnik inż. Tadeusza Krzechowskiego*, „Nasze Korzenie" 6/2014, s. 108–109.

[11] A. Witkowski, *Mordercy z Selbstschutzu*, Warszawa 1986, s. 71–72.

III / Eutanazja na ziemiach polskich

[1] T. Matzek, *Zamek śmierci Hartheim. Eutanazja w III Rzeszy*, Warszawa 2004, s. 47–48.

[2] D. Rubiś, *Poligon doświadczalny Holokaustu*, „Pamięć.pl" 3/2014, s. 30.

[3] Tamże, s. 30.

[4] T. Matzek, *Zamek śmierci...*, dz. cyt., s. 81.

[5] S. Pepławska, *Akcja „łaskawej śmierci"*, „Moje wojenne dzieciństwo", t. 18, Warszawa 2011, s. 2.

IV / Okupacyjny terror w Generalnym Gubernatorstwie i Akcja AB

[1] Z. Klukowski, *Dziennik z lat okupacji Zamojszczyzny (1939–1944)*, Lublin 1958, s. 64.

[2] J. Iwaszkiewicz, *Dzienniki 1911–1955*, Warszawa 2007, s. 162.

[3] K. Brandys, *Miasto niepokonane*, Warszawa 1972, s. 151–152.

[4] H. Świderski, *Historie wojenne*, „Niepodległość i Pamięć" nr 2–3(4)/1995, s. 221–244.

[5] R. Kapuściński, *Busz po polsku*, Warszawa 2007, s. 10.

[6] H. Pierzchała, *Eksterminacja profesorów Akademii Górniczej w hitlerowskiej „Sonderaktion Krakau"*, „Biuletyn Informacyjny Pracowników AGH" 159/listopad 2006, s. 3.

[7] *Okupacja i ruch oporu w dzienniku Hansa Franka 1939–1945*, wyb. i oprac. pod nauk. kier. S. Płoskiego L. Dobroszycki i in., t. 1, wyd. 2, Warszawa 1972, s. 147–148.

[8] Tamże, s. 162.

[9] Tamże, s. 163.

[10] Tamże, s. 195.

[11] J. Piasecki, *Za drutami*, [relacja w:] *Pamiętniki nauczycieli z obozów i więzień hitlerowskich (1939–1945)*, red. K. Bidakowski, T. Wójcik, Warszawa 1962, s. 388.

[12] W. Bartoszewski, *1859 dni Warszawy*, Kraków 1974, s. 148.

[13] B. Wiśniewska-Sokołowska, *W więzieniu mokotowskim i na Pawiaku*, [relacja w:] *Wspomnienia więźniów Pawiaka*, red. S. Płoski i in., Warszawa 1964, s. 179–182.

PRZYPISY

V / Represje za akcje polskiego ruchu oporu

1 T. Orzeszek, *Czas dojrzewania*, „Moje wojenne dzieciństwo", t. 14, Warszawa 2004, s. 8.

2 A. Henszel, *Z Bugaju na Ziemie Zachodnie*, „Moje wojenne dzieciństwo", t. 2, Warszawa 1999, s. 9.

3 M. Burzyński, *Między Powiślem a Starówką*, „Moje wojenne dzieciństwo", t. 8, Warszawa 2002, s. 20.

4 A. Henszel, *Z Bugaju...*, dz. cyt., s. 9.

5 A. Barszczewski, *Budki Szczęśliwickie*, „Moje wojenne dzieciństwo", t. 5, Warszawa 2001, s. 8–9.

6 W. Porczek, *216 mogił w Skłobach*, [relacja w:] *Zbrodnie hitlerowskie na wsi polskiej w latach 1939–1945*, red. S. Durlej, J. Gmitruka, Kielce–Warszawa 2008, s. 283–284.

7 H. Wróblewski, *W gminie Nowa Słupia*, [relacja w:] *Zbrodnie hitlerowskie na wsi polskiej w latach 1939–1945*, red. S. Durlej, J. Gmitruka, Kielce–Warszawa 2008, s. 410–411.

VI / Niemieckie represje wobec Polaków za pomoc Żydom

1 M. Towiańska-Michalska, *Dzieciństwo w wojennym Łunińcu*, „Moje wojenne dzieciństwo", t. 1, Warszawa 1999, s. 2.

2 W. Bartoszewski, Z. Lewinówna, *Ten jest z ojczyzny mojej. Polacy z pomocą Żydom 1939–1945*, Kraków 2013, s. 483–484.

3 *Okupowana Europa: podobieństwa i różnice*, red. Waldemar Grabowski, Warszawa 2014, s. 126–127.

4 R. Sakowska, *Ludzie z dzielnicy zamkniętej*, Warszawa 1975, s. 344–345.

5 E. Fąfara, *Gehenna ludności żydowskiej*, Warszawa 1983, s. 392–393.

6 B. Kryńska, *Czas okropności*, „Moje wojenne dzieciństwo", t. 11, Warszawa 2003, s. 1.

7 M. Pałaszewska, *Zofia Kossak w latach II wojny światowej*, „Niepodległość i Pamięć" 2–3(4)/1995, s. 64.

8 Tamże, s. 70.

9 *Relacje z Kresów*, oprac. A. Żbikowski, „Archiwum Ringelbluma. Konspiracyjne Archiwum Getta Warszawy", t. 3, Warszawa 2000, s. XIX.

10 W. Bartoszewski, Z. Lewinówna, *Ten jest z ojczyzny mojej...*, dz. cyt., s. 143.

VII / Wysiedlenia Polaków

1 M. Piela, *Miałem to, co zdążyłem złapać*, „Biuletyn Instytutu Pamięci Narodowej" 5/2004, s. 63.

[2] M. Tomkiewicz, *Wysiedlenia z Gdyni w 1939 roku*, „Biuletyn Instytutu Pamięci Narodowej" 12-01/2003-2004, s. 36.

[3] B. Kowalska, *Dwa razy zdarzył się cud*, „Moje wojenne dzieciństwo", t. 13, Warszawa 2004, s. 1.

[4] J. Bartkiewicz, *Podróż w czasie*, red. M. Krysiak, „Zeszyty Pracowni Dokumentacji Dziejów Miasta MCK w Płońsku", seria: „Wspomnienia", z. VII, Płońsk 2008, s. 15–16.

[5] J. Jasiński, *Pamięć o Zamojszczyźnie 1939–1944*, „Echa Przeszłości" 7/2006, s. 214.

[6] K. Matraszek, *Dziecko Zamojszczyzny*, „Moje wojenne dzieciństwo", t. 15, Warszawa 2005, s. 1–2.

[7] J. Wnuk, *Losy dzieci polskich w okresie okupacji hitlerowskiej*, Warszawa 1980, s. 116–118.

VIII / Przejęcie polskiego przemysłu

[1] E. Remliger, *Pamięci mojego brata*, red. M. Krysiak, „Zeszyty Pracowni Dokumentacji Dziejów Miasta MCK w Płońsku", seria: „Wspomnienia", z. XXX, Płońsk 2017, s. 9.

[2] M. Piłkowski, *Noc okupacyjna*, [relacja w:] *Zbrodnie hitlerowskie na wsi polskiej w latach 1939–1945*, red. S. Durlej, J. Gmitruk, Kielce-Warszawa 2008, s. 245.

[3] J. Stefański, *Zakłady maszyn rolniczych w latach hitlerowskiej okupacji na tle życia gospodarczego i politycznego miasta: z kart historii płockiej FMŻ*, „Notatki Płockie", t. 24, nr 2(99)/1979, s. 12.

[4] R. Ratajczak, *W mieleckiej konspiracji*, „Moje wojenne dzieciństwo", t. 15, Warszawa 2005, s. 18.

[5] H. Wustinger-Wodzicka, *W mieleckiej konspiracji*, „Moje wojenne dzieciństwo", t. 11, Warszawa 2003, s. 4.

[6] T. Szarota, *Okupowanej Warszawy dzień powszedni*, Warszawa 1978, s. 159.

[7] E. Lewandowski, *Stulecie Banku Spółdzielczego w Płońsku. Zarys dziejów*, Płońsk 2000, s. 51–52.

IX / Rabunek na polskiej wsi

[1] S. Paluch, *Obrabowany z dzieciństwa*, „Moje wojenne dzieciństwo", t. 16, Warszawa 2005, s. 9–10.

[2] S. Żochowski, *Moje wspomnienia z lat okupacji hitlerowskiej w Poświętnem, cz. 1*, „Informator Mazowiecki" 9(134)/2005, s. 40–42.

[3] M. Piłkowski, *Noc okupacyjna*, [relacja w:] *Zbrodnie hitlerowskie na wsi polskiej w latach 1939–1945*, red. S. Durlej, J. Gmitruk, Kielce-Warszawa 2008, s. 248–249.

4 K. Barcikowski, *Z mazowieckiej wsi: część IIa: trudny egzamin, fragment wspomnień*, „Rocznik Mińskomazowiecki" t. 13/2005, s. 127–128.

5 M. Piórek, *Polityka okupanta hitlerowskiego w stosunku do społeczeństwa polskiego w powiecie kolbuszowskim 1939–1944*, „Rocznik Kolbuszowski" 3/1994, s. 227–228.

6 *Okupacja i ruch oporu w dzienniku Hansa Franka 1939–1945*, wyb. i oprac. pod nauk. kier. S. Płoskiego L. Dobroszycki i in., t. 1, Warszawa 1972, s. 313.

7 T. Kołucki, *Wspomnienia Joanny Kuśnierz*, „Rocznik Chojeński" t. 1/2009, s. 140.

8 T. Binczycki, *Okupacja w Uniwersytecie Ludowym w Szycach k. Krakowa*, [relacja w:] *Zbrodnie hitlerowskie na wsi polskiej w latach 1939–1945*, red. S. Durlej, J. Gmitruk, Kielce–Warszawa 2008, s. 54.

X / Niewolnicy Hitlera – polscy robotnicy przymusowi

1 L. Budny, *Byłem jeńcem-robotnikiem*, [relacja w:] *Z literą „P". Polacy na robotach przymusowych w hitlerowskiej Rzeszy 1939–1945. Wspomnienia*, red. R. Dyliński, M. Flejsierowicz, S. Kubiak, Poznań 1976, s. 83–84.

2 H. Dengler, *„P" 2039*, [relacja w:] *Z literą „P". Polacy na robotach przymusowych w hitlerowskiej Rzeszy 1939–1945. Wspomnienia*, red. R. Dyliński, M. Flejsierowicz, S. Kubiak, Poznań 1976, s. 131.

3 M. Kowalińska-Radosz, *W wędzarni ryb*, [relacja w:] *Z literą „P". Polacy na robotach przymusowych w hitlerowskiej Rzeszy 1939–1945. Wspomnienia*, red. R. Dyliński, M. Flejsierowicz, S. Kubiak, Poznań 1976, s. 309.

4 M. Rumin, *Za kawałek sera do więzienia*, [relacja w:] *Cierń mojej młodości. Wspomnienia dzieci i młodzieży z przymusowych robót w III Rzeszy*, red. Z. Bigorajska, W. Pietruczuk-Kurkiewiczowa, Warszawa 1979, s. 163.

5 A. Kuć, *Z życia mojego dziadka*, „Rocznik Mińskomazowiecki" t. 13/2005, s. 226.

6 A. Strojnowska, *Legionowo moich wspomnień…*, „Moje wojenne dzieciństwo", t. 12, Warszawa 2003, s. 8–9.

7 I. Saramak, *Wygnani z ojcowizny*, „Moje wojenne dzieciństwo", t. 14, Warszawa 2004, s. 11.

8 N.J. Szymańska, *Wrócić do domu*, red. M. Krysiak, „Zeszyty Pracowni Dokumentacji Dziejów Miasta MCK w Płońsku", seria: „Wspomnienia" z. XI, Płońsk 2008, s. 14.

9 Z. Chełstowski, [relacja w:] *Ze znakiem „P". Relacje i wspomnienia z robót przymusowych w Prusach Wschodnich w latach II wojny światowej*, red. B. Koziełło-Poklewski, B. Łukaszewicz, Olsztyn 1985, s. 50.

10 Janina Suchowa, [relacja w:] *Ze znakiem „P". Relacje i wspomnienia z robót przymusowych w Prusach Wschodnich w latach II wojny światowej*, red. B. Koziełło-Poklewski, B. Łukaszewicz, Olsztyn 1985, s. 332.

11 G.M. Kabata, *Moje wspomnienia z czasów okupacji*, „Moje wojenne dzieciństwo", t. 16, Warszawa 2005, s. 3.

12 W. Dobrzyńska, [relacja w:] *Ze znakiem „P". Relacje i wspomnienia z robót przymusowych w Prusach Wschodnich w latach II wojny światowej*, red. B. Koziełło-Poklewski, B. Łukaszewicz, Olsztyn 1985, s. 99.

13 I. Kończak, *Nie mogę zapomnieć*, „Moje wojenne dzieciństwo", t. 10, Warszawa 2002, s. 1.

14 M. Wieczorek, *Dzieciństwo u bauerów*, „Moje wojenne dzieciństwo", t. 9, Warszawa 2002, s. 1–2.

15 W. Gil, [relacja w:] *Ze znakiem „P". Relacje i wspomnienia z robót przymusowych w Prusach Wschodnich w latach II wojny światowej*, red. B. Koziełło-Poklewski, B. Łukaszewicz, Olsztyn 1985, s. 112–113.

16 J. Hawryłkiewicz, *Lata głodu i poniewierki*, „Moje wojenne dzieciństwo", t. 13, Warszawa 2004, s. 3.

XI / Grabież dóbr kultury

1 J. Pruszyński, *Dziedzictwo kultury Polski. Jego straty i ochrona prawna*, t. 1, Kraków 2001, s. 405.

2 S. Lorentz, *W muzeum i gdzie indziej*, [relacja w:] *Walka o dobra kultury. Warszawa 1939–1945. Księga zbiorowa*, t. 1, red. S. Lorentz, Warszawa 1970, s. 14.

3 S. Lorentz, *Walka o zamek 1939–1980*, Warszawa 1986, s. 7.

4 T. Zadrożny, *Kajetan i inni. Oskarżające Gerharda pisanie*, „Cenne, Bezcenne, Utracone" 4(61)/2009, s. 17.

5 L.H. Nicholas, *Grabież Europy. Losy dzieł sztuki w Trzeciej Rzeszy i podczas II wojny światowej*, Poznań 2014, s. 98.

6 *Aneks*, [w:] *Walka o dobra kultury. Warszawa 1939–1945. Księga zbiorowa*, t. 2, red. S. Lorentz, Warszawa 1970, s. 415.

7 W. Sokołowska, *W Bibliotece Uniwersyteckiej 1939–1944*, [relacja w:] *Walka o dobra kultury. Warszawa 1939–1945. Księga zbiorowa*, t. 1, red. S. Lorentz, Warszawa 1970, s. 281–282.

8 D. Błońska, *O Muzeum Narodowym w Krakowie w czasie drugiej wojny światowej*, „Klio. Czasopismo Poświęcone Dziejom Polski i Powszechnym" 1(28)/2014, s. 119.

PRZYPISY

XII / Obozy niemieckie, o których się milczy

1 A. Pietrowicz, *Lager der blutrache – obóz krwawej zemsty*, „Biuletyn Instytutu Pamięci Narodowej" 4/2009, s. 31–32.

2 M. Skwara, *Historia Pruszkowa do roku 1945*, Pruszków 2011, s. 444.

3 Tamże, s. 447–448.

4 C. Popek, *Wspomnienia z Baudienstu w Wólce Pełkińskiej*, [relacja w:] *Zbrodnie hitlerowskie na wsi polskiej w latach 1939–1945*, red. S. Durlej, J. Gmitruk, Kielce–Warszawa 2008, s. 265.

5 M. Piłkowski, *Noc okupacyjna*, [relacja w:] *Zbrodnie hitlerowskie na wsi polskiej w latach 1939–1945*, red. S. Durlej, J. Gmitruk, Kielce-Warszawa 2008, s. 251–252.

6 J. Skrzypińska, [relacja w:] *Obóz w Żabikowie pod Poznaniem*, red. B. Bojarska, „Przegląd Zachodni" 2/1965, s. 301–304.

7 H. Pichelówna, [relacja w:] *Obóz w Żabikowie pod Poznaniem*, red. B. Bojarska, „Przegląd Zachodni" 2/1965, s. 306–307.

8 J. Wnuk, *Losy dzieci polskich w okresie okupacji hitlerowskiej*, Warszawa 1980, s. 61–62.

Indeks osób

Bibliografia

Wspomnienia i pamiętniki:

Archiwum Ringelbluma. Konspiracyjne archiwum Getta Warszawy. Tom 3. Relacje z Kresów, oprac. Andrzej Żbikowski, Żydowski Instytut Historyczny IN-B, Warszawa 2000.

Władysław Anders, *Bez ostatniego rozdziału*, Test, Lublin 1992.

Kazimierz Barcikowski, *Z mazowieckiej wsi: część IIa: trudny egzamin, fragment wspomnień*, „Rocznik Mińskomazowiecki" tom 13.

Jerzy Bartkiewicz, *Podróż w czasie*, red. M. Krysiak, „Zeszyty Pracowni Dokumentacji Dziejów Miasta MCK w Płońsku". Seria: *Wspomnienia*. Zeszyt VII, Płońsk 2008.

Zdzisław Boczkowski, *Czy tak było naprawdę?*, „Przegląd Pruszkowski" nr 2/1993.

Cierń mojej młodości. Wspomnienia dzieci i młodzieży z przymusowych robót w III Rzeszy, red. Zofia Bigorajska, Władysława Pietruczuk-Kurkiewiczowa, Ludowa Spółdzielnia Wydawnicza, Warszawa 1979.

Tadeusz Gierzyński, *Rok 1939*, „Notatki Płockie" tom 9, nr 3(29), 1964.

Elżbieta Maria Grot, *Ludobójstwo w Piaśnicy jesienią 1939 r. ze szczególnym uwzględnieniem losu mieszkańców Gdyni*, „Zeszyty Gdyńskie" 4/2009.

Hana. Pamiętnik polskiej Żydówki, Wydawnictwo ATEXT, Gdańsk 1992.

Jarosław Iwaszkiewicz, *Dzienniki 1911–1955*, Spółdzielnia Wydawnicza „Czytelnik", Warszawa 2007.

Janusz Jasiński, *Pamięć o Zamojszczyźnie 1939–1944*, „Echa Przeszłości" nr 7/2006.

Ryszard Kapuściński, *Busz po polsku*, Agora SA, Warszawa 2007.

Tadeusz Kołucki, *Wspomnienia Joanny Kuśnierz*, „Rocznik Chojeński", tom 1/2009.

Zygmunt Klukowski, *Dziennik z lat okupacji Zamojszczyzny (1939–1944)*, Lubelska Spółdzielnia Wydawnicza, Lublin 1958.

Aleksandra Kuć, *Z życia mojego dziadka*, „Rocznik Mińskomazowiecki" tom 13/2005.

Ludwik Landau, *Kronika lat wojny i okupacji, Tom 1, Wrzesień 1939–listopad 1940,* Państwowe Wydawnictwo Naukowe, Warszawa 1962.

Alina z Czeremańskich Michalak, *Zrozumienie przychodzi z wiekiem*, red. M. Krysiak, „Zeszyty Pracowni Dokumentacji Dziejów Miasta MCK w Płońsku". Seria: *Wspomnienia.* Zeszyt XXVIII Płońsk, 2016.

Pamiętnik inż. Tadeusza Krzechowskiego, „Nasze Korzenie", nr 6/2014.

Pamiętniki nauczycieli z obozów i więzień hitlerowskich (1939–1945) pod red. Kazimierza Bidakowskiego, Tadeusza Wójcika, Czytelnik, Warszawa 1962.

Marcel Piela, *Miałem to, co zdążyłem złapać*, „Biuletyn IPN", nr 5/2004.

Edward Remliger, *Pamięci mojego brata*, red. M. Krysiak, „Zeszyty Pracowni Dokumentacji Dziejów Miasta MCK w Płońsku". Seria: *Wspomnienia.* Zeszyt XXX. Płońsk 2017.

Stanisław Sławiński, *Od Borów Tucholskich do Kampinosu*, Ludowa Spółdzielnia Wydawnicza, Warszawa 1977.

Antoni Stąpor, *Wspomnienia Janiny Urban z września 1939 r. i z czasów okupacji*, „Rocznik Kolbuszowski", tom 5/2001.

Natalia Jadwiga Szymańska, *Wrócić do domu*, red. M. Krysiak, „Zeszyty Pracowni Dokumentacji Dziejów Miasta MCK w Płońsku". Seria: *Wspomnienia.* Zeszyt XI. Płońsk 2008.

Walka o dobra kultury. Warszawa 1939–1945, Tom 1 i 2, red. Stanisław Lorentz, Państwowy Instytut Wydawniczy, Warszawa 1970.

Wspomnienia więźniów Pawiaka, red. Stanisław Płoski, Ludowa Spółdzielnia Wydawnicza, Warszawa 1964.

Zbrodnie hitlerowskie na wsi polskiej w latach 1939–1945, pod red. S. Durleja i J. Gmitruka, Ludowe Towarzystwo Naukowo Kulturalne Oddział w Kielcach, Muzeum Historii Polskiego Ruchu Ludowego Oddział w Warszawie, Kielce–Warszawa 2008.

Z literą „P". Polacy na robotach przymusowych w hitlerowskiej Rzeszy 1939–1945. Wspomnienia, red. Ryszard Dyliński, Marian Flejsierowicz, Stanisław Kubiak, Wydawnictwo Poznańskie, Poznań 1976.

Ze znakiem „P". Relacje i wspomnienia z robót przymusowych w Prusach Wschodnich w latach II wojny światowej, red. Bohdan Koziełło-Poklewski, Bohdan Łukaszewicz, Ośrodek Badań Naukowych im. Wojciecha Kętrzyńskiego w Olsztynie, Olsztyn 1985.

Adam Żarski, *Okupacyjne wspomnienia z Borysławia i opowiadania z ZSRR*, Centrix.pl s.c., Wrocław 2007.

Stanisław Żochowski, *Moje wspomnienia z lat okupacji hitlerowskiej w Poświętnem, cz. 1*, „Informator Mazowiecki", Mazowiecki Ośrodek Doradztwa Rolniczego w Warszawie, Oddział Poświętne w Płońsku, nr 9(134) 2005.

Relacje ze zbiorów Fundacji Moje Wojenne Dzieciństwo:

Adam Barszczewski, Marian Burzyński, Janina Hawryłkiewicz, Arkadiusz Henszel, Genowefa Maria Kabata, Irena Kończak, Barbara Kowalska, Barbara Kryńska, Zenon Malec, Katarzyna Matraszek, Marta Towiańska-Michalska, Kazimierz Moczydłowski, Stanisław Nowak, Tadeusz Orzeszek, Stefan Paluch, Stefania Pepławska, Ryszard Ratajczak, Alicja Strojnowska, Ignacy Saramak, Stanisław Zawisza, Marian Wieczorek, Krystyna Wojciechowska, Hanna Wustinger-Wodzicka.

Opracowania:

1939–1945 Pro Memoria, red. Halina Dmochowska, Główny Urząd Statystyczny, Warszawa 2015.

Kornelia Banaś, *Za Polskę, za Niemcy...*, „Biuletyn IPN" nr 8/9/2002.

Władysław Bartoszewski, *1859 dni Warszawy*, Wydawnictwo Znak, Kraków 1974.

Władysław Bartoszewski, *Palmiry*, Książka i Wiedza, Warszawa 1976.

Władysław Bartoszewski, Zofia Lewinówna, *Ten jest z ojczyzny mojej. Polacy z pomocą Żydom 1939–1945*, Społeczny Instytut Wydawniczy Znak, Kraków 2013.

Stanisław Biernacki, *Wehrmacht a zbrodnie hitlerowskie w Polsce*, „Dzieje Najnowsze" 32/2 2000.

Chris Bishop, *Eskadry Luftwaffe 1939–1945*, Bellona, Warszawa 2015.

Diana Błońska, *O Muzeum Narodowym w Krakowie w czasie drugiej wojny światowej*, „Klio. Czasopismo Poświęcone Dziejom Polski i Powszechnym" nr 1(28)/2014..

Maciej Boryń, Andrzej Chodubski, Bartosz Duraj, *Historia polskiego przemysłu naftowego*, Wydawnictwo Adam Marszałek, Toruń 2014.

Jochen Böhler, *Najazd 1939. Niemcy przeciw Polsce*, Wydawnictwo Znak, Kraków 2011.

Jochen Böhler, *Zbrodnie Wehrmachtu w Polsce. Wrzesień 1939. Wojna totalna*, Wydawnictwo Znak, Kraków 2011.

Kazimierz Brandys, *Miasto niepokonane*, Państwowy Instytut Wydawniczy, Warszawa 1972.

Tomasz Ceran, *Im Namen des Führers*, „Pamięć.pl" 10/2013.

Tomasz Ceran, *Piekło w fabryce smalcu*, „Pamięć.pl" 8/2012.

Tomasz Ceran, *Restpolen 1939*, „Pamięć.pl" 9/2016.

Tomasz Chinciński, *Koniec mitu „bydgoskiej krwawej niedzieli"*, „Biuletyn IPN" 12–01/2003–2004.

Jan Chłosta, *Druga wojna światowa we wspomnieniach autorów związanych z Prusami Wschodnimi*, „Komunikaty Warmińsko-Mazurskie" 4/2005.

Bogdan Chrzanowski, *Wypędzenia z Pomorza*, „Biuletyn IPN" 5/2004.

Nawojka Cieślińska-Lobkowicz, *Walka w obronie polskich dóbr kultury w czasie wojny i okupacji hitlerowskiej*, Kronika Zamkowa 1–2(55–56)/2008.

Marian Chudzyński, *Powiat gostyniński we wrześniu 1939 roku*, „Notatki Płockie", tom 35 nr 3(144).

Szymon Datner, *Zbrodnie Wehrmachtu na jeńcach wojennych armii regularnych w II wojnie światowej*, Wydawnictwo MON, Warszawa 1961.

Norman Davies, *Europa walczy 1939–1945*, Wydawnictwo Znak, Kraków 2008.

Norman Davies, *Powstanie 44*, Wydawnictwo Znak, Kraków 2006.

Dzieje miasta Płońska, red. Aleksander Kociszewski, Ciechanowskie Towarzystwo Naukowe, Ciechanów 1983.

Piotr Eberhardt, *Przemieszczenie ludności na terytorium Polski spowodowane II wojną światową*, Polska Akademia Nauk Instytut Geografii i Przestrzennego Zagospodarowania im. Stanisława Leszczyckiego, Warszawa 2000.

Karol Estreicher, *Straty kultury polskiej pod okupacją niemiecką 1939–1944; wraz z oryginalnymi dokumentami grabieży*, Pałac Sztuki Towarzystwa Przyjaciół Sztuk Pięknych, Kraków 2003.

Eugeniusz Fąfara, *Gehenna ludności żydowskiej*, Ludowa Spółdzielnia Wydawnicza, Warszawa 1983.

Alina Gałan, *„Akcja AB" na Lubelszczyźnie*, „Biuletyn IPN" 12–01/2003–2004.

Waldemar Grabowski, *Polacy na ziemiach II RP włączonych do III Rzeszy. Garść danych „ku pamięci"*, „Biuletyn IPN" 8–9/2009.

Bronisław Gralak, *Szkolnictwo wyższe i nauka polska pod okupacją niemiecką i radziecką 1939–1945*, wydanie własne autora, Zgierz 2010.

Michał Grynberg, *Żydzi w rejencji ciechanowskiej*, PIW, Warszawa 1984.

Grzegorz Hryciuk, *Polacy we Lwowie 1939–1944. Życie codzienne*, Wydawnictwo Książka i Wiedza, Warszawa 2000.

Grzegorz Hryciuk, *Represje niemieckie na Kresach Wschodnich II Rzeczypospolitej 1941–1944*, „Pamięć i Sprawiedliwość" 1(12)/2008.

Agnieszka Jaczyńska, *Dzieci Zamojszczyzny*, „Biuletyn IPN" 9/2001.

Agnieszka Jaczyńska, *Aktion Zamość*, „Pamięć.pl" 8/2012.

Jerzy Jaros, *Historia górnictwa węglowego w Zagłębiu Górnośląskim w latach 1914–1945*, Państwowe Wydawnictwa Naukowe, Kraków 1969.

Janusz Jasiński, *Pamięć o Zamojszczyźnie 1939–1944*, „Echa Przeszłości" 7/2006.

Józef Jagodziński, *Bunkry na ruinach. Szkice do historii KL Stutthof-Außenlager Pölitz*, Instytut Pamięci Narodowej, Szczecin 2016.

Tadeusz Jurga, Władysław Karbowski, *Armia „Modlin" 1939*, Wydawnictwo MON, Warszawa 1987.

Ryszard Kaczmarek, *Górny Śląsk podczas II wojny światowej. Między utopią niemieckiej wspólnoty narodowej a rzeczywistością okupacji na terenach wcielonych do Trzeciej Rzeszy*, Wydawnictwo Uniwersytetu Śląskiego, Katowice 2006.

Sławomir Kalbarczyk, *Kazimierz Bartel. Ostatnia ofiara zbrodni na profesorach lwowskich w lipcu 1941*, „Biuletyn IPN" 7/2011.

Andrzej Karlikowski, *Wrzesień 1939 r. w powiecie mińskim i gminie Jakubów*, „Rocznik Mińskomazowiecki" tom 12/2004.

Wiesława Konopelska, *Saturn. Z dziejów kopalni i Towarzystwa Górniczo-Przemysłowego „Saturn" w Czeladzi*, Urząd Miasta Czeladź 2006.

Józef Krajewski, *Wojenne dzieje Wilna 1939–1945. Losy Polaków, sensacje, zagadki*, Bellona SA, Warszawa 2015.

Henryk Krzyczkowski, *Wrzesień 1939 r. w Pruszkowie*, „Przegląd Pruszkowski" nr 1/1983

Cezary Kuklo, Juliusz Łukasiewicz, Cecylia Leszczyńska, *Historia Polski w liczbach*, Główny Urząd Statystyczny, Warszawa 2014.

Witold Kulesza, *Zbrodnie Wehrmachtu w Polsce – wrzesień 1939*, „Biuletyn IPN" nr 8–9/2004.

Edward Lewandowski, *Stulecie Banku Spółdzielczego w Płońsku. Zarys dziejów*, Bank Spółdzielczy w Płońsku, Płońsk 2000.

Jakub Lewicki, *Inwentaryzacja zabytków w okresie dwudziestolecia międzywojennego*, „Ochrona Zabytków" 52/4 (207)/1999.

Lord Russel of Liverpool, *Pod biczem swastyki. Krótka historia hitlerowskich zbrodni wojennych*, Czytelnik, Warszawa 1963.

Peter Longerich, *Hitler. Biografia*, Prószyński Media, Warszawa 2017.

Stanisław Lorentz, *Walka o zamek 1939–1980*, Zamek Królewski w Warszawie, Warszawa 1986.

Czesław Łuczak, *Polityka ludnościowa i ekonomiczna hitlerowskich Niemiec w okupowanej Polsce*, Wydawnictwo Poznańskie, Poznań 1979.

Czesław Madajczyk, *Polityka III Rzeszy w okupowanej Polsce, tom 1 i 2*, Państwowe Wydawnictwa Naukowe, Warszawa 1970.

Marcin Markiewicz, *Represje hitlerowskie wobec wsi białostockiej*, „Biuletyn IPN" 12–01/2003-2004.

Piotr Matusak, *Ruch oporu w przemyśle wojennym okupanta*, Wydawnictwo MON, Warszawa 1983.

Tom Matzek, *Zamek śmierci Hartheim. Eutanazja w III Rzeszy*, Świat Książki, Warszawa 2004.

Wojciech J. Muszyński, *Sprawiedliwy z ONR „Falanga"*, „Biuletyn IPN" 11/2010.

Michel Moracchini, *Oddziały specjalne Hitlera (Einsatzgruppen)*, Dom Wydawniczy Bellona, Warszawa 2004.

Bogdan Musiał, *Niemiecka polityka narodowościowa w okupowanej Polsce w latach 1939–1945*, „Pamięć i Sprawiedliwość" 2(6)/2004.

Tadeusz Nasierowski, Grażyna Herczyńska, Dariusz Maciej Myszka, *Zagłada chorych psychicznie. Pamięć i historia*, Wydawnictwo Kultury i Psychologii Eneteia, Warszawa 2013.

Lynn H. Nicholas, *Grabież Europy. Losy dzieł sztuki w Trzeciej Rzeszy i podczas II wojny światowej*, Dom Wydawniczy REBIS, Poznań 2014.

Obóz w Żabikowie pod Poznaniem, red. Barbara Bojarska, „Przegląd Zachodni" 1965, nr 2.

Janusz Osica, Andrzej Sowa, Paweł Wieczorkiewicz, *1939. Ostatni rok pokoju. Pierwszy rok wojny*, Zysk i S-ka Wydawnictwo, Poznań 2009.

Okupowana Europa. Podobieństwa i różnice, red. Waldemar Grabowski, Instytut Pamięci Narodowej, Warszawa 2014.

Richard Overy, *Trzecia Rzesza. Historia Imperium*, Buchmann, Warszawa 2012.

Mirosława Pałaszewska, *Zofia Kossak w latach II wojny światowej*, „Niepodległość i Pamięć" nr 2/3 (4)/1995.

Henryk Pierzchała, *Eksterminacja profesorów Akademii Górniczej w hitlerowskiej „Sonderaktion Krakau"*, „Biuletyn Informacyjny Pracowników AGH", nr 159, listopad 2006.

Aleksandra Pietrowicz, *Lager der blutrache – obóz krwawej zemsty*, „Biuletyn IPN" nr 4/2009.

Marian Piórek, *Polityka okupanta hitlerowskiego w stosunku do społeczeństwa polskiego w powiecie kolbuszowskim 1939–1944*, „Rocznik Kolbuszowski" nr 3/1994.

Marian Podgóreczny, *Albert Forster. Gauleiter i oskarżony*, Wydawnictwo Morskie, Gdańsk 1977.

Dieter Pohl, *Niemiecka polityka ekonomiczna na okupowanych terenach wschodniej Polski w latach 1941–1944*, „Pamięć i Sprawiedliwość" 1(14)/2009.

Polscy robotnicy przymusowi w Trzeciej Rzeszy, red. Włodzimierz Bonusiak, Wydawnictwo Uniwersytetu Rzeszowskiego, Rzeszów 2005.

Jan Pruszyński, *Dziedzictwo kultury Polski. Jego straty i ochrona prawna, Tom 1*, Kantor Wydawniczy Zakamycze – Oddział Polskich Wydawnictw Profesjonalnych, Kraków 2001.

Kazimierz Radziwończyk, *„Akcja Tannenberg" grup operacyjnych SIPO i SD w Polsce jesienią 1939 r.*, „Przegląd Zachodni" 5/1966.

Alwin Ramme, *Służba Bezpieczeństwa SS*, Wydawnictwo MON, Warszawa 1984.

Raport o stratach wojennych Warszawy, Urząd Miasta Stołecznego Warszawy, Warszawa 2004.

Rejestr faktów represji na obywatelach polskich za pomoc ludności żydowskiej w okresie II wojny światowej, red. Aleksandra Namysło, Grzegorz Berendt, Instytut Pamięci Narodowej, Warszawa 2014.

Paweł Rokicki, *Glinciszki i Dubinki*, Instytut Pamięci Narodowej, Warszawa 2015.

Maren Röger, *Wojenne związki. Polki i Niemcy podczas okupacji*, Świat Książki, Warszawa 2016.

Daniel Rubiś, *Poligon doświadczalny Holokaustu*, „Pamięć.pl" nr 3/2014.

Ruta Sakowska, *Ludzie z dzielnicy zamkniętej*, Państwowe Wydawnictwa Naukowe, Warszawa 1975.

Sonja Schwaneberg, *Eksploatacja gospodarcza Generalnego Gubernatorstwa przez Rzeszę Niemiecką w latach 1939–1945*, „Pamięć i Sprawiedliwość" 1(14)/2009.

Ewa Siemaszko, *Wołyń pod okupacją niemiecką*, „Niepodległość i Pamięć" 15/1 (27) [1]/2008.

Rafał Sierchuła, *Więzienie policji bezpieczeństwa i obóz pracy w Żabikowie*, „Biuletyn IPN" 4/2009.

Magdalena Sierocińska, *Trzy dni terroru. Pierwsze planowe masowe egzekucje w Wielkopolsce*, „Biuletyn IPN" 12–01/2003–2004.

Mirosław Sikora, *Aktion Saybusch*, „Biuletyn IPN" 8–9/2009.

Mirosław Sikora, *Zasady i praktyka przejęcia majątku polskiego przez III Rzeszę, ze szczególnym uwzględnieniem sektora rolnego oraz mieszkaniowego, na przykładzie prowincji śląskiej (górnośląskiej) w latach 1939–1944*, „Pamięć i Sprawiedliwość" 2(13)/2008.

Aleksander B. Skotnicki, *Hańba medycyny XX wieku. Lekarze niemieccy w obozach koncentracyjnych*, „Biuletyn IPN" 4/2009.

Marian Skwara, *Historia Pruszkowa do roku 1945*, Powiatowa i Miejska Biblioteka Publiczna w Pruszkowie, Pruszków 2011.

Marian Skwara, *Pruszkowscy Żydzi. Sześć dekad zamkniętych zagładą*, Powiatowa i Miejska Biblioteka Publiczna w Pruszkowie, Pruszków 2007.

Sprawozdanie w przedmiocie strat i szkód wojennych Polski w latach 1939–1945, Biuro Odszkodowań Wojennych przy Prezydium Rady Ministrów, Warszawa 1947.

Jerzy Stefański, *Zakłady maszyn rolniczych w latach hitlerowskiej okupacji na tle życia gospodarczego i politycznego miasta: z kart historii płockiej FMŻ*, „Notatki Płockie" 1979, tom 24, nr 2(99).

Tomasz Sudoł, *Zbrodnie Wehrmachtu na jeńcach polskich we wrześniu 1939 roku*, „Biuletyn IPN" 8–9/2011.

Witold Zbigniew Sulimierski, *Sobibór. Hitlerowski obóz śmierci*, Fundacja „Kamena", Chełm 1993.

Tomasz Szarota, *Okupowanej Warszawy dzień powszedni*, Czytelnik, Warszawa 1978.

Henryk Świderski, *Historie wojenne*, „Niepodległość i Pamięć" nr 2/3(4) 1995.

Jerzy Tomaszewski, Zbigniew Landau, *Bank Handlowy w Warszawie S.A. w latach drugiej wojny światowej*, „Przegląd Historyczny" 60/3 1969.

Longin Tomaszewski, *Wileńszczyzna lat wojny i okupacji 1939–1945*, Oficyna Wydawnicza RYTM, Warszawa 1999.

Monika Tomkiewicz, *Wysiedlenia z Gdyni w 1939 roku*, „Biuletyn IPN" nr 12–01/2003–2004.

Jan Tyszkiewicz, *Egzekucja ludności cywilnej w Wawrze 27 grudnia 1939*, Urząd Miasta Stołecznego Warszawy, Wydział Kultury dla Dzielnicy Wawer, Warszawa 2010.

Wędrówki po dziejach Gdyni cz. II, red. Dagmara Płaza-Opacka, Tadeusz Stegner, Muzeum Miasta Gdyni, Gdynia 2007.

Łukasz Walczy, *Krakowski ołtarz Wita Stwosza i jego losy*, „Ochrona Zabytków" 36/3–4 (142–143) 1983.

Maria Wardzyńska, *Był rok 1939. Operacja niemieckiej policji bezpieczeństwa w Polsce. Intelligenzaktion*, Instytut Pamięci Narodowej, Warszawa 2009.

Maria Wardzyńska, *Obozy niemieckie na okupowanych terenach polskich*, „Biuletyn IPN" 4/2009.

Henryk Wierzchowski, *Anin. Wawer*, Państwowe Wydawnictwo Naukowe, Warszawa 1971.

Wojciech Wichert, *Zbrodnie „rycerskiego" Wehrmachtu*, „Pamięć.pl" 9/2013.

Paweł Piotr Wieczorkiewicz, *Historia polityczna Polski 1935–1945*, Wydawnictwo Zysk i S-ka, Poznań 2014.

Paweł Piotr Wieczorkiewicz, *Kampania 1939 roku*, Krajowa Agencja Wydawnicza, Warszawa 2001.

Antoni Witkowski, *Mordercy z Selbstschutzu*, Wydawnictwo MON, Warszawa 1986.

Józef Wnuk, *Losy dzieci polskich w okresie okupacji hitlerowskiej*, Młodzieżowa Agencja Wydawnicza, Warszawa 1980.

Lech Wyszczelski, *Konflikty narodowe i wewnętrzne II Rzeczypospolitej*, Bellona, Warszawa 2015.

Okupacja i ruch oporu w dzienniku Hansa Franka 1939–1945, oprac. zbiorowe, tom 1 i 2, Książka i Wiedza, Warszawa 1972.

Wielka księga Armii Krajowej, oprac. zbiorowe, Znak Horyzont, Kraków 2015.

Tadeusz Zadrożny, *Kajetan i inni. Oskarżające Gerharda pisanie*, „Cenne, Bezcenne, Utracone", nr 4(61)/2009.

Andrzej Zimowski, *Historia polskiego przemysłu wielkiej syntezy chemicznej*, Stowarzyszenie Inżynierów i Chemików Przemysłu Chemicznego, Warszawa 1997.

Strony internetowe:

http://www.dziekanka.net/historia.html
https://zapisyterroru.pl/dlibra
https://sprawiedliwi.org.pl/
http://martyrologiawsipolskich.pl/
https://muzeumulmow.pl/pl/

Źródła ilustracji

Archiwum Główne Akt Dawnych/Domena publiczna: s. 166
Bundesarchiv, R 49 Bild-0138/Holtfreter Wilhelm/CC-BY-SA 3.0: s. 157
Bundesarchiv, Bild 146-2005-0041/August Ahrens/CC-BY-SA 3.0: s. 179
Cyfrowa Biblioteka Narodowa Polona: s. 243
Domena publiczna: s. 13 (fot. Julien Bryan), 18, 37, 50, 52, 67, 69, 72, 96, 113, 116, 121, 141, 150, 155, 168, 175, 189, 194, 201, 212, 217, 221, 237, 307
Everett Collection/EAST NEWS: s. 281
Getty Images: s. 261
Instytut Polski im. Gen. Sikorskiego w Londynie: s. 28, 81, 161, 207
Laski Diffusion/East News: s. 59, 101
Muzeum Powstania Warszawskiego: s. 278
Muzeum Stutthof w Sztutowie: s. 290
Narodowe Archiwum Cyfrowe: s. 7, 23, 44, 63, 78, 89, 93, 109, 131, 181, 192, 231, 246, 251, 266, 273, 287, 295, 299
PAP/Darek Delmanowicz: s. 145
Studium Polski Podziemnej w Londynie: s. 105, 206
Yad Vashem Photo Archive: s. 122, 136, 223, 253
Zbiory Ośrodka KARTA: s. 224

CHCESZ WIEDZIEĆ WIĘCEJ?

ARTYKUŁY

Zapomniany kat Powstania.
Miał na sumieniu nawet 100 tysięcy Polek i Polaków

Dlaczego naziści porwali dwieście tysięcy polskich dzieci?

To tu Niemcy zmuszali Polki do seksu, aby rodziły idealne aryjskie dzieci

Niemieckie zbrodnie na polskich jeńcach we wrześniu 1939 roku

Krakowska armia Hitlera.
Jak Polacy mieli walczyć u boku Wehrmachtu

Nawet w Wigilię Niemcy nie mówią ludzkim głosem.
Boże Narodzenie w okupowanej Polsce

O tym wszystkim (i nie tylko!) przeczytasz pod adresem:
CiekawostkiHistoryczne.pl/BilansKrzywd/

ciekawostki historyczne